조영식과 이케다 다이사쿠의

교육사상과 실천

조영식과 이케다 다이사쿠의

교육사상과 실천

하영애 지음

머리말

　조영식과 이케다 다이사쿠는 일찍부터 비범한 인물이 아니었던 것 같다. 조 박사는 30세가 되기도 전에 대학을 인수하고 최연소 총장이 되었으며, 이케다 회장은 44세에 83세의 세계적인 역사학자 아놀드 토인비와 2년에 걸쳐 40여 시간을 대화하였고, 그 내용을 대담집으로 출간 하였다. 뿐만 아니라 두 사람 모두 전 세계의 수많은 국가를 탐방하였으며 교육, 평화, 인간 문제의 화두를 가지고 사색하고 연구하고 집필하고 몸소 행동에 옮긴 실천가들이었다.

　또 하나 그들의 공통점은 대학의 설립자로써 각기 경희대학교와 소카대학교는 물론, 그 구성원들과 대학생들을 무척이나 사랑하였다는 점이다.

　2016년의 세계사적 의미는, 유엔이 1981년에 '세계평화의 날(9월 21일)'을 제정한지 35주년이 되는 해이며, 또한 '세계평화의 해'를 1986년에 제정하여 30주년이 되는 뜻 깊은 해이다. 이 저서는 그때의 주인공 조영식의 교육사상과 실천에 대해 다루었으며, 또한 조영식이 '천년지기'라고 호칭했던 실천교육가인 일본의 이케다 다이사쿠의 교육을 다루었다. 기실 두 사람의 교육사상을 연구하면서 느끼는 것은 끊임없이 교육을 통하여 평화를 추구하였다는 점이다.

　본 저서는 크게 1부와 2부로 나뉘었다. 제 1부에서는 교육사상과 실천에 중점을 두었다. 조영식의 교육사상을 보면 그는 일본 게이오

대학의 설립자 후꾸자와 유기치(福澤諭吉)의 영향을 받고 정치인으로서의 꿈을 접고 교육자로 전환하게 된다. 이케다 다이사쿠 역시 후꾸자와 유기치의 교육사상의 중요성을 피력하였다.

조영식은 세계대학총장회(International Association for University Presidents-IAUP)회장으로서 대학교육의 목표를 설정하고 현대사회의 제 문제의 연구에 중점을 두고 '인류사회재건연구원'을 만들고 IAUP 사무국을 두기도 하였다. 또한 '국제평화연구소'를 만들어 그 위치를 경희대학 내에 두었으나 세계적인 평화연구를 하도록 각 국가가 함께 지원하자는 것을 명문화 하였다. 그는 세계적인 석학들을 중심으로 연구와 토론은 물론, 다양한 결의문을 담아내었다.

이케다는 주은래, 갈퉁, 고르바초프 등 세계적 지도자들과 대화를 나누고 그것을 대담집으로 발행하여 후진들의 연구에 많은 귀감이 되고 있다. 두 사람의 교육사상을 연구한 결과 조영식을 교육사상가로 이케다를 교육의 지성사가로 평가할 수 있었다.

교육의 중요성은 시공간을 초월한다. 이런 의미에서 신라의 세 여왕 선덕, 진덕, 진성여왕이 국정운영에서 수신(修身)의 덕목으로 교육 및 지식습득을 어떻게 득했는지를 다루었다. 선덕여왕은 자장법사의 권고로 '황룡사 9층탑'을 건립하고 호국불교를 번창시켰으며, 진성여왕은 대구화상의 교육에 힘입어 '향가 삼대목'을 만들었다. 두 여왕은 사찰에서 백고좌를 열게 하고 승려가 되는 것을 허락 하는 등 국사(國師)승려들의 교육을 많이 따랐다고 하겠다. 그러나 불가의 이름 Sarlama라는 불명까지 가지고 있던 진덕여왕은 아이러니하게도 불교관련 국사승려의 교육이나 지식을 습득한 것이 발견되지 않으며 독자적인 카리스마 정치리더십을 발휘 하는 것을 볼 수 있다.

제 2부는 동북아 시대, 정치 이슈, 공동체 사회를 다루었다. 제1장은 2016년 1월 16일 실시된 대만의 총통선거를 고찰하였다. 대만에

서도 한국 여성 대통령에 이어 차이잉원(蔡英文) 첫 여성총통이 당선되었으며 총통선거에서 가장 중요한 이슈인 중국과 대만관계, 즉 '양안 이슈', '경제 이슈', '청년 이슈'를 다루었다. 특히 금년의 총통선거와 동시에 치러진 대만 입법위원(한국의 국회의원)선거의 특색 중 하나는 야당 민진당이 석권하였고, 특히 청년중심의 시대력량(時代力量)이란 새로운 정당이 제3당으로 부상한 특징 등을 통해 한국사회에도 시사점을 줄 수 있을 것이다.

성 중심적 사회의 와해에서는 모권제 중심의 원시시대에서 신라시대 조선시대를 개괄하고 현대사회는 '가부장제도' 역시 와해되고 있음을 목도할 수 있다. 따라서 가부장 제도를 뛰어 넘어 남녀가 상호 장점을 서로 인식하며 기량을 발휘할 수 있는 유니섹스(Unisex) 시대를 받아들이고, 남녀가 모두 협력하여 양성평등의 공동체사회를 이루어나가도록 하는 염원을 담았다.

본 저서가 출간되도록 도와주신 많은 분들께 감사드린다. 먼저 바쁘신 중에서도 이 저서를 꼼꼼하게 읽으시고 독자들에게 좋은 안내를 겸한 추천서를 써주셨으며, 인자하시고 탁월한 리더십을 가지신 전 제주대학교 조문부 총장님께 커다란 존경과 감사의 말씀을 드린다. 또한 평소 많은 지도를 해주시는 세계여성단체협의회 김정숙 회장님과 저자와 함께 새로운 연구의 도전에 참여해준 조희원 교수께 감사를 표한다. 또한 교정을 도와준 최성현, 진싱에게도 고마움을 전한다.

끝으로 본 저서가 갖는 2016년의 의미를 새되기면서 연구에 매진하고, 앞으로도 조영식과 이케다 다이사쿠의 사상과 정신에 대해 꾸준히 연구 계승하고자 다짐한다.

2016. 8. 15.

후마니타스 칼리지 연구실에서

저자 하영애 씀

추천사

　한중여성교류협회장으로서 활약해온 하영애 교수님이 경희대학교 학원장이셨던 조영식 박사님과 일본 소카대학교 창립자이자 SGI(국제창가학회) 회장이신 이케다 다이사쿠 선생님의 교육 사상과 실천을 중심으로 책을 발간한다는 말을 듣고 기쁜 마음에 추천사를 위해 펜을 들었습니다.

　조영식 박사님은 시대를 뛰어넘은 비범한 분이셨습니다. 박사님이 학생시절 일제지배하에서 동지를 규합하여 학도병 의거를 일으키며 항일운동을 하다 수감된 일화는 유명합니다. 한국전쟁 후에는 초토화된 조국의 미래를 생각하며 1951년에 교육사업에 뛰어듭니다. 이후 자신의 인간 중심주의 사상을 발전시키며 실현 가능한 이상사회를 지향하여 '오토피아(Oughtopia)'를 제창하고 그 실현을 위해 평생을 바치셨습니다. 일찍이 1965년 세계대학총장회의(IAUP)를 창립하시고, 냉전이 한창이던 1981년, 유엔이 세계평화의 날을 지정하는 데 결정적 역할을 합니다. 대한민국이 유엔에 가입하기 훨씬 이전이었음을 생각하면, 박사님의 크기를 느낄 수가 있습니다. 이렇듯 교육과 세계평화를 위해 진력하신 행동은 세계인의 존경을 받습니다.

　이케다 다이사쿠 선생님은 1960년대부터 세계평화를 위해 전세계를 다니며 세계 지도자들과의 활발한 대화를 펼쳐오신 평화의 리더이십니다. 제가 이케다 선생님을 처음 만나 뵌 것은 1998년 3월이었습니다. 당시 지인을 통해 한일우호의 길을 걸어오신 족적과 한국을 '문화대은인의 나라'라고 얘기하시는 올바른 역사관, 그리고 평생을 한 사람 한 사람의 행복을 바라며 진심으로 격려해오신 인생을 처음 접하면서 이런 일본인이 계셨는가 가히 충격이었고 감동을 받았습니다. 그리고 얼마 후 선생님과 만나 뵐 수 있었습니다. 실제로 만나 뵈니, 제가 생각했던 대로 선생님은 세계인이셨습니다. 세계의 지도자셨습니다. 이후 선생님의 인격을 흠모하며, 선생님과 대담을 시작하여 두 권의 대담집 ≪희망의 세기를 향한 도전≫ ≪인간과 문화의 무지개 다리≫도 냈습니다.

저의 이런 경험으로 비춰볼 때 이케다 선생님에 대해 연구를 하게 된 하 교수님 역시 1997년 조영식 박사님과 함께 소카 대학교에서 이케다 선생님을 뵈면서 갖게 된 선생님에 대한 존경의 마음에서 연구를 시작하였으리라 생각합니다.

조영식 박사님과 이케다 선생님이 동시에 얽힌 인연으로 제게도 있을 수 없는 추억이 하나 있습니다. 1999년 5월 17일 제가 총장으로 재직하던 당시 제주대학교에서 이케다 선생님께 명예박사학위를 드리는 수여식 날, 조 박사님께서는 경희대학교 개교 50주년이라는 큰 기념행사가 있었음에도 불구하고 일부러 서울에서 참석하셨던 것입니다. 저는 박사님의 축사를 통해 진심으로 이케다 선생님을 존경함을 느끼면서 세계평화를 위해 사신 두 거인의 정신의 연대를 보는 듯했습니다.

아무튼 제가 존경해마지 않는 이케다 선생님에 대해 한국에서도 본격적으로 연구하는 학자가 나왔다는 사실이 무엇보다도 기쁩니다.

조 박사님도 교육과 평화에 큰 족적을 남긴 어른입니다. 앞으로도 이 두 분에 대한 연구가 더욱 넓혀져, 두 분의 평화행동을 계승하는 청년이 많이 탄생하길 깊이 염원하는 바입니다.

　마지막으로 끊임없는 열정으로 학문과 사회공헌의 활약을 펼치는 하 교수님이 더욱 건승하시길 깊이 기원 드립니다.

2016년 8월
제주대학교
전 총장 조문부

목차

제1부

교육, 평화, 실천

1장_조영식의 교육사상 속의 평화관과 세계평화 구현 노력

1. 서론

　오늘날 제기되는 교육 현실의 문제는 단순히 오늘날의 문제만은 아니다. 과거로부터 현재에 이르기까지 누적되어 온 결과라고 볼 수 있다. 그렇다보니 몽테뉴가 그의 주저 『수상록』에서 "참으로 나는 인간 학문의 가장 크고 중대한 난점은 다른 무엇보다 어린아이 키우기와 그 교육을 다루는 점에 있다"[1]고 한 것처럼 교육은 매우 중요하면서도 해결하기 어려운 문제임을 알 수 있다.

　문명의 진보는 물질적 풍요를 가져왔지만 동시에 참혹한 전쟁과 인간소외, 환경파괴, 빈부격차, 기후변화, 자원고갈 같은 문제들을 발생시켜 인류사회를 위협하고 있다. 이러한 문제를 풀어가기 위해서는 인간과 세계를 위한 올바른 교육이 선행되어야 한다. 경제발전

---

1) M. Montaigne, 손우성 역, 『수상록』 (서울: 동서 문화사, 2014). pp. 1-26, 164.

에 기여하고 기업이 필요로 하는 인재배출에 치중하는 것이 교육의 전부인 것처럼 여겨지는 현실에서 인류와 지구적 문제에 관심을 갖는 진정한 교육이 필요하다고 할 수 있다.

그러한 의미에서 인류사회재건과 세계평화를 위한 교육에 중점을 둔 조영식의 교육사상은 지구적 문제를 해결하기 위한 단초를 제공한다는 평가를 받고 있다. 문화세계의 창조라는 창학 이념 아래 대학을 설립하고 교육의 중요성을 강조한 조영식은 단순히 대학에서의 학교 교육 뿐만 아니라 유엔과 국제사회를 통해 인류사회를 재건하고 세계평화를 위해 기여할 수 있는 교육에 역점을 두어 그의 교육사상을 실천해 나갔다. 특히 조영식은 1981년 6월 코스타리카 산호세에서 열린 세계대학총장회(The International Association for University Presidents: 이하 IAUP) 제6차 대회에서 "UN으로 하여금 세계평화의 날과 세계평화의 해를 제정하도록 촉구하자"고 제안했다. 이 제안은 그 해 11월 제36차 UN 총회 공식 안건으로 상정됐고 UN은 매년 9월 셋째 주 화요일(현재는 9월 21일)을 세계평화의 날로 선포했다. 그리고 1986년을 세계평화의 해로 지정했다. 세계평화의 날과 세계평화의 해 제정은 동서 양 진영이 냉전을 끝내고 화해 협력의 평화시대를 여는 출발점이 되었다.

이에 본 논문에서는 교육을 통한 세계평화 구현에 앞장선 교육자이자 사상가, 평화운동가로 평가 받고 있는 조영식의 교육사상의 탄생 배경과 특징은 무엇이며, 어떻게 실천해 나갔는지, 인공지능의 시대를 살고 있는 우리에게 주는 현대적 함의는 무엇인지에 대해 살펴보고자 한다.

2. 이론적 배경과 선행 연구

어떤 훌륭한 사회도 좋은 교육제도가 마련되어 있지 않으면 계속 유지, 발전될 수 없다. 교육은 인간에게 지식과 기술 그리고 악을 피하고 선을 행하라는 것과 함께 행복과 가치와 참되고 진실한 것이 무엇인가를 가르쳐 주는 수단으로서, 생산적인 인간, 사회적인 신사(紳士), 선량한 시민을 만드는 참다운 역할을 하고 있다. 그러므로 국가의 번영은 배움의 동산, 즉 학교의 교정에서 이루어진다고 볼 수 있다.[2]

교육사상이란 인간이 교육에 관해 지니고 있는 생각의 총체라고 말할 수 있다.[3] 그러나 모든 사람들의 교육에 대한 생각을 바로 교육사상 이라고 부르지는 않는다. 교육사상은 보통사람들의 교육에 대한 생각이라기보다는 교육전문가, 가령 교육학자, 교육 철학자, 교육 사상가들의 전문적 지식과 식견에 관련된다. 이러한 교육사상은 대개 교육 사상가의 학문적 업적인 '저작' 속에 담겨있다. 한 사상이 어떻게 형성되었고, 그 저작이 어떤 의미를 지니며, 또 후대의 사상에 어떤 영향을 끼쳤는지를 파악하는 일이 교육사상 연구에서 중시되어야 할 초점이다. 좀 더 확대해서 교육사상의 탐구는 교육사상가로 알려진 인물에 국한 할 것이 아니라 지성사 연구로 나아가야 한다.[4] 지성사가들은 연구의 초점을 과거 어떤 시기의 수준 높은 사상이나 어떤 한 시대의 교양 있는 식자층에서 활약하던 지성인들의 의견을 중시해왔다. 이 점에서 교육사상가가 아니더라도 인간의 교양과 인격형성에 기여한 다수의 지성인들이 교육사상사에서 고려될 수 있다. 위대한 철학자들과 사학자들, 발명가들, 작가들, 예술가들

---

2) 조영식, 『인류사회의 재건』 (서울: 경희대학교 출판국, 1975 초판, 1997 8판), p. 269.
3) 이원호, 『교육사상사』 (서울: 문음사, 1997), p. 16.
4) 신득렬, 『교육사상사』 (서울: 학지사, 2000), p. 23.

은 각기 다른 분야에서 바람직한 인간의 도야와 교육에 나름대로 기여를 해 왔다고 볼 수 있다.5) 그러므로 다양한 분야의 지성인들의 사상이나, 업적이 우수한 사람들의 사상이 교양형성과 인격형성에 기여하고 보편성을 획득할 때 이들을 지성사적 교육사상가로 평가할 수 있을 것이다.

훈련은 제2의 천성을 만든다는 말처럼 인간에게 있어 교육은 매우 중요하다. 이에 대한 사례는 공자와 염유와의 대화를 통해서 확인할 수 있다. 공자가 55세가 되던 해에 노나라 임금이 미인에게 홀려 사흘이나 정무를 잊고 있는 것을 보고 그와는 도를 행할 수 없다고 판단하게 되었다. 이에 노나라를 떠나 위나라로 가면서 수레 안에서 제자 염유와 교육의 중요성에 대해 다음과 같은 얘기를 나누었다.

> 공자가 "위나라에는 백성이 많이 살고 있구료"하니, 염유가 묻기를 "백성이 많이 살고 있는 나라에서는 어떻게 정치를 해야 합니까"라고 물었다. 공자는 "백성이 경제적으로 부유하게 살 수 있도록 해야 한다"고 대답하였다. 그러니까 염유가 다시 묻기를 "백성들이 부유하게 살 수 있도록 한 뒤에는 또 무엇을 해야 합니까"라고 물으니, 공자는 "그때에는 백성들의 교육에 힘써야 한다."고 하였다. 즉, 교육을 시켜 문물제도를 알고 바로잡아 온 천하가 모두 어울려 평화롭게 같이 사는 태평대동의 이상사회, 즉 문화사회를 이루도록 하는 것이 정치의 대이상(大理想)이라고 하였다.6)

다양한 교육 서적이 출판되던 계몽주의 시대에 가장 실천적 변화를 일으킨 사상가로 평가받고 있는 루소는 "신이 만물을 창조할 때는 모든 것이 선하지만 인간의 손에 건네지면 모두가 타락한다."7)고

---

5) 손승남 · 사재명, "동서양 교육사상 연구의 동향과 전망", 『교육철학』 제33집 (2005), p. 42.
6) 조영식, 『오토피아』 (서울: 경희대학교 출판국, 1996년 제3판), pp. 218-219. 재인용.
7) Jean-Jacques Rousseau, Translated by Allan Bloom, Emile or On Education, New York: Basic Books, 1979), p. 37.

주장하면서 교육의 중요성을 강조하였다.[8]

> 우리는 약한 존재로 태어난다. 그래서 우리에게는 힘이 필요하
> 다. 우리는 무력하기 때문에 타인의 도움을 필요로 하는 것이며,
> 우매하기 때문에 이성을 필요로 하는 것이다. 우리가 태어날 때
> 지니지 못했던 것, 어른이 되었을 때 필요한 것은 모두 교육에 의
> 해 주어진다. 식물은 재배에 의해 가꾸어지고 인간은 교육에 의해
> 만들어진다. 태어날 때부터 키가 크고 힘이 세다 해도 그 키와 힘
> 을 사용하는 방법을 배우지 않는다면 그 키와 힘이 대체 무슨 소
> 용이 있단 말인가![9]

이처럼 교육은 개인이 사회적 제 관계 속에서 살아감에 있어서 필요한
기술 습득과 사회적 인성 또는 품성을 계발하는 것이라 할 수 있다. 그런
점에서 교육은 한 사회를 인도하는 지향성을 반영한다고 볼 수 있다.

교육을 통한 세계평화 구현에 앞장선 교육자이자 사상가, 평화운
동가로 평가 받고 있는 조영식은 오늘의 문명사회가 교육에 의하여
이루어진 것과 같이 오늘의 문화인은 교육의 힘에 의하여 원시인으
로부터 중생(重生)하여 지성인이 된 것이라고 주장한다. 교육이란 인
간에게 지식과 기술만을 가르치지 않는다. 물론 지식을 가르쳐서 많
은 것을 알게 하여 풍부한 상상력을 갖게 하고 기술을 연마하여 인
간이 살아가는데 필요한 힘을 보태게 하여 주지만 그것은 교육의 일
부이지 전부는 아니다. 보다 더 중요한 교육의 역할은, 현대교육이
소홀히 하고 있는 참다운 인간, 옳은 인간, 그러면서도 생활환경에
적응하여 역경을 뚫고 나가며 사는 슬기롭고 의지적인 인간, 인간은
혼자 사는 것이 아니고 국가사회 속에 같이 사는 존재이기 때문에
함께 어울려 협동하고 봉사하여 사는 인간, 그 곳에서 우애와 질서

---

8) 루소는 교육을 새로운 관점에서 이해하였고 그 유산을 오늘 우리에게 전해주고 있다.
9) Rousseau(1979), p. 38.

를 지키며 자기의 책임을 다할 수 있는 인간으로서의 모든 자질을 향상, 발전시키게 하는 일이 교육의 근본이라고 밝히고 있다.[10]

조영식의 대표적 저서로는 『인류사회의 재건』(1975), 『오토피아(Oughtopia)』(1979), 『민주주의 자유론-자유정체의 탐구』(1948), 『문화세계의 창조』(1951) 등이 있다. 또한 "교육을 통한 세계평화의 구현", "한중일 대학교육의 사명" 등 수많은 논문을 발표하였다. 조영식의 교육사상의 핵심은 인류사회의 재건과 오토피아사상이라고 할 수 있다. 그렇다면 조영식 박사가 주장하는 '인류사회의 재건'이란 무엇인가? 1975년에 쓴 『인류사회의 재건』에서 그는 다음과 같이 말한다.

> 모든 민족이 동일 생활권 내에 들어감으로써 이방민족(異邦民族)·이민족 간에도 접촉과 협력이 없이는 하루도 지낼 수 없는 새로운 시대가 올 것이다……(중략) 또 인류사회의 공해, 즉 방사진을 포함한 모든 오염과 그리고 지역전쟁도 그러할 것으로 본다. 공해의 문제, 질병의 문제, 기근의 문제, 자원의 문제 등도 어느 한 나라의 독선적·폐쇄적·배타적 방법으로는 해결될 수가 없다. 그것들은 이미 어느 민족이나 한 지역에만 국한된 문제가 아니라, 범 인류사회의 문제, 곧 인류가 서로 협력해야만 해결될 수 있는 세계 문제가 되기 때문이다.[11]

조영식은 이러한 인류사회의 재건을 위해서는 학교교육이 중요시되어야 하며, 그 역할은 세계의 대학이 중심이 되어야 한다고 보았다. 그리고 이 이념을 '세계대학총장회'(International Association University Presidents-이하 IAUP로 약칭)에서 대학의 목표로 설정하였다. 특히 그의 교육사상의 핵심가치인 인류사회의 재건을 위해서는 세계시민

---

10) 조영식, 『인류사회의 재건』(서울: 경희대학교 출판국, 1975년 초판, 1997년 8판), pp. 251-252.
11) 조영식, 『인류사회의 재건』, pp. 215-216.

교육이 이루어져야 하고 인간중심주의, 지구공동사회(GCS, Global Commom Society), PAX UN 등을 주장했다.

이러한 조영식에 대한 연구는 이화수(1981)[12], 안정수(1981)[13], 유도진(1981)[14], 하영애(2010)[15], 오영달·하영애(2010)[16], 라종일(2014)[17], 김상준(2014)[18], 김민웅(2014)[19], 이동욱(2014)[20], 하영애(2015)[21] 등에 의해 다양하게 이루어져 왔다. 이외에도 적지 않은 학자들이 오토피아에 관해 연구하고 있다.[22]

---

12) 이화수, "인간중심주의와 오토피아", 인류사회재건연구원 편, 『오토피아의 이론과 실제』(서울: 양문각, 1981).

13) 안정수, "오토피아의 의미", 인류사회재건연구원 편, 『오토피아의 이론과 실제』(서울: 양문각, 1981).

14) 유도진, "오토피아의 이상과 현실", 인류사회재건연구원 편, 『오토피아의 이론과 실제』(서울: 양문각, 1981).

15) 하영애, "오토피아 이론의 내용과 전개: 중국과 대만 사회의 수용을 중심으로", 『한국동북아논총』 제15권 제1호 (2010)

16) 오영달·하영애, "칸트의 영구평화론과 조영식의 오토피아평화론: 세 수준의 이론적 분석", 『아태연구』 제17권 제2호 (2010)

17) 라종일, "뜻과 의지 그리고 실천의 세계: 미원 조영식의 사상과 생애", 미원 조영식 박사 기념사업회편, 『문화세계의 창조: 새로운 미래를 향해』(서울: 경희대학교 출판문화원, 2014).

18) 김상준, "문화세계의 창조와 미도의 민주주의", 미원 조영식 박사 기념사업회 편, 『문화세계의 창조: 새로운 미래를 향해』(서울: 경희대학교 출판문화원, 2014).

19) 김민웅, "거대사적 관점에서 본 문화세계의 창조: 문명융합의 회로,WWW", 미원조영식박사 기념사업회 편, 『문화세계의 창조: 새로운 미래를 향해』(서울: 경희대학교 출판문화원, 2014).

20) 이동욱, "문화세계의 창조, 깨어난 상상력", 미원 조영식 박사 기념사업회 편, 『문화세계의 창조: 새로운 미래를 향해』(서울: 경희대학교 출판문화원, 2014).

21) 하영애, "조영식과 이케다 다이사쿠의 평화운동실천의 비교연구", 『평화학연구』 제16권5호, (2015).

22) 金天一, 『當代韓國哲學 Oughtopia 解析』(서울: 경희대출판국, 2005); 金天一, 『重建人類社會的燈塔-趙永植博士與 GCS運動』(서울: 경희대출판국, 2005); 경희대 인류사회재건연구원·요녕대학 오토피아연구센터, 『오토피아니즘을 통한 인류사회의 재건』(2003); 하영애, "오토피아(Oughtopia)이론의 전개와 실천 그리고 세계평화를 위한 그 의미", 2009 한국국제정치학회 연례학술회의 발표논문(12월 12일); Jae Shik Sohn, Restoration of Morality and Humanity (Seoul: The Institute of International Peace Studies, 1994); Pedro B. Bernaldez, Oughtopian Peace Model for Neo-Renaissance(Legazpi: Aquinas University of Legazpi, Inc., 2002); Pedro B. Bernaldez, Praxis of Oughtopia (Seoul: The Institute of International Peace Studies, 1996).

3. 조영식의 교육사상의 배경과 특징

1) 조영식의 교육사상의 배경

조영식은 1921년 10월 23일 평안북도 운산에서 아버지 조만득과 어머니 강국수 사이에서 태어났다. 또한 부인 오정명 여사와의 사이에 2남 2녀를 두었다. 그는 유년시절 사서삼경 등 한학을 수학하며 동양 고전을 접한 뒤, 청년기에는 세계의 대표적인 사상가들에 대한 독서를 통해 동서양 사상가들의 철학을 공부하며 교육과 평화에 대한 사상을 정립하였다.23) 일제 식민지 시기에서 성장했던 그는 일본에서 체육대학을 다녔으며 1945년 평양 공병부대 소속으로 있다가 '학도병 의거사건'을 주도하여 감옥에 수감24)되었다가 해방을 맞았으며 1947년 월남한 뒤 1950년 서울대학교에서 법학과를 졸업하였다.

조영식은 혼자 월남하였다. 후일 남하하여 학교교육에 전념할 수 있도록 물심양면으로 도움을 준 어머니에게서는 검소함을, 아버지로부터는 평소 '생각'에 대해 많은 가르침을 받았다고 한다. 그의 부모에 대한 효심이 뛰어난 것은 잘 알려진 사실이다. 두 분의 묘소(북한에서 오시지 못한 부친을 위해 빈 묘소를 세워두고 있다)에 자주 들리는 것은 물론, 해외에서 돌아 올 때도 곧장 묘소에 들려 인사를 드리며 묘소에 24시간 라디오를 틀어드린다. 어머니와 부인은 조영식이 학교를 세우고 운영하는데 적극적으로 도왔다. 당시 어려운 여건 속에서 평화복지대학원이 설립되었고 전교생이 장학생인 이 학교에서 초창기 학생들의 체력을 중시하였으나 체육복을 살 비용이 없어,

---

23) 밝은사회운동 30년사 편찬위원회, 『밝은사회운동 30년사』 (서울: 경희대학교 인류사회재건연구원 밝은사회 연구소, 2007), p. 77.
24) 하영애(2010), pp. 27-51.

어머니와 부인 오정명 등이 시장에서 천을 사와서 직접 만들어 입혔다. 또한 학교 교직원들의 봉급날짜에 부족한 재원을 마련하기 위해 부인 오정명은 고심하며 걷다가 전봇대를 받아 이마에 그 흔적이 평생남아 에피소드로 전해지고 있다.

조영식은 한국의 근대화와 민주주의 실현을 위해 정치에 참여해야겠다는 생각으로 '한국정치학회'를 조직하고 설립하는데 실질적인 역할을 하였다.[25] 그러나 일본인 후쿠자와 유기치의 교육사상의 영향을 받고 그는 민주주의 실현을 위해 정치보다 인재양성이 시급하다고 생각하게 된다. 그는 말하기를,

> 필자는 조국의 앞날은 무엇보다도 인재양성에 달려있다고 믿었기 때문에 정치보다는 교육이 급선무라는 것을 통감하고 대학을 설립하기로 결심하였다. 1951년 큰 구상을 갖고 경희대학의 전신인 신흥대학을 인수하였다. 후쿠자와 유기치(福澤諭吉)는 게이오대학을 설립, 훌륭한 인재를 배출하여 일본 근대화의 기틀을 만든 정신적인 지도자가 아니었던가? 필자도 후쿠자와 유기치와 같은 한국의 근대화의 선구자적 역할을 하고 싶었다.[26]

조영식이 인류사회의 평화를 위한 교육의 중요성을 갖게 된 것은 일제 식민지 시대에 태어나 성장하고 제2차 세계대전과 한국전쟁을 경험했기 때문이다. 특히 한국전쟁 후 경제적으로 낙후된 상황에서 이를 극복하기 위해서는 인재를 양성하여 근대화를 이루어야 한다고 판단했기 때문이다. 조영식은 인재를 양성하여 "한국 근대화에

---

25) 한국정치학회 설립을 위해 1953년 10월 18일 모인 발기인은 이선근, 조영식, 신기석, 신도성, 민병태, 이한기, 이용희, 강상운 등 20여 명 이었다. 이후 한국정치학회는 1956년 7월 17일 정기 총회를 개최하고 사업계획과 규정을 확정하였으며 임원을 선출하였다. 회장에 이선근(57년 10월 성균관대 총장에 취임), 상무이사(부회장 대신 상무이사로 함)에 조영식(경희대 총장)이 선출되었다. 그 외 9명의 이사와 3명의 감사가 선출되었다. 조영식, "한국 정치학회 설립과정", 한국정치학회 50주년편집위원회, 『한국정치학회 50년사』(서울: 한국정치학회, 2003), pp. 504-505.
26) 조영식(2003), pp. 503-504.

선구적 역할을 하고 싶었다."며 경희대학을 설립한 동기를 밝히고 있다. 그가 경희대학을 설립할 당시 한국은 GNP 35달러의 가난한 나라였으며 문맹률은 75%에 달했다. 때문에 이러한 국내의 열악한 상황에서 가장 시급한 일은 교육이 최우선이라고 생각하였으며 교육을 통해 의식을 깨우치고 경제를 발전시켜야 하며 민주주의를 실현해야 한다고 보았던 것이다.[27]

2) 조영식의 교육사상의 특징

조영식의 교육사상은 과학기술개발 지상주의에서 오는 일방적 사고를 지양하고, 과학기술이 인간을 역 지배하는 비인간적인 인간부재의 사회가 아니라 인간이 역사문명의 주인이 되는 인간적인 인간 사회 속에서 참다운 인간의 삶의 길을 모색하였다. 이를 위한 조영식의 교육사상을 인간중심주의 사상의 강조, 보편적 민주주의의 가치 추구, 인류사회를 위한 대학의 사명 강조로 나누어 살펴보면 다음과 같다.

(1) 인간중심주의 사상의 강조

조영식의 교육사상의 첫 번째 특징은 '인간중심주의(human-centrism)'로 제창된다. 그는 인간중심주의의 논리적 기초로서 주의(리) 생성론(Chui-Saengsongism, 主意(理)生成論)과 전승화론(Chon-Sunghwa, 全乘和論)을 제시한다.[28] 주의(리) 생성론은 인간의 의지를 강조하는 원리론으로 인간중심사상에 기초 하고 있다. 이 이론은 인간에게 가장

---

27) 조영식, "한국정치학회 설립과정", 『한국정치학회 50년사』,(서울: 한국정치학회, 2003), p. 504.
28) Young Seek Choue, Oughtopia (Great Britain: Pergamon Press Ltd, 1981), pp. 41-163.

중요한 것은 정신이 주도력을 가지고 있다는 인간의 '의지(意志)'를 강조한다. 북경대학의 이에랑(葉朗)은 조영식의 주의(리) 생성론에 대해 연구한 후 주의(리) 생성론이 '주리'(主理) 혹은 '주의'(主意)의 주도적 작용을 강조하기 때문에 인류의 입장에서 보면 '주의' 는 결국 인류의 자유의지이자 인류의 인격이며, 인류의 자유의지와 인격의 주체는 곧 사람의 생명이며 생명은 곧 인간중심의 근간이 된다[29]고 하였다. 조영식의 이론은 홉스나 로크, 루소처럼 인간성에 대해 긍정적이거나 부정적 측면에서 일원화 하지 않고 상대성원리를 갖고 있음에 주목하였다. 특히 주의(리) 생성론은 인간을 자유의지(自由意志)에 의한 인격적 존재(人格的 存在)로 파악하고 있음이 돋보인다.

조영식의 이론 중 다른 하나는 전승화론이다. 전승화론은 우주의 실재(實在)와 변화하는 여러 현상의 원리와 인과관계를 연구하여 우리의 미래에 의도적, 능동적으로 대비함으로써 보다 값있고 보람 있고 행복한 삶을 영위 할 수 있도록 해야 한다는 작용론이다.[30] 이를 가능케 하는 기제로서 시간, 공간, 환류(還流), 실체(實體)의 4기체(基體)를 제시하였는데, 즉 전승화는 삼라만상이 원인-결과, 결과-원인에 따라 이루어지며, 이 이론에 따라 구명해야 하고, 그 상관상제(相關相制) 관계는 어떤 이치와 원칙, 즉 주의(主意:정신)를 근간으로 하여 이루어진다고 주장한다. 특히 실체 중에서 인간은 이실체(理實體)를 가지고 있음으로써 인간은 단순한 동물과는 달리 사색을 통하여 사상을 체계화 할 수 있기 때문에 감성적 생활과 이성적 생활을 폭넓게 할 수 있으며, 영적 정신생활을 함께 할 수 있기 때문에 야수와

---

29) 葉朗, "'和'와 '生'은 21세기 人類의 양대(兩人)깃발," 경희대학교 인류사회연구소 요녕·대학 오토피 아연구센터 공편, 『오토피아니즘을 통한 인류사회의 재건』(서울: 경희대출판국, 2003), pp. 335-336.
30) 조영식, 『오토피아(Oughtopia)』(서울: 경희대 출판국, 초판 1979년, 1996년 제3판), pp. 156-157.

같은 낮은 행동을 하기도 하고 천사와 같은 어진 행동도 한다[31]는 주장을 편다.

조영식이 추구하고자 한 가치는 무엇일까? 조영식은 무엇보다도 인간, 교육, 평화 문제에 대해 고심하고 번민한 것을 볼 수 있다. 먼저 그의 인간에 대한 관점을 보면, 인간은 선천적이라고 하는 것 보다 후천적, 경험적이며 배워야 비로소 아는 현실적인 인간이라는 관점에서 '교육'의 중요성을 보았다. 기실 아무리 중요한 이념과 사고가 존재한다고 하더라도 그것이 교육을 통해 사람들에게 내면화되지 못하면 실천은 더더욱 어렵게 될 것이다. 그는 인간이 우주만물 중에서 가장 중요하다고 생각하였고 이러한 신념은 후일 그가 인재 육성을 위한 교육 사업에 종사하는 계기가 되었다. 특히 그는 평화 이념의 교육에 관심이 커서 경희대학교에 평화복지대학원, 국제평화연구소등을 설립하였으며, 또한 그가 IAUP를 통해 채택한 서울 결의문(1976)에서 '우리는 교육과정의 개정과 그 교육을 통하여 학생들의 마음속에 평화의 정신을 심어주는데 최선을 다할 것을 결의 한다'는 것을 명문화 하게하였다.[32]

이처럼 일관된 그의 사상은 우리 인간이 인류사회를 위해 봉사를 해야 하며, 봉사를 통하여 인간의 참된 보람과 가치를 느끼고 행복할 수 있다는 것을 많은 저서와 강연에서 누누이 강조한다. 예컨대, 그의 인간에 대한 이와 같은 관점은 '1999 서울 NGO 세계대회'에서도 강조되고 있음을 볼 수 있다. 그는 기조 강연을 통해 "다가오는 사회가 진정으로 인간이 존중되고, 인간이 중심이 되는 인간적인 인간사회를 구현해야할 것이다."[33]고 강조하고 있다.

---

31) 조영식(1996), p. 165.
32) 하영애, "오토피아 이론(Oughtopianism)의 전개와 실천 그리고 세계평화를 위한 그 의미", 2009 한국국제정치학회 연례학술회의, 2009. 12. 12. 발표논문. p. 229.

(2) 보편적 민주주의의 가치 추구

조영식의 교육사상의 두 번째 특징은 보편적 민주주의의 가치추구이다. 조영식은 오늘날의 자유민주주의를 '정치적 민주주의'로 불렀고 또 유물사관에 기초하고 함께 노동하는 공영권만을 위주로 하는 민주주의를 '경제적 민주주의'라고 불렀다. 그러면서 이 두 가지 모두는 진정한 민주주의를 이룩할 수 없다고 비판하였다.[34] 즉, 그는 민주주의 사회에 있어서 형식적 내용으로서 자유 평등이 필요하듯이 실질적 목적물로서 공영은 불가결의 요건이며 또 동시에 공영이 있어야만 우리들의 자유와 평등은 있을 수 있고 그 충분한 가치도 발휘될 수 있다고 지적하였다.[35] 그리하여 진정한 민주주의를 위해서는 자유와 평등의 원칙 각각이 공영사상에 기초해야 한다고 주장하면서 이러한 종류의 민주주의를 '보편적 민주주의'라고 하였다.[36] 조영식은 1948년 그의 민주주의 자유론에서 '보편적 민주주의'라는 용어를 처음 사용한 이후 이 개념을 더욱 발전시켜 1989년 탈냉전 시대에 들어서서는 주요 회의에서 제3민주혁명이라는 주장 하에 역설해왔다. 베를린 장벽이 무너진 직후인 1990년 8월 12일 헝가리의 부다페스트에서 열린 제12차 휴머니즘 세계학술대회에서 행한 기조연설에서 제1민주혁명인 프랑스 혁명을 시민계급의 자유혁명으로, 제2민주혁명인 러시아 혁명은 무산계급의 평등혁명으로 특징지었다. 이 두 혁명 모두 각각의 혁명주체, 즉 유산자와 무산자를 중심으로 한 자유와 평등에 편중되지 않을 수 없었음을 지적하고 이제

---

33) 1999서울 NGO 세계대회조직위원회, 『1999 서울 NGO 세계대회 백서』(서울: 1999 서울 NGO 세계대회조직위원회 발간, 2000), p. 1 발간사 중에서.
34) 조영식, 『민주주의 자유론』(서울: 한일공인사, 1948), pp. 137-139.
35) 조영식, 『문화세계의 창조』(대구: 문성당, 1961), pp. 126-127.
36) 조영식(1948), p. 158.

제3민주혁명을 통하여 '보편적 민주주의'를 실현해야 한다고 주장하였다.

조영식에 의하면, 보편적 민주주의는 기존의 두 민주주의 체제가 가지는 결함을 보완하는 동시에 오늘날의 시대적 요청인 인간화, 복지화, 국제화에 부응하는 새 민주주의가 되어야 하며 나아가 함께 공영을 바라보는 국제주의, 합리주의, 인도주의, 보편주의에 의거해야 한다고 하였다.[37] 그는 이러한 제3민주혁명은 인류 모두의 보편적 가치를 구현하기 위해 자유, 평등, 공영을 추구해야 하며 민주주의 종국적, 고차원적 통합혁명 또는 완성혁명의 성격을 띠고 있다고 주장하였다. 또한 이러한 제3민주혁명은 그 이념과 제도의 구현에 있어서 한 국가 안에서만 국한시키기 않고 세계 모든 국가와 국민에게까지 확대하여 만민의 자유와 평등 그리고 대소국의 동등권 및 공영을 목표로 해야 한다고 하였다.[38] 이 공영의 정신은 반전평화(反戰平和)를 의미하며 복리주의를 추구하는 것이어서 그 내용에 있어서는 침략의 중단과 평화의 유지를 통해 상호부조하여 공동복리를 달성한다는 묵시적 합의를 포함하고 있다는 것이다.[39]

(3) 인류사회재건을 위한 대학의 사명 강조

조영식의 교육사상의 세 번째 특징은 인류사회재건을 위한 '대학의 사명'을 찾는 것이다. 그는 교육이란 지식과 학문연구뿐만 아니라 인류의 문화를 전수받아 이를 발전시켜 후세에 길이 전달해야 하는 문화적 역할이 중요하다고 보았다. 참다운 인류문명의 존속은 올

---

37) 조영식, "21세기 민주주의와 팩스 UN을 통한 신 국제질서", 『아름답고 풍요하고 보람 있는 사회』 제2권, (서울: 경희대학교 출판국, 2003), pp. 585-586.
38) 조영식(2003), p. 553.
39) 조영식(1951), p. 126.

바른 대학교육 전통의 계승 여하에 달려 있다고 보았던 것이다.[40] 이러한 생각으로 그는 세계의 대학들이 각국의 문화적 전통을 계승한 터전 위에 인류사회의 문제를 함께 논의해야 한다는 사명과 비전을 제시하였다. 즉 세계의 대학들이 전 세계적 규모로 인류가 당면하고 있는 현대의 문제와 모든 아포리아를 구제하기 위하여 통일된 운동을 전개해야 한다는 것이다. 인류사회의 이상적 모델이 되는 사회를 연구하고 제안해야 하는 것을 대학의 사명이라고 생각한 그는 이러한 이상을 실현할 수 있도록 IAUP에 제안하여 실천할 수 있도록 하였다.[41]

따라서 대학은 더 나은 인간, 더 나은 세계를 위한 공적 실천의 장이라고 할 수 있다. 경계와 차별을 넘어 차이의 공존을 실현하며 인간적인 삶을 위해 무엇을 준비해야 하는지에 대해 사유하고 실천하는 가운데 평화로운 인류사회. 풍요로운 미래문명을 창달하는 것이 바로 대학인 것이다.

또한 대학은 진리를 탐구하고 시대의 양심과 지성을 만들어 내고 고통 받는 인간을 위해 봉사할 인재를 만들어 내는데 주력해야 한다. 반면 우리는 60년대 초반 조국 근대화 논리와 경제담론이 만들어지면서 경제에 모든 담론이 묶여 버렸다. 인류사회의 목표가 경제적 가치와 부의 창출에만 있지 않기에 더 나은 인간, 더 나은 세계를 위해 길을 열어주는 것이 바로 대학이라고 할 수 있다. 더 나아가 학문과 실천의 공감지대, 혹은 지속가능한 비판적 사유방식을 모색하는 것이 새 시대를 준비하는 대학의 자세라고 할 수 있다.

---

40) 조영식, (1997), 『인류사회의 재건』 (서울: 경희대학교 출판국, 1974년 초판, 1997년 8판), p. 271.
41) Opening Address by President Dr. Young Seek Choue, The International Association of University President Fourth Conference, Jointly with the American Association of State Colleges and Universities, November 10-13, 1975. (Seoul: Kyung Hee University Press, 1976), pp. 13-15.

국내에서는 경희대에서 평화 기념행사를 하고 있지만 해외에서는 많이 한다. 호주·캐나다·중국 등 일부 국가에서도 대학들이 평화의 날 행사를 하고 있다. 점점 더 평화의 날을 기념하는 대학들이 많이 늘어나고 있는 것이다. 지구촌사회에서는 곳곳에 산재하는 기아, 질병, 인권, 복지, 환경과 같은 문제가 곧 내 문제, 우리 문제라고 인식하고 함께 참여하는 대학의 모습을 통해서 인류사회의 비전을 찾을 수 있다.

4. 조영식의 교육사상의 실천

과학기술 물질문명은 풍요와 편익을 안겨주었지만 오늘날에는 한 계점에 이르러 인간경시, 인간소외, 인간부재와 같은 대립과 갈등으로 치닫는 사회가 되었다. 이런 현상을 보면서 조영식은 평화에 대한 깊은 연구와 사색에 기초하여 인류사회가 당면한 문제는 무엇이며, 이를 해결하기 위한 방법으로 비폭력적 방법인 평화로 해결해야 한다고 강조하였다. 그리하여 마땅히 인간으로서 그래야 하고 바람직하며 또한 이루어낼 수도 있는 당위적인 요청사회-오토피아(Oughtopia)[42] 평화론을 제시하였으며 이를 바탕으로 다양한 실천운동을 전개하였다. 구체적인 내용은 다음과 같다.

---

42) '오토피아(Oughtopia)'는 조영식이 1979년 그의 평화론을 정리한 저서의 제목으로 '당위적으로 요청되는 사회(ought to be society)'를 의미하는데 지구상에 실현되는 이상사회를 말한다. 그는 이러한 사회가 정신적으로 아름답고 물질적으로 풍요로우며 인간적으로 보람 있는 사회라고 설명하였다. 이러한 사회를 이루기 위해서는 능동적이고 자주적인 삶을 영위할 수 있는 인간 중심주의(Human centrism)와 외세에 쫓기며 다른 것에 기대지 않고 자립하여 살 수 있도록 하는 자주적 신념과 태도가 필요하다고 강조하였다. 조영식, 『오토피아: 전승화 이론을 기초로 하여』(서울: 을유 문화사, 1979).

1) 대학을 중심으로 한 평화이념의 실천

조영식은 인류사회의 재건을 위해 학교 교육을 중요시하였다. 조영식의 민주주의에 대한 열망은 경희대학교의 건학이념으로 구체화되었다. 그는 경희대학교를 설립하면서 1951년 8월 부산의 임시 교사에서 "본 대학은 민주주의적 사고방식과 처리능력을 가진 국민의 양성을 목표로 하여 학원의 민주화, 사상의 민주화, 생활의 민주화를 교훈으로 삼고 교육방침으로 문화 복지사회 건설에 공헌하려 한다."고 창학(創學)의 소신을 밝힌 바 있다.[43]

조영식이 설립한 경희대학은 1949년 5월 12일 신흥초급대학을 인수하면서 시작되었고, 1960년에는 경희대학으로 명칭을 변경하여 지금에 이르고 있다. 교육제도는 4년제 정규대학과정, 석·박사의 대학원 과정을 비롯하여, 유치원부터 초등학교, 남녀 중·고등학교가 있다. 또한 경희의료원 및 대학 부속병원으로 강동 경희대학교병원, 강남 경희한방병원이 설립되어 있으며 서울캠퍼스, 국제캠퍼스, 강릉캠퍼스의 3개의 캠퍼스를 운영하고 있다.[44] 그 중 무엇보다도 조영식은 평화지향적인 교육사상을 실천하기 위해 평화복지대학원(The Graduate Institute of Peace Studies: GIP)을 설립하여 한국에서 평화연구의 새로운 지평을 개척하였으며 평화 인재를 육성하였다. 평화복지대학원은 1983년 제3캠퍼스로서 설립 인가를 받고 학생정원 100명에 6개 학과에 26개 전공을 세분화하고 석사과정의 교육을 시작하였다. 특히 평화학과에서는 평화학, 국제기구, 분쟁조정, 통합

---

43) 그는 1952년 12월 9일 4년제 대학을 설립할 때 이를 부연하여 전문(前文)과 3항의 본문으로 성문화한 창학 정신을 정식으로 공포하였다. 『경희 50년사』 (서울: 경희학교 출판부), p. 143
44) 조영식은 1971년 10월 5일 경희의료원을 개원하면서 인사말에서 "의료원을 국민에게 바친다." 고 설 립 취지를 설명하였다. 『경희대 50년사』 (서울: 경희대 출판국, 2003), pp. 144-361.

이론, 평화통일 등으로 전공을 세분화 하였으며 재학생들을 모두 전액 장학생으로 선발하여 학업에만 전념할 수 있도록 배려하였다.45)

또한 1983년 평화복지대학원 설립 과정에서 평화 분야의 사전이 존재하지 않는다는 사실을 알게 된 조영식 박사는 평화백과사전을 편찬하기로 결정하고 간행준비위원회를 조직했다. 40여 개국의 세계적 석학 350여 명으로 집필진을 구성했고 세계 식량기구, UNESCO 등 국제기구도 집필에 참여했다. 4년간의 노력 끝에 1987년 영문판 '세계평화대백과사전' 초판(전 4권)이 세계 최초로 출간됐다. 1984년 9월25일 첫 입학식을 가진 평화복지대학원은 평화 이념을 가르치고 평화세계를 선도할 미래 지도자를 양성한 공로를 인정받아 1993년 UNESCO에서 평화교육상을 수상하였으며 국내외적으로 많은 교수 인력 및 적지 않는 평화인재를 배출하였다.

조영식은 1976년에 그의 교육사상의 중심이었던 인류사회의 문제를 연구 실천하기 위하여 [인류사회재건연구원]을 설립하고 평화교육의 중요성과 그 역할을 강조했다. 그는 '내일의 인류사회와 교육의 역할'에서 인간은 교육적 산물이기 때문에 참다운 인간, 옳은 인간 …(중략) 협동하고 봉사하며 사는 인간을 중요시하였으며 이것이 교육의 근본 임무라고 했다. 또한 인류가 앞으로 어떻게 살아야 한다는 세계인으로서의 목적의식을 명확히 알아야 하며 이 목표달성을 위하여 인간중심의 교육, 평화교육, 민주시민교육이 행해져야 한다46)고 강조했다.

조영식은 '인류사회재건'이라는 커다란 교육이념을 가지고 있었을 뿐만 아니라 이를 실천에 옮기기 위해 미국과 한국에 이에 관련

---

45) 경희50년 편찬위원회, 『경희 50년(하)』 (서울: 경희대 출판국, 2003), pp. 367-368.
46) 그는 대학의 초기에 '세계 시민론' 강좌를 본관 앞 대학교정에 교수 및 전교생을 모아 놓고 직접 강의 하였다고 한다.

한 설문조사를 실시하였다. 인류의 미래 목표는 무엇이며 그에 대해 세계의 대학들은 무엇을 할 수 있을까? 하는 문제에 대해 고심하였고 대학교육에서 가장 중심개념인 보편적인 목표가 제4차 IAUP회의 (1975년 11월 미국 보스턴에서 개최된 Boston Conference)에서 논의되었다. 이 회의는 45개국 이상에서 온 600개 이상의 대학의 대표들이 다함께 모여서 인간사회의 평화와 복지 그리고 안전에 관련된 대학들의 적절한 역할에 대해 논의 했고, 인류가 지향해야하는 새로운 목표로써 '인간중심의 선언', '민주적 평화주의', '과학기술의 발전과 통제', '인간정신의 배양', '인류 의식'의 5가지 원칙에 대해 한국과 미국Maryland Far East Division 대학에 설문조사한 후 발표하였다.[47] 연구의 결과는, 미국인과 한국인 학생들이 IAUP 목표를 보편적이라고 여기는 방법에 있어서 다르지 않다는 것을 명백하게 보여주었다. 이처럼 1970년대에 세계대학들의 목표를 설정하기 위해 한국과 미국의 대학생들에게, 그리고 한국에서는 남녀대학을 각각 선정하여 설문조사를 한 것은 대단히 고무적이라고 하겠다.

뿐만 아니라 [인류사회재건연구원]에는 인류사회 연구소, 밝은사회 연구소, 국제평화연구소, NGO 연구소, 사이버 연구소 5개의 연구소를 두고 국제사회의 다양한 문제와 평화이념에 대한 연구를 추

---

47) 한국에 2개 대학(남자대학과 여자대학)의 사회과학을 전공하는 대학생 142명과 미국 Maryland Far East Division 대학의 41명의 미국 대학생들에게도 영문으로 준비하여 설문조사를 하였다. (1) 이 목표가 오늘날 인간 사회에서 얼마만큼 중요하게 간주되는가? (2) 이 목표가 미래에 얼마만 큼 중요하게 간주되어야 하는가? 이 조사의 목적은 한국과 미국학생들 사이에 IAUP 목표의 중요성 에 대한 그들의 의견을 제시하는데 이종 문화 간의 차이가 존재했는가에 관해서였다. 이 연구에서 가장 중요한 가설중의 하나는 만약 미국과 한국 학생들 사이에 상당한 차이가 존재한다면, IAUP 목표가 사실상 '보편적'이라는 것을 합리화하는 것이 어렵다는 것이다. 이는 '보스턴 선언(The Boston Declaration)'의 5개 항목
(1.declaration of humancentrism 2.democratic pacifism 3.development and control of scientific technology 4.cultivation of sound human spirit 5.mankind-consciousness) 에 명시되어있다.
The Boston Declaration, The International Association of University President Fourth Conference, Jointly with the American Association of State Colleges and Universities, November 10-13, 1975. (Seoul: Kyung Hee University Press, 1976), pp. 377-379.

진하였다.

이러한 조영식의 대학의 지구적 책임을 실천하고자 한 노력은 2009년 창립된 세계시민포럼(World Civic Forum)[48]과 2011년 출범한 지구사회봉사단(Global Service Corps, GSC)[49]의 활동으로 이어지고 있다.

2) NGO 활동을 통한 평화이념의 실천

조영식과 경희대학은 1950년대 한국전쟁의 폐허 위에서 문맹퇴치와 농촌계몽 봉사활동에 앞장섰다. 도시에서는 야학을 열었고 농촌에서는 의식개혁운동과 봉사활동을 통해 전쟁의 상흔을 치유했다. 연료 부족으로 산림 훼손이 심각해지자 조림녹화운동에도 매진했다. 1960년대에는 '후진사회문제연구소'를 설립해 한국사회의 비발전적이고 퇴행적인 요소를 다각도로 연구했다. 조영식은 저서 『우리도 잘 살 수 있다』[50]를 통해 선진국과 우리의 경제적 성패를 비교 분석하고 대안을 내놓았다. 이 저서의 출판을 계기로 1965년에 시작된 잘살기 운동은 새마을운동의 선봉적 역할을 하면서 국가적으로 큰 반향을 일으켰다.

---

48) 세계시민포럼(World Civic Forum)은 대학을 중심으로 전 세계 학술기관, 정부, 기업, 시민 사회, UN 등이 네트워크를 형성해 기후변화, 환경, 인권, 평화, 에너지, 식량 문제와 같은 전 지구적 이슈에 대한 해결책을 모색하는 상설 협의체다. 개교 60주년을 기념하면서 사회 공헌의 새로운 모델을 제시하기 위해 경희가 주도적으로 출범을 준비했다.

49) 2011년 출범한 지구사회봉사단(Global Service Corps, GSC)은 교육, 연구, 실천을 창조적으로 융합한 새로운 차원의 사회공헌을 전개하는 범 대학 차원의 공적 실천기구다. 대학의 다양한 자원과 프로그램으로 구성원의 자발적 사회공헌을 이끌고 지원하는 새로운 거버넌스다. 지구사회봉사단은 자발성 및 지속성, 상호성, 지구시민성, 연구·교육·실천의 창조적 결합, 전공 연계 및 학제 간 융·복합이라는 5대 원칙 하에 대학다운 사회공헌 활동을 지향하고 있다. 또한 NGO, 지자체, 기업 봉사단, 언론, 정부기관과의 사회공헌 네트워크와 UN, KOICA, 국제 NGO, 해외 대학과의 지구적 네트워크를 구축함으로써 지구적 실천의 장을 마련하고 있다.

50) 조영식, 『우리도 잘살 수 있다』(서울: 후진사회연구소, 1967).

조영식이 주창하는 평화운동을 실천하는 조직체로서 밝은 사회
운동의 조직은 유엔경제사회이사회에 등록 되어 있으며, 이 밝은사
회 국제본부(GCS International)의 초대 총재를 조영식이 맡아서 세
계평화운동 등 5대 운동을 전개하였고, 각각의 단위클럽에서도 꾸준
히 실천해 나가고 있다. 이 밝은사회 클럽의 회원들은 매년 '세계평
화의 날'을 기념하며 다양한 활동을 추진하고 있다. 과거 조영식이
생존 시에는 세계의 석학들을 초청하여 평화관련 국제세미나를 17
년간 지속적으로 개최하였으며,51) 남양주 클럽에서는 '평화음악회'
를 금년까지 7년 동안 진행하여 이웃과 지역주민들에게 평화의식을
고취하고 있다.52) 2015년 10월 24일에는 일본 도쿄에서 기존의 GCS
일본 국가본부 외에 새로운 GCS 도쿄클럽이 결성되었으며,53) 밝은
사회 단체의 평화운동은 지속적으로 추진하고 있다.

한편, 조영식은 '일천만 이산가족재회운동 추진본부'를 발족시키
고 국내외적으로 이 운동을 전개하였다. 2천여만명의 서명을 받아
기네스 북54)에 올랐고, 이산가족재회위원회는 위원장의 공문을 각국
의 대통령, 유엔의 사무총장, 각 국가의 대사들에게 보내어 그들의
동의를 이끌어내고 한국의 분단 상황을 각 국가에 알리는데 큰 역할
을 하였다.

---

51) '세계평화의 날 기념 및 국제세미나 개최현황', 하영애 (2005), pp. 213-215.
52) 예를 들면, 밝은사회 국제클럽 한국 본부 동부클럽에서는 2015년 세계평화의 날 기념을 맞이
   하여 제7회 평화음악회를 개최하였는데, 600여명이 들어가는 구리문화예술관 대극장이 꽉 차
   도록 시민들에게 많은 각광을 받고 함께 즐기는 지역축제로 자리잡아가고 있음을 볼 수 있음.
   2015. 10. 13. 오후 7시 30분-9시 30분 공연관람.
53) 밝은사회 일본 도쿄 결성대회(10월21일-24일) 참고. 2014년에는 GCS 미얀마 국가본부 결성.
   일본과 미얀마의 두 결성대회는 필자 중 1명이 직접 참석하였다.
54) '일천만 이산가족 재회 추진위원회'(위원장 GCS 국제본부 총재 조영식)은 1983년 9월 한국의
   KBS TV를 통해 이산가족 찾아주기 활동을 전개하여 10,180가족을 상봉(재회)시킴. 1993년에
   는 제3차 사업으로 '이산가 족 재회촉구 범세계 서명운동'을 전개하였고 1994년 11월 4일 통
   계에 따르면, 서명인 총수는 153개 국가, 21,202,192명으로 기네스 북 1위. 하영애(2005), pp.
   147-148.

그러나 이산가족의 상봉을 위한 노력은 한 가지 사례에 불과하다. 또한 그는 GCS 한국본부의 회원들 수 천 명과 함께 판문각에 모여 평화통일을 염원하는 '인간 띠잇기' 행사를 개최하기도 하였다. NGO의 맹아기에 유엔 경제사회이사회와 밝은 사회 국제본부, 경희대학이 3자 공동주최하여 세계 NGO 단체들과 함께 도덕 재건과 인간성 회복을 논의하기 위해 1999년 10월 10일 서울NGO세계대회를 개최했다. '뜻을 세우고, 힘을 모아, 행동하자!'는 구호 아래 세계 107개국 1,360개 NGO를 대표하는 활동가와 시민 1만 3,000여 명이 대회에 참가했다. 조영식 박사는 기조연설에서 "21세기는 참여 민주주의 시대"라고 규정하며 "NGO는 인류가 더불어 살기 위한 지구공동사회의 새 규범으로 공동 목표, 공동 규범, 공동 과업의 새 틀을 세워야 한다."고 강조했다.[55]

또한 기공식 후 23년 만에 완성한 경희대학교 내의 건축물을 '평화의 전당'으로 명명하였다. 동시에 그 회의 기간에 난민, 평화보트, 평화군축 운동 등 많은 세미나가 개최되어 국내외에 NGO의 활성화를 통해 평화의 의미와 중요성을 정착시키는 계기가 되었다.

3) UN을 통한 평화운동의 전개

조영식은 경희대학교 설립 초기부터 제3차 세계대전을 방지하고 평화교육을 보급하기 위해 세계 대학의 상호협력과 교류를 확대하고자 노력하였다. 이를 위해 '세계대학총장회(IAUP)'의 창립을 1964년에 미국, 필리핀, 아프리카 등 4개 대학 총장과 교육계 지도자들이 모인 자리에서 논의한 뒤,[56] 1965년 영국 옥스퍼드 대학에서 창립총

---

55) 1999서울NGO 조직위원회, 『1999서울NGO 백서』, (1999서울NGO 조직위원회 발간: 2000), p. 18.

회를 개최하였으며 21개국에서 150여 명의 대학 총장들이 참여하였다. 또 '명확한 목표' (SMART: Specific, Measurable, Attainable, Realistic and Tangible)와 비전을 가지고 발전하였다.[57] 그 후 '제2차 세계대학총장회의'는 1968년에 경희대학교에서 개최하였는데 당시 한국은 GNP 80달러의 가난한 국가였고, 경희대학은 19년의 일천한 역사를 가진 사립대학에 불과 하였지만 이러한 열악한 국내환경에도 불구하고 교육평화와 관련한 다양한 의제를 가지고 세계대학총장회의를 한국에서 개최할 수 있었던 것은 평소 그의 교육평화에 의한 '불굴의 의지력'이 이루어낸 결과라고 할 수 있을 것이다. 당시 의제는 '후진국가에 있어서 대학교육은 여전히 국가발전에 기여할 것인가?', '동서양 문화의 융화와 세계평화의 증진', '대학생과 사회참여' 등이었다. 주요 참석자는 미국의 페얼리 디킨스 대학 총장 삼마르티노(sammartino) 박사 등 34개국 154명의 세계의 석학들과 당시 현직 대통령이 참석하여 축하를 하였다.[58]

IAUP는 조영식 회장이 중추가 되어 평화교육과 평화운동 등 인류사회에 적지 않은 공헌을 하였다. 특히 유엔의 '세계평화의 날' 제정에는 조영식은 직접 행동으로 나섰다. 회장인 조영식과 주요임원인 대학총장들이 '코스타리카 결의문(Costa Rican Resolution)'[59]을 만들고, 이를 유엔회원국 만장일치로 통과시키기 위하여 조영식은 3일 동안 무려 2,000통의 서신을 세계 각국의 지도자들에게 보내는 필사적인 노력으로 성공시킨 것이다. 당시 한국의 가족과 지인들은

56) Won Sul Lee, "The IAUP and Dr. Choue," Global Leader With Great Vision, (The publiccation committee of Global Leader With Great Vision)(1996), p. 475.
57) Won Sul Lee(1996), p. 476.
58) 경희 50년 편찬위원회, 『경희 50년(상권)』 (서울: 경희대 출판국, 2003), p. 247.
59) 세계평화의 날을 제정하게 된 중요한 단초가 된 '코스타리카 결의문'에 관해서 당시의 상황을 서술하고 있다. 미원 조영식 박사 기념 사업회, 『학문과 평화 그 창조의 여정』, pp. 173-175.

철야기도를 했다고 한다. 왜냐하면, 당시 조영식은 유엔에 평화의 날 제정이 통과되지 않으면 돌아오지 않고 자결을 할 의도로 단도를 품고 갔기 때문에 초비상이었다고 한다.[60]

마침내 1981년 11월 30일 개최된 유엔회의에서 이 결의안을 통과시켜 9월 셋째 화요일을 '세계평화의 날'로 1986년은 '세계평화의 해'로 지정[61]되었다.

지금은 한국이 이미 유엔에 가입(1991년 9월) 되어 국제사회에서 다양한 활동을 하고 있지만 1981년 당시는 유엔에 미 가입 상태였기에 평화의 날 제정을 위한 어려움은 더욱 컸다. '코스타리카 결의문'은 비록 코스타리카의 대사를 통해 유엔에 제의되었지만 당시 IAUP 회장인 조영식의 조국사랑과 열정의 일념으로 만들어 내었다. 그러므로 조영식과 '코스타리카 결의문'은 세계평화의 날 제정의 뿌리와 원류로써 대단히 주목할 필요가 있으며, 동시에 커다란 시사성을 내포하고 있다고 하겠다.

뿐만 아니라 조영식은 세계의 평화와 관련하여 많은 사람들을 만났다. 수많은 국제평화세미나를 개최하였고, 수많은 국가를 방문하여 석학들과 만나고 대화를 했다. 인도의 시인 타고르, 고르바초프, 역대의 유엔 사무총장들을 만났으며 유엔 사무차장 조지퍼 베르너 리드(Joseph Verner Reed)는 이러한 조영식의 평화 기념식과 국제세미나에 예외 없이 참여하여 분단된 한국인을 격려하였다. 수많은 선언서, 결의문이 채택되었고 이러한 내용은 영어, 독어, 중국어 등으로 번역되었으며 각 국가에서 자료를 요청하였다. 특히 그의 평화운동의 궁극적인 목적은 인류의 복지를 위함이며 제 2르네상스 운동,

---

60) 김봉임, "세계평화의 날 제정되던 그날", 『조영식 박사 101인집』, p. 521.
61) Pedro B. Bernaldez, *UN International Year of Peace And Global Transformation* (Seoul: Kyung Hee University Press, 2001), pp. 29-31.

인류사회재건 운동, 지구공동사회운동 등을 통해 끊임없이 추구되고 있다고 하겠다.

UN이 제정한 세계평화의 해와 날이 현대사에 끼친 영향은 크다. 이 상징적인 기념일은 자유진영과 공산진영이 세계 평화를 위해 협력하는 실질적인 출발점이 되었다. 세계평화의 해인 1986년 1월 1일, 미국의 레이건 대통령과 구소련의 고르바초프 서기장은 '올해는 유엔이 정한 세계평화의 해이니만큼 서로 협력하여 진정한 세계평화를 이룩하자'는 평화의 메시지를 역사상 최초로 상대 국민에게 전달했다.

그 해 11월 아이슬란드의 수도 레이캬빅에서 열린 정상회담에서 양국은 핵무기 폐기에 원칙적으로 합의하고, 많은 지역분쟁을 해결했다. 이후 일련의 군축회담 또한 성공적으로 타결했다. 조영식 학원장이 발의한 '세계평화의 해와 날'은 세계 역사를 화해의 시대로 전환하는 계기가 되었다. 1994년에 경희대학교를 방문한 고르바초프 대통령은 "만일 세계평화의 날과 해가 없었다면, 지금 우리가 누리고 있는 평화로운 세계는 없었을 것"이라고 경희 평화운동에 찬사를 보낸 바 있다.

5. 결론: 조영식의 교육사상과 실천에 담긴 현대적 함의

지식기반 사회가 도래하면서 국내 및 국제적 문제를 해결하는 데 있어 대학의 역할이 더욱 중시되고 있다. 대학은 국내사회와 지구공동체가 공동의 문제를 해결하고 지속적으로 발전하는 데 필요한 이념과 방향을 제시해야 할 뿐만 아니라, 실천적 방안을 마련해야 하는 새로운 시대적 요구에 직면해 있다.

인류에게 풍요로운 삶을 가능케 한 근대문명의 핵심엔 새로운 지식을 제공한 상아탑인 대학이 있었지만 오늘의 대학은 문명창달의 주체적 역할을 수행하기보다는, 전문지식 생산과 직장인 양성 기능에 치중하는 경향을 보인다. 그 결과 사회적으로는 경쟁과 배제 그리고 지배에 익숙한 공동체의 파편화를 초래했다. 이러한 상황을 극복하기 위해, 대학은 인류 평화와 공존을 지향하는 이념적 기조를 토대로 전 지구적 차원의 문제에 대해 성찰하는 자세가 필요하다.

이러한 노력은 조영식의 교육사상에 따른 실천적 노력으로 실현되어 왔다. 조영식은 인류의 진정한 평화와 안전 및 복지사회를 이루기 위해서는 인간 상호간의 배타의식을 없애고 인류사회의 문제에 같이 협력하는 존재가 되어야 한다고 강조하였다. 조영식의 이러한 노력은 대학을 중심으로, NGO의 활동을 통해, UN을 통해 그의 교육사상을 실천해 갔다. 그 결과 세계평화의 날과 세계평화의 해 선포라는 쾌거를 이루어냈다. 그러나 조영식은 군사독재시절 경희학원의 설립자로서 평생을 바쳤고 개인적인 부정이나 비리가 없었음에도 총장직 사임을 강요받기도 하는 많은 어려움을 겪었다.[62] 그러나 조영식은 이에 굴하지 않고 보다 나은 인류사회의 건설을 위해 가장 필요한 것은 교육이라는 신념을 가지고 그의 교육사상을 실천해 나갔다. 오토피아사상에 기초한 인류사회의 재건을 위해 인종, 국가, 민족, 종교, 이념, 계급의 배타성을 넘어 인류가 평화롭게 공존 공영하는 지구공동사회는 인류가 추구해야 할 목표이자 우리 시대의 소명이다.

정신적으로 아름답고, 물질적으로 풍요로우며, 인간적으로 보람 있

---

62) 경희50년 편찬위원회(2003), pp. 622-629.

는(BAR, spiritually Beautiful, materially Affluent, humanly Rewarding) 지구촌 인류사회를 위해, 대학사회의 패러다임 전환이 필요한 현 시점에서 조영식의 교육사상은 세계평화 구현을 위한 실천적 노력으로 이어져 지구적 문제해결을 위한 담론의 장을 마련했다는 점에서 큰 의미가 있다고 하겠다. 특히 조영식에 대한 이한빈의 "깊은 사색과 저술을 통한 정신적 노력, 자존심이 높은 국내외 석학들과 교류하고 그들을 움직일 수 있는 섬세한 개인적 관심의 표시와 노력의 투입."63)이라든가, 부트로스 갈리 유엔사무총장 등의 "그는 뛰어난 학자요, 교육가요, 경세가(statesman)요, 세계 지도자들의 고문(advisor to world leaders)이다."64)라고 평가한 것은 주목할 만 하다.

하영애(경희대학교) / 조희원(경희대학교)

---

63) 이한빈, "희대(稀代)의 창업적 지성인", 인간 조영식 박사 101인집, p. 129.
64) Eugeniusz Wyznwe, "Dr.Young Seek Choue, The Man Who Coined 'Pax UN'", The publication committee of Global Leader with Great Vision, *Global Leader with Great Vision*(Seoul: KYO HAK SA, 1996), p. 68.

2장_이케다 다이사쿠의 교육사상
: 일본 탐방기

필자는 2016년에 대해 커다란 의미를 두었다. 왜냐하면 조영식이 35년 전인 1981년에 '세계 평화의 날'을 제창하고 UN으로 하여금 제정·공포한 의미있는 해이며, 동시에 1986년을 '세계 평화의 해'로 제정한지 35년이 되는 해이기 때문이다. 또한 작년에 학회지 『평화학 연구』에 "조영식과 이케다 다이사쿠의 평화운동실천의 비교연구"를 게재한 이후 두 분의 교육사상에 대해서도 지속적으로 연구해야겠다는 생각을 하였기 때문이다.

조영식과 이케다 다이사쿠의 사상과 교육을 연구하기 위해서 소카대학과 일본을 방문하고 싶었다. 특히 조영식의 『오토피아』, 『문화세계의 창조』 등에서 중시하는 아름답고 풍요하고 보람 있는 (B.A.R) 사회를 추구하는 사상의 정립 단계에서 '보람(rewarding society)'에 대한 생각이 솟아오른 것이 '후지야마 호텔'이었다고 조박사께서 '목요 세미나'에서 전체 교수들에게 말씀주신 적이 있었기 때문에 언젠가는 반드시 그곳을 방문해보고 싶다는 생각을 가지고 있었다. 처음에는 후지산 부근으로만 알았기에 정확한 위치를 찾는 것이 쉽지 않았다. 그리하여 손재식 전 통일부 장관, 최관호 전 비서실장 등 다방면으로 수소문한 결과 일본으로 떠나기 전 그 위치를 개략적으로 파악하였다. 그러나 막상 일본으로 문의했을 때 후지산 지역에 '후지야마 호텔'이 여러 곳이기 때문에 찾기가 용이하지 않았다. 그러나 결국 찾아냈고 그 유서 깊은 곳을 방문할 수 있었다. 필자와 조희원 교수는 2016년 2월 22일부터 24일까지 일본을 방문하였다. 물론 사전에 이케다 다이사쿠 회장의 교육관련 자료를 읽고 인터뷰 문안을 작성하였으며, 방일 기간이 그리 길지는 않았지만 최대한 많은 분들을 만났으며 또한 학문적이고 실질적인 대화를 나누었다.

탐방의 내용을 당시의 대화형식을 그대로 싣는 것이 현장감과 실재감이 있기 때문에 대화형식을 그대로 담았다.

1. 평화운동국 카즈오 이시와타리 국장과의 간담

일시 : 2016년 2월 22일(월) 17:00〜19:15
장소 : SGI 본부 2층 회의실
참석자 : 카즈오 이시와타리(石渡 一夫) 국장, 아사이 노부유키(浅井 伸行) 청년평화회의 의장, 하영애 교수, 조희원 교수.

이시와타리 : 조영식 박사님을 직접 뵌 적은 없지만 이케다 선생님의 글을 통해 진심으로 존경하고 있었습니다. 1999년 경희대에서 NGO 대회가 있었을 때 참석해서 조영식 학원장님의 말씀을 들을

기회가 있었습니다. 그때 당시 한국에 일본 문화를 소개하는 것이 어려운 때였는데 조 학원장님의 배려로 일본 무용 전문가들을 데려가서 발표할 수 있었습니다.

하영애 : 그때의 NGO 대회가 큰 획을 그었다고 생각합니다. 1999년에 북경에서 NGO 여성대회가 있었습니다. 그 후 한국에서 개최했던 '99 서울 NGO 세계대회'는 한국 사회에 NGO라는 용어를 핫이슈로 만들게 하였으며 시민사회가 활동할 수 있는 결정적 계기가 되었습니다. 특히 그때 NGO 대회를 마치고 한국 사회에서 NGO 기금을 만들 수 있도록 김대중 대통령께서 배려해주셨습니다.

그럼 질문을 드리고자 하는데 이시와타리 국장님은 이케다 선생님을 언제 처음 만나셨습니까?

이시와타리 : 소카중학교에 입학했을 때였습니다. 저는 소카중학교와 소카고등학교를 졸업했습니다. 당시에는 선생님께서 시간만 되시면 자주 방문해주셨습니다.

하영애 : 제 논문("조영식과 이케다 다이사쿠의 평화운동실천의 비교연구", 『한국평화연구학회논총』, 제16권 5호, 2015)은 이제 시작일 뿐입니다. 혹시 앞으로 제 연구를 위해 이런 부분을 수정이나 보완했으면 좋겠다는 부분은 없는지요?

이시와타리 : 교수님께 조언하는 것은 주제넘은 일입니다만, 평소 이케다 선생님의 관점에서 많이 생각하는 두 가지를 말씀드리겠습니다.

첫째는 아시아의 평화와 관련한 부분으로 1968년 9월의 중일국교정상화 제언에 대해서입니다. 이점에 대해서도 언급해주었으면 합니다. 창가학회는 중국과 관련이 많습니다만, 그 출발이 된 것이 이때의 제언입니다. 당시 냉전체제 속에서 세계평화를 열려면 우선 중일 국교 정상화가 필요하다는 제언이었습니다. 당시 미국은 중국과 국교를 열려고 했습니다만 다른 이유에서 접근하는 것이었습니다. 하지만 이케다 선생님은 냉전을 종식시키려는 의도에서 제언하셨습니다. 중일 국교정상화 이외에도 중국의 UN 가입을 제안하셨습니다. 당시 대만이 UN 대표로서 가입한 상태였습니다(중국은 UN에 가입하지 못한 상태). 당시 이케다 선생님은 소련을 방문한 후, "소련은 중국을 침략할 의도가 없다"는 의향을 중국에 전했고, 다시 그렇게 전했음을 소련에 전하는 역할을 하셨던 것입니다. 당시 중국과 소련의 중개자 역할로서 전쟁이 일어나지 않도록 하는 역할을 했다고 생각합니다.

이러한 이케다 선생님의 행동의 배경에는 스승이신 도다 선생님의 사상이 있었습니다. 도다 선생님은 한국전쟁을 보시며 한국 민중을 생각하며 안타까워하셨습니다. 아시아의 평화를 생각하는 도다 선생님의 뜻을 계승하신 분이 이케다 선생님이십니다. 당시 중•미•소의 역학관계가 있었습니다. 그러나 그 역학관계의 결과로 고통을 겪는 것은 한반도의 민중이다. 이런 생각에서 아시아의 평화를 바라며 민중의 불행을 막기 위해 생각한 것이 중일 국교정상화와 중국의 UN 가입이었습니다. 당시 선생님의 행동을 여러 측면에서 접근할 수 있습니다. 표면적으로는 양국을 연결했다는 것이지만 왜 그런 역할을 했는가, 그 결과는 어떠했으며 어떤 의미가 있는가 등 연구할 과제가 많다고 생각합니다.

둘째, 스승인 도다와 제자인 이케다의 사제라고 하는 관점입니다. 두 분 다 2차 세계대전을 경험하신 분들입니다. 전쟁을 몸소 겪으며 평화가 얼마나 소중한지 느끼셨습니다. 이케다 선생님이 한국을 일본에게 문화 대은인의 나라라고 언급하신 것의 배경에는 민중을 생각하는 은사인 도다 선생님의 마음이 있습니다. 한국 전쟁에 가슴 아파하시고 한반도 민중의 행복을 간절하게 바라셨습니다. 평화를 제창할 때 중요한 것은 평화사상의 계승이라고 생각합니다. 두 분의 모습을 보았을 때 사제의 유대를 통한 후계의 계승이 중요하다고 생각합니다.

하영애 : 제 논문의 시각은 두 분을 비교하는 것에 주안점을 두었습니다. 추후 기회가 된다면 말씀을 참고하여 연구하겠습니다. SGI는 전 세계 192개국으로 발전하였고 한국 SGI는 세계에서 가장 큰 조직입니다만 이렇게 발전할 수 있었던 것은 어떤 이유에서일까요?

이시와타리 : 먼저 세계로 넓힐 수 있었던 원동력은 첫째로 이케다 선생님의 탁월한 리더십입니다. 둘째는 니치렌 불법의 진정한 가치를 도다 선생님과 이케다 선생님 두 분이 우리에게 알기 쉽게 구현해주신 점에 있다고 생각합니다. 선생님의 리더십에 대해서는 여러 가지 측면이 있겠지만, 그 중 하나는 스승의 구상을 실현하고 말겠다는 제자로서의 결의에 있었다고 생각합니다. 도다 선생님은 당시 아무도 하지 못했던 군국주의와의 투쟁, 2년에 걸친 옥중생활에도 굽히지 않고 신념을 관철하셨습니다. 그리고 일본의 평화, 세계평화를 생각했을 때 생명존엄의 니치렌 불법의 평화사상이 필요하다고 생각하셨습니다.

불법을 근본으로 한 자세는 한 사람 한 사람을 소중히 하는 자세로 나타납니다. 그렇기 때문에 창가학회가 조직을 만들어 발전했다라기보다는 한 사람을 소중히 한 정신에 발전의 원인이 있었다고 봐야 합니다. 선생님은 젊으실 때 하루에도 수십 집을 방문하여 격려하시고 못 만날 때는 엽서를 남기는 등 이런 활동을 수 십 년간 해오셨습니다. 세계의 지도자 중에는 군중을 모아, 집회에서 스피치하는 사람도 있습니다. 그러나 선생님은 한 사람을 만나 격려하는 행동을 수십 년간 해오셨습니다. 니치렌 불법의 궁극적인 정신도 한 사람을 소중히 하는 정신에 있습니다.

하영애 : 저도 한 사람을 소중히 하시는 선생님의 정신을 많이 느꼈습니다.

이케다 선생님의 저서『인간혁명』책을 읽어보니, 인간, 평화, 인류봉사 등 조영식 박사님과 이케다 선생님 두 분의 정신이 일치하고 있어 많이 놀랐습니다. 제 단행본 책자를 드리겠습니다.『조영식과 평화운동』의 부제를 '유엔세계평화의 날 원류를 찾아서' 라고 했습니다. 1981년 코스타리카에서 세계대학총장협의회가 있었습니다. 조학원장님이 협의회 회장이었습니다. 만약 3차 세계대전이 일어난다면 어떻게 하나 하는 걱정으로, 가장 중요한 것은 평화라고 생각하시며, 세계 대학총장들의 서명을 받아 UN에 제출한 것이 당시 '코스타리카 결의문' 입니다. 당시 한국은 UN에 가입되어 있지 않았습니다. 그래서 조 박사가 실제 산파역이었습니다만, 한국의 이름으로 제출하지 못하고 당시 코스타리카의 UN대사를 통해 UN에 제출했습니다.

이시와타리 : 하영애 교수님 논문에서 그 에피소드를 알고 감동하였습니다.

하영애 : 올해가 그때로부터 35주년이 됩니다. 그런데 그 역사를 알리는 표식이 아직 하나도 없습니다. 그래서 저희가 표식 건립을 UN에 건의하게 될 때, 국장님은 평화전문가시니까 도와주시면 좋겠습니다.

이시와타리 : 잘 알겠습니다. 최선을 다하겠습니다.

하영애 : 계승이라고 말씀해주셨는데, 저도 동의합니다. 현재 유엔

사무총장이 한국인이기에 잘 될듯하면서도 어려운 부분도 있다고 합니다. 기회가 되면 이케다 선생님께도 말씀을 드려서 도와주십사 부탁 드립니다.

하영애 : 창가학회에는 세이쿄 신문이 있는 것으로 압니다. 우선 세이쿄 신문은 어떻게 만들게 된 것인지요?

이시와타리 : 도다 선생님 생전에 사회에서 비판 받고 오해 받던 때가 있었습니다. 당시 매스컴에서 옳지 않은 보도가 이어지고 있을 때, 도다 선생님은 이케다 선생님에게 학회도 신문을 갖자는 구상을 얘기하셨습니다. 그리고 언론이 폭력을 휘두르면 안 된다. 읽으면 용기와 희망이 솟는 그런 신문을 만들자고 하여 탄생하게 되었습니다.

하영애 : 계승에 대해 좀 더 언급하면, 조직이 발전하기 위해서는 재정적인 부분도 중요하다고 생각합니다. 학회의 경우엔 어떻게 재정적 기반을 마련하나요?

이시와타리 : 학회는 회원의 자발적인 기부에 의해서 이루어지며, 금액은 정해져 있지 않습니다. 기부를 하느냐 안 하느냐 또한 개인의 자유입니다. 기부에는 신앙적 측면이 있겠지만 기부금이 많아지면 공덕이 크다는 식의 교의는 없습니다. 기부금의 크기는 개인의 판단에 맡기고 있습니다, 학회는 평화, 문화 등의 사회활동도 하고 있기에 기부는 여기에도 쓰이고 있습니다.

하영애 : 192개국에서 일본 본부에 일정금액을 제공하는 것은 있습니까? 있다면 얼마나 되나요?

이시와타리 : 일본에 송금되는 것은 없습니다. 다만 예외로서 2011년에 한국에서 일본에 기부한 적이 있는데, 동 일본 재해에 써달라는 것이 목적이었습니다. 부연해서 좀 더 설명하면, 각 나라 SGI는 재정적으로 독립되어 있습니다. 다만 재정적으로 어려운 경우는

요청이 오기도 하는데, 물론 각 나라의 법률을 지킵니다. 그리고 금액은 그 나라의 재정 독립을 해치지 않는 범위 내에서 기부합니다.

하영애 : 선생님은 민음, 후지 미술관, 동양철학연구소 등을 설립하셨는데, 어떻게 재정적으로 안정을 취하나요?

이시와타리 : 설립 초기에 기초기금 이라고 해서 학회에서 지출했습니다. 공익단체이기에 필요 이상의 영리사업을 하지는 않습니다. 각 기관의 설립은 사회에 봉사하기 위한 것입니다.

하영애 : 한국에서 '조영식 연구소'라도 설립할 수 있으면 좋겠다고 소망합니다. 이를 궤도에 올리려고 하면 최소한 10년은 걸릴 것입니다. 강한 동기, 의지력도 중요하지만 재정적 뒷받침도 중요하다고 생각하는데, 이 문제를 해결할 방법은 없는지요?

이시와타리 : 앞으로 펼치시려는 부분에서 저희가 의논드릴 부분이 있으면 돕겠습니다.

조희원 : 조영식 학원장님에 대해서는 전부터 관심이 있었지만 이번에 하영애 교수님을 통해 이케다 선생님에 대해 관심을 갖게 되었습니다. 앞으로 하영애 교수님과 함께 연구를 해가겠습니다.

2. 소카대 평화문제연구소 타마이 교수와의 간담

일시 : 2016년 2월 23일(화) 11:00∼13:00
장소 : 소카대 중앙 교육동 2층 회의실
참석자 : 타마이 히데키(玉井 秀樹) 교수, 하영애, 조희원.

하영애 : 소카대 출신 중에 평화문제를 연구하는 분이 누굴까 연

구하는 중에 인터넷에서 타마이 교수님을 찾게 되어 오늘의 만남이 이루어졌습니다. 교수님은 소카대를 나오시고 평화학, 외교, 국제관계에 대해 연구하는 것으로 알고 있는데요, 최근에는 어떤 관점에서 연구하시는지요?

타마이 : 저는 대학원 시절에 세계의 평화운동, 평화운동이 가져오는 사회적 영향력 등에 대해 연구했습니다. 무력분쟁에 대해 비군사적 방법으로 해결할 방법은 없는가 하는 부분을 연구해왔습니다. 현재 소카대에서 교수로서 일하면서 문학부에 소속되어 평화학을 가르치고 있으며 3과목의 과정이 있습니다. 하나는 분쟁해결, 다른 하나는 평화구축, 그리고 셋째는 인간의 안전보장입니다. 최근엔 인간의 안전보장이라는 부분을 중점으로 가르치고 있습니다.

하영애 : 평화구축에 대한 교수님의 연구결과나 논문이 있으면 받을 수 있을까요?

타마이 : 자료가 있으니 드리겠습니다.『소카대 평화연구』라는 학술지입니다. 이것은 창간호입니다. 이케다 선생님이 창간호에 글을 주셨는데, 그래서 더욱 의미가 크다고 생각하여 준비했습니다.

하영애 : 명함에 '평화문제연구소장'이라고 되어 있는데, 연구소가 창립된 지는 얼마나 됐나요?

타마이 : 올해가 개소 40주년입니다.

하영애 : 소장을 맡으신 지는 얼마나 됐나요?

타마이 : 9년 되었습니다.

하영애 : 임기는 몇 년인가요?

타마이 : 임기는 2년인데요, 계속해서 하는 것에 제한은 없습니다.

하영애 : 소카대 몇 기생이시며, 몇 년에 졸업하셨나요?

타마이 : 소카대 11기생이고, 1985년에 졸업했습니다.

하영애 : 소카대에는 언제부터 근무하셨나요?

타마이 : 대학원에 진학하여 1990년 연구소에서 일하기 시작하였습니다.

하영애 : 소카대 출신이신데, 이곳에서 평화문제를 가르치고 계시기에 이케다 선생님의 마음을 실천하는 분이라고 생각합니다. 동문회가 또한 매우 중요한데 동문회에서 맡은 일은 있으신가요?

타마이 : 일본에는 동창회 모임으로 창우회(創友會)가 있습니다. 저는 그 모임에서 운영위원 멤버로 활동하고 있습니다. 게이오 대학 동창회에 미타회(三田会)가 유명한데, 업종별로 그룹이 있어 후배들의 진로지도를 하고, 기부사업도 하며 후배들을 위한 장학금을 조성하고 모교 발전을 위한 사업도 합니다. 하나의 모델이라 할 만합니다.

창우회는 미타회에 비하여 역사가 짧지만 기부를 통해 후배를 돕고 모교 발전을 도모합니다. 이제 동창회 사업도 완성되어 간다고 생각하고 있습니다. 소카대는 정신면에서도 선후배간 유대가 깊다고 생각합니다.

하영애 : 소카대 출신의 교수는 얼마나 되나요?

타마이 : 본 대학 전임교수 약 350명 중에 약 180명이 소카대 또한 소카 고등학교 출신자입니다.

하영애 : 교수님은 이케다 선생님의 평화사상을 어떻게 설명하시겠습니까?

타마이 : 이케다 선생님의 평화사상에 대해 제가 느낀 것을 단적으로 말씀 드리겠습니다. 키워드는 인간주의라고 생각합니다. 그런데 영역하면 휴머니즘이라 할 수 있는데, 우리가 말하는 것과 약간 차이가 있습니다. 그래서 학술적인 표현은 아니지만, 이케다 선생님의 평화란 한 사람 한 사람을 행복하게 만든다고 하는 관점이 아닌

가 생각합니다. '인간', '행복' 이것도 여러 측면을 가지고 있는 용어입니다. 선생님이 말씀하시는 '인간'이란 한 사람 빠짐없는 인간입니다. 어떤 사상, 인종, 종교를 가지고 있더라도 한 사람 빠짐없이 행복해질 권리를 가지고 있다는 것이 이케다 선생님이 사용하신 인간, 인간주의가 아닌가 생각합니다.

하영애 : 조영식 박사도 인간을 중시하여 인간 중심주의라 표현했습니다. 이론보다도 실천이 중요하다고 생각했습니다. 그런데 조영식 박사는 학교에서 가르쳤고 총장도 하시고 세계대학총장협의회 회장도 하셨습니다. 이케다 선생님은 설립은 하셨지만 총장이나 이사장을 안 하셨는데 이점에 대해 교수님은 어떻게 생각 하십니까?

타마이 : 이케다 선생님은 교육은 "자신이 임하는 마지막 사업"이라고 영혼을 담아 소카대학교를 창립하여 창가교육 시스템을 구축하셨습니다. 이것은 제 생각이지만 이케다 선생님이 목표로 하신 전 인류의 행복, 인류 사회의 평화실현을 위해 교육은 가장 중요한 사업이지만, 평화사회 건설은 정치, 경제, 사회 전반에 걸친 변화가 필요하며, 이케다 선생님은 이런 다양한 분야의 사람들을 지도하는 입장에서 구체적인 대학경영과 교육에 직접 참여하지 않는다는 방침을 잡으신 것이 아닐까 생각합니다. 또한 중요한 교육 사업에 신뢰하는 사람들을 투입하여 이케다 선생님과 같은 정신으로 교육사업을 추진해가는 동지와 후계자를 육성하겠다는 의미도 있었다고 생각합니다.

하영애 : 말씀을 들으며, 조영식 박사님과 이케다 선생님 두 분에게 공통점이 많다는 것을 다시금 느낍니다. 조영식 박사님은 1970년 '세계 시민론'을 말씀하시고 "여러분은 세계시민이 되어야 한다."고 하시며, 인류 불멸의 가치에 대해서도 말씀하신 이런 공통점에서 이

케다 선생님에 대해 연구하는 계기가 되었습니다.

타마이 : 조 박사님에 대해서는 논문을 통해 읽으면서 상세히 알게 되었습니다. 두 분이 사신 곳은 달랐지만 공통점이 많았다고 깊이 공감했습니다.

조희원 : 서구의 휴머니즘과는 약간 다르다고 하셨는데, 이것은 한국도 마찬가지입니다. 그래서 한국에서는 인간중심주의로 번역하기도 하고 한글로 '휴머니즘'이라고 쓰기도 합니다.

경희대에도 국제평화연구소가 있고 학술지도 발간합니다. 조 박사님이 창립하신 인류사회재건연구원에서 『오토피아』라는 학술지를 발간하고, 평화관련 세미나를 하기도 하는데 소카대 평화문제연구소에서 평화운동을 해나가는 사례가 있다면 알려주십시오.

타마이 : 저희 연구소도 대학 안에 소속되어 한정된 예산 아래 움직이기에 부족한 점도 있습니다. 한 가지 소개해 드리면, 일관되게 실시하는 것으로서 1년에 6~7회 평화강좌를 매년 실시하고 있습니다. 그리고 또 하나 올해는 개소 40주년이기에 이벤트를 준비하는데, 한국 경남대와 합동으로 '극동아시아의 평화와 안전'이라는 대회를 준비 중에 있습니다. 또한 부정기적이기는 하지만 심포지엄이나 세미나를 실시하고 그 내용을 학술지에 싣고 단행본으로 발간하기도 합니다.

조희원 : 세계평화에 아시아 평화가 기여하는 부분이 크다고 생각합니다. 최근 동북아시아에서 팽창하는 한중일 역사 갈등에 대한 이케다 선생님의 견해가 있다면 알려주십시오.

타마이 : 이케다 선생님께서는 일본 정부가 어떻게 해야 한다는 정책적인 부분에 대해 표명하지는 않으십니다. 하지만 기본적인 방향에 대해서는 언급하십니다. 선생님께서는 몇 천 년이라는 관점에

서 보고 계십니다. 일본은 한국으로부터 문화를 전래 받았기에 아우의 나라이다. 그런 은혜를 입은 일본은 그 은혜를 잊어서는 안 된다. 이것이 선생님의 역사관입니다. 그리고 선생님께 배운 우리들도 같은 역사관을 가지고 있습니다. 이런 역사관이 일본에서는 소수의 역사관이기에 어려운 경우도 있지만, 이런 관점을 잊지 않고 있습니다.

그리고 또 하나, 영토 문제와 같은 현안에 대해서도 정책에 대해 언급하신 적은 없습니다. 하지만 각 정상이 만나 직접 대화를 해야 한다고 여러 번 얘기하고 계십니다. 당연히 외교적으로 정상회담을 성사시키려면 준비과정을 인정한 후, 그 준비과정에서 많은 협상이 있고 그 과정에 문제 해결의 길이 있기도 하기에 하나의 방법론을 얘기해주신 것이기도 합니다. 특히 한일, 한중, 중일은 서로 가까운 이웃나라이기에, 국민감정을 가깝게 하는 것이 중요합니다. 따라서 정상 차원과 함께 민간차원의 교류가 중요하다고 항상 말씀해주십니다.

조희원 : 이케다 선생님의 평화사상을 말씀하시면서 개개인의 행복이 중요하다고 하셨습니다만, 한국은 북한의 핵개발과 개성공단 폐쇄 등으로 매우 불안한 상황입니다. 이에 대한 이케다 선생님이나 교수님의 견해를 듣고 싶습니다.

타마이 : 이케다 선생님께서는 지금까지 1월 26일 SGI의 날이 되면, 세계를 향해 평화제언을 해오셨습니다. 거기에서 한반도 평화 달성의 중요성에 대해 언급하셨습니다. 구체적인 제언 내용은 창가학회/SGI 사이트에 일본어번역과 영어번역이 게재되어 있으니 참조해주시기 바랍니다. 개인적인 의견입니다만, 인간주의를 생각하면 한 사람의 행복을 최우선으로 생각할 때, 북한의 체제는 정권을 위해서 민중을 쓰고 있어서 인정할 수 없습니다. 이것은 안 되겠다고

하여 외부에서의 힘으로 내부를 바꾸겠다는 것으로는 어려울 것입니다. 실제 변화를 위해서는 내부 민중의 변화가 필요합니다. 그렇기 때문에 내부 변화를 유도하는 점진적 방법이 필요합니다.

하영애 : 소카대 설립이 1971년 4월 1일이기에 올해 개교 45주년이 되고 평화문제연구소는 40주년이 된다고 생각합니다. 연구소의 규모나 조직은 어떻게 되어 있나요?

타마이 : 연구소 초창기에 대해서는 제가 11기생이기에, 선배들로부터 들은 이야기를 말씀 드리겠습니다. 설립 당시만 해도 세간의 비판이 거셌고 언론에서 연일 잘못된 보도를 했습니다. 소카대의 건학 이념에 '인류의 평화를 지키는 요새이어라'라는 이념이 있습니다. 이렇듯 세계평화를 위해 창립된 소카대가 제대로 인식 받지 못하는 상황을 바꾸기 위해서 평화문제연구소를 설립하게 되었습니다. 현실적으로 준비과정을 거쳐 76년에 설립되었습니다. 소카대 초기에 만들어진 기관 중 하나입니다. 70년대라고 하면 학문으로서의 평화학 자체에 대한 인식이 없던 때였습니다. 히로시마, 나가사키에 평화연구소가 있었습니다만, 그것들과 함께 초기에 만들어진 평화연구소 중 하나입니다. 처음에 학교 안에 기관을 만드니 평화라고 하는 것이 학문으로서 가능한가라는 논의도 있었습니다만 UN을 중심으로 한 부전체제(전쟁을 금지하는 체제) 강화, 아시아 및 태평양 지역에서의 국제협력 체제구축과 같은 과제를 중심으로 활동했습니다. 최근에 소카대학도 학생 수가 감소함에 따라 교직원 감원의 문제가 있습니다. 그래서 저도 예전에는 연구소의 전임으로 있었지만 이제는 학부 소속으로 옮겼습니다. 연구소에는 10명의 연구원이 있습니다. 그러나 겸임으로 계십니다. 전임이 아니기에 전적으로 활동하는 데에 시간적 제약이 있기도 합니다.

하영애 : 경희대에도 국제평화연구소가 있는데, 17년간 한 번도 빠짐없이 큰 국제행사를 실시해왔습니다. 많이 참가할 때는 천명이 넘을 때도 있었습니다. 그러나 지금은 많이 약해졌습니다. 큰 사업으로서 '평화대백과사전'을 만들었는데 5개 언어로 번역하여 확산시켰습니다. 올해로 조영식 박사님이 돌아가신 지 4년이 됩니다. 점점 축소되는 느낌입니다. 평화인재 배출에 대해서 소개해 주시면 좋겠습니다.

타마이 : 많은 졸업생들이 국제 기관과 정부 기관, 그리고 국제 NGO 등에서 활약하고 있습니다만, 통계적인 데이터로 정리해 출판된 것이 없기 때문에 캐리어센터와 연계하여 제공해드릴 수 있습니다. 양해바랍니다.

마지막으로 하영애 교수님 논문에 대해서 한 가지 언급해드리면, 이케다 선생님의 평화운동의 근저에 있는 것으로 마키구치 선생님의 '인도적 경쟁'에 대한 사상과 도다 선생님의 '지구민족주의'에 대한 언급이 있으면 좋았을 것 같습니다. 향후 연구에 참고해주시면 감사하겠습니다.

3. 소카대 평화 연구소 간다치 소장과의 간담

일시 : 2016년 2월 23일(화) 14:00~ 16:00
장소 : 소카대 중앙교육동 12층 회의실
참석자 : 간다치 코이치(神立 孝一), 시오하라 마사유키(塩原 將行),
　　　　 야마자키 카즈시로(山崎 一城), 하영애, 조희원.

하영애 : 오늘 잘 부탁 드립니다. 1997년에 조영식 박사님 내외분과 교수 8명이 소카대를 방문할 때 저도 같이 온 적이 있으며, 1998년에 이케다 선생님께서 경희대를 방문하신 적이 있습니다. 우선 이케다 선생님께서 대학을 창립하시고 학교 운영에는 직접 참여하시지 않은 이유에 대해서 여쭙겠습니다.

간다치 : 이케다 선생님은 소카대 설립에 대한 구상을 발표하신 당초부터 대학 운영에 참여하지 않는다는 의지를 표명하셨습니다. 대학 운영은 대학관계자가 맡아주기를 바라고, 선생님은 대학뿐만 아니라 청소년을 교육하는데 힘쓰기로 생각하여 그렇게 하셨다고 생각합니다. 특히 선생님은 교육을 굉장히 포괄적이고 광범위 하게 생각하신 듯합니다. 교육이란 강단에 서서 얘기하는 것만이 아니라 더 넓은 것으로 이해하신 듯합니다.

하영애 : 학교 운영에 직접 참여하지 않을 때의 장점으로 어떤 것이 있을까요?

간다치 : 선생님은 교육이란 일방통행이 아니라고 생각하신 것 같습니다. 교육은 지식을 전하는 것이 아니라 서로 상호작용하는 것에 있다고 생각하신 듯합니다. 이케다 선생님은 대학 안에서의 교사와 학생이라는 관계가 아니라 더 폭넓게 전인격적으로 학생들을 격려하겠다고 생각 하셨던 것 같습니다. 많은 사람들이 선생님으로부터 정말 많은 영향을 받았습니다. 그러나 교실에서 배운 것이 아닙니다. 교정이나 운동장에서 등등. 선생님은 학교운영에 참여하지 않는 위치에서 학교에 영향을 주려고 하신 것이 아닌가 생각합니다.

하영애 : 간다치 소장님을 만난 것이 정말 다행입니다. 소장님은 소카중학교, 소카대학교 출신으로 뼈 속까지 소카인이라고 생각합니다. 대학설립까지 여러 가지 어려움이 있었을 텐데요, 어떤 것이 있

었을까요?

간다치 : 이케다 선생님은 대학을 설립한 외국 교육자와 회견하셨을 때 "대학 설립의 어려움이라는 것은 만든 사람이 아니면 모르는 것이지요"라고 말씀하신 적이 있습니다. 선생님은 우리 초창기 학생들에게 소카대를 설립하기까지의 노고를 많이 얘기해주셨습니다만, 그래도 우리의 상상을 초월하는 어려움이 아니었을까 생각합니다.

또한 이케다 선생님은 늘 우리 학생들에게 소카대를 설립 하는데 정말 많은 분들이 기부해 주셨다고 얘기해주셨습니다. "여러분들이 여기에서 배울 수 있는 것은 많은 무명의 서민들이 응원 해주셨기 때문이다."라고 이케다 선생님으로부터 몇 번이나 들었습니다. 그런 의미에서 이케다 선생님은 소카대는 민중이 설립한 대학이라고 말씀하셨습니다. 서민의 꿈을 실현하는 것을 건학 이념으로 하여 이루어졌습니다.

하영애 : 공명당 의원이 총 55명인데, 공명당 의원을 배출하기 위한 과목이 있나요? 공명당의 이름의 연원은?

간다치 : 대학 안에는 공명당을 위한 코스나 과목은 없습니다. '공명'이라는 이름은 '공명정대하다'에서 온 것이 아닐까 생각합니다.

하영애 : 이케다 선생님의 말씀 중에 "학회는 민중의 스크럼을 넓혀서~"라고 있습니다만, 이케다 선생님의 말씀에는 정치인을 기르겠다는 의미가 있는 것이 아닐지요?

간다치 : 이케다 선생님께서는 평화를 위해서, 모든 분야에서 활약할 수 있는 인재를 육성하기 위해서 소카대를 설립하셨습니다. 정치인은 그 중 하나에 불과합니다. 선생님께서는 "자네들은 민중의 행복을 위해 살아가는 인생을 살아가라"라고 저에게 말씀하셨습니다.

하영애 : 조 박사님도 돌아가시기 전에 '50주년에 하실 말씀'을

남기셨고, '100주년에 하실 말씀'도 미리 남기셨습니다. 50주년, 100주년을 생각하시는 이케다 선생님의 꿈에는 어떤 것이 있을까요?

간다치 : 이케다 선생님이 창립자로서 대학 공식행사에 참석하신 것은 창립 3년 후의 입학식 때였습니다. 이때 하신 강의 제목이 "창조적 인간이어라"입니다. 초창기에 창립자로서 건학 이념을 모두 남겨주셨습니다. 어떻게 구체적으로 살려갈 것인가는 우리들이 모색해야 할 부분입니다.

하영애 : 교수님은 이케다 선생님의 총애를 받으신 것 같은데, 사례를 소개해 주시겠습니까?

간다치 : 설립 초창기 학생으로서 저는 직접 뵌 적도 많습니다만, 이것은 총애를 받은 것이 아니라고 생각합니다. 설립 당시에는 저 외에도 많은 학생들이 이케다 선생님과 얘기를 나눌 기회가 있었습니다. 그 중에서도 제가 제일 많이 느낀 것은 선생님은 누구를 만나든 평등하게 대등하게 대하신다는 것입니다. 저는 코흘리개인 중학교 1학년생 때 선생님을 처음 만났습니다. 그때 이케다 선생님은 한 어른과 얘기하듯 저를 대해주셨습니다.

나중에 선생님은 세계적인 평화학자인 요한 갈퉁 박사를 만날 기회가 있었는데 선생님의 태도는 똑같은 태도였다고 느꼈습니다. 누구를 만나든 한 사람 한 사람을 인격체로 대하고 존중하는 이케다 선생님의 모습, 그것이 바로 선생님의 평화사상의 출발이라고 생각합니다.

하영애 : 갈퉁 박사라면 저도 작년 8월에 만나 뵈었습니다. 소장님이 바라보시는 이케다 선생님의 장점은 어떤 것일까요?

간다치 : 누구에 대해서도 솔직하게 평등하게 대한다는 점에 있다고 생각합니다. 어린 저희한테까지 당신의 꿈을 솔직하게 말씀하셨

습니다. 선생님께서는 다이아몬드는 다이아몬드가 아니면 연마할 수 없다고 얘기하셨습니다. 인간도 인간이 아니면 연마할 수 없다고 얘기하셨습니다. 선생님께서 우리를 연마해주셨다는 것에 무한한 감사를 느낍니다.

하영애 : 창가교육학회에서 창가학회로 이름을 바꾼 이유는 무엇일까요?

시오하라 : 저는 최근 마키구치, 도다 선생님의 전기를 집필 중에 있습니다. 창가학회가 지향하는 바를 한 마디로 하면, 세계평화와 인류의 행복입니다. 당초에는 교육자를 중심으로 한 모임으로 시작했습니다. 그러나 세계평화와 인류의 행복을 위해서는 교육자, 교육운동만으로는 안 된다는 생각에서 이름을 바꾸게 되었습니다. 2차 세계대전 후 세계는 평화로워 보였지만 도다 선생님은 한국전쟁에 너무나 가슴 아파하시고 그때의 마음을 "이 세상에서 비참이라는 두 글자를 없애고 싶다"고 표현하셨습니다. 이런 가운데 도다 선생님은 마키구치 선생님이 구상하신 소카대 설립을 실현하고자 하셨고, 이케다 선생님이 그 마음을 이어 받아 소카대 설립에 이르렀습니다.

하영애 : 마키구치 선생님과 도다 선생님의 실천에 대해 쓰려고 하니 자료를 좀 더 주셨으면 합니다. 교육 실천 분야의 논문이 있으면 소개해 주십시오.

간다치 : 소카대 안에 '창가교육연구소'라고 있습니다. 2000년에 설립되어 2001년부터 논문을 발간해왔습니다. 일단 여기서 발간된 자료를 드리겠습니다. 앞으로는 인터넷으로도 접근할 수 있을 것입니다. 자료를 드리도록 하겠습니다.

하영애 : 감사합니다.

조희원 : 소카대 방문 전에 인터넷에서 소카대를 검색해보았습니

다. 일본에서 매우 유명한 대학이라는 것을 알게 되었습니다. 제주대 법학대학원과 소카대 법학대학원이 교류를 시작했다는 것을 인터넷으로 보았습니다. 이케다 선생님의 사상을 가르치는 과목이 교양에 필요하지 않을까, 학생들이 원하지 않을까 생각합니다만 이에 대한 견해를 부탁 드립니다.

간다치 : 이케다 선생님의 사상을 과목으로 개설하지는 않았지만, '창가교육론'이라는 과목을 통해서 이케다 선생님의 교육사상과 평화사상을 배울 수 있습니다.

조희원 : 다음 질문으로 재정확보를 위해 학교가 보유한 부동산이 있습니까?

간다치 : 저희 학교도 영리사업적인 부분이 있습니다. 일본에는 대학에 관한 법이 있습니다. 홈페이지에 대학 영리수입이 모두 공개됩니다. 모든 대학이 공개하도록 되어 있어 바로 알 수 있습니다.

조희원 : 한국에서는 반값등록금이나 교수 임금 등 재정에 어려움이 많이 있습니다. 재정이 풍부하다면 좋지 않겠나 생각하여 질문 드렸습니다. 경희대에는 호텔대학이 있는데, 호텔을 인수하여 경영하면 좋지 않은가 하는 의견도 있었지만, 조 박사님이 거절하셨습니다. 경희대에는 향촌장학금, GCS장학금이 있습니다. 창가학회에도 유사한 장학금이 있습니까?

간다치 : 예를 하나 말씀 드리자면 형제가 입학하면 입학금만 절반으로 할인해주는 제도를 2016년부터 시행합니다. 또한 도별 1명을 동창회에서 추천하여 그 학생이 합격하면 동창회 장학금에서 지원합니다.

하영애 : 한국은 초등학생이 줄어 학교 폐쇄 등이 진행되고 있습니다. 대학도 인원을 줄이는 추세입니다. 소카대의 추세는 어떻습니

까? 거기에 대한 대안, 대응책에는 어떤 것이 있습니까?

간다치 : 전체 재학생이 8천 명 정도 됩니다. 일본 사회도 저출산 경향이 있기 때문에 인원 감축문제는 피할 수 없습니다만 아직 정해진 것은 없습니다.

조희원 : 부모와 자식이 소카대 출신인 경우는 얼마나 되나요?

간다치 : 그런 추적 조사를 한 적이 없습니다. 제 경우엔 저 자신도 부인도 아들도 딸도 모두 소카대 경제학부 출신인데 이것은 아주 특이한 사례입니다. 하지만 졸업생의 자식들이 소카대에 들어오는 경우가 매년 늘어나고 있으며 앞으로도 늘어날 것입니다.

하영애 : 한국에는 해당 대학교에 부모가 교수로 재직하고 있으면 그 자녀가 장학금을 받을 수 있는 제도가 있으며, 경희대학교에도 적용되고 있습니다. 소카대에도 이런 제도가 있나요?

간다치 : 소카대엔 없습니다.

4. 소카대 쓰즈키 교육학부장과의 간담

일시 : 2016년 2월 23일(화) 16:00 ~ 18:00

장소 : 소카대 교육학부동 2층 강의실

참석자 : 쓰즈키 마사시(鈴木 将史) 학부장, 토미오카 히로코(富岡 比呂子) 교수, 와카이 사치코(若井 幸子) 주임강사, 김은중 교직양성대학원생(유학생), 하영애, 조희원.

하영애 : 제 논문에 대해 언급해 주실 것이 있으면 말씀해주시면 감사하겠습니다.

쓰즈키 : 논문을 읽고 조영식 박사에 대해 많이 알 수 있었습니다. 그리고 조영식 박사와 창립자에게 공통점이 많다고 느꼈습니다. 또한 논문 전체를 통해서 공통점과 차이점이 흥미로웠습니다. 앞으로의 방향성, 가능성에 대해서도 연구를 하시면 좋겠습니다.

와카이 : 감동했습니다. 평화에 대한 창립자 이케다 선생님의 활동을 적극적 평화주의의 관점에서 어떻게 평가 하십니까?

하영애 : 제 논문을 높이 평가해주셔서 감사합니다. 저는 중국정치학이 전공으로, 평화문제를 어떻게 다룰 것인지에 대해 고민했습니다. 요한 갈퉁의 이론에서 힌트를 얻어 네 가지에 대해 비교를 하였습니다. 조 박사는 기독교에 심취하여 한 때 목사가 되려고 기도를 했으나 계시를 받지 못하고 목사의 길을 포기했습니다. 조 박사는 불교의 유적지도 많이 다니고 종교를 초월한 분이셨습니다. '1981년 세계평화의 날 제정'에 대해서는 재조명되어야 한다고 생각합니다. 두 분의 공통점은 평화, 교육, 인간으로 굉장히 일치되는 것을 느낍니다. 금년에는 이케다 선생님의 교육 사상과 실천에 중점을 두고 연구하려고 합니다.

쓰즈키 : 교수님의 세 가지 키워드, '평화'를 어떻게 발전시킬 것인가를 생각하면 '인간'이고 '교육'입니다. 그런 면에서 가장 본질적인 면을 언급해주신 것이라고 생각합니다. 이케다 선생님은 1974년 구소련을 방문하시고 중국을 방문하셨을 때 "왜 공산주의 국가에 가려고 하는가?" 하는 질문에 "거기에 인간이 있기 때문이다."라고 하신 점에 모든 것이 담겨 있다고 생각합니다. 세계평화라 하더라도 조약으로 이룰 수 있는 게 아니라 사람의 마음속에 상대를 존경할 수 있는 마음이 없다면 세계평화는 불가능합니다. 그리고 매년 1.26 기념 제언에서 항상 얘기해주시는 것이 한 사람 빠짐없이 가능성을

발휘하고 그런 개인이 연대해가는 것 외엔 세계평화는 없다는 점입니다. 그런 면에서 교육도 마찬가지입니다.

각자 자기가 갖고 있는 가능성을 끄집어내어 연대해간다는 신념을 흔들린 적이 없습니다. 그래서 저희가 생각하는 창가교육이란 자기 자신의 가능성을 믿게끔 주변에서 존중해주는 것입니다.

또 한 가지는 근·현대사에 있어서 일본은 이웃나라에 씻을 수 없는 악행을 저질렀습니다. 왜 가능했나? 교육이 군국주의에게 이용당했기 때문입니다. 앞으로 그런 일이 다시 일어나서는 안 된다는 신념이 있습니다. 이케다 선생님은 "사회를 위한 교육이 아니라 교육을 위한 사회다. 사회를 위해 교육이 있어서는 안 되며, 한 사람 한 사람의 행복을 위해 교육이 있는 것이다."라고 말씀해주셨습니다.

와카이 : 저는 오래 동안 소카학원에서 가르쳤기 때문에 이번에 교수님의 일정이 빠듯하여 소카 학원 방문이 어려워 아쉽습니다. 창립자는 '한국은 대은인의 나라'라고 가르쳐주고 계신데요, 경희고등학교 축구팀 친선경기처럼 직접 만나서 느낄 수 있는 계기를 만들어 주고 계십니다. 말뿐만 아니라 기회를 만들어 주고 계십니다.

소카초등학교 1기생 졸업식 스피치에서, 1회 졸업식이기에 매우 중요한 지침이 되는 말씀이셨는데요, "무슨 일이 있어도 평화의 무지개만큼은 잊으면 안 된다." 하고 말씀해주셨습니다. 이것은 영원히 남을 지침입니다. 중국에서 오신 내빈들을 모시고 간다거나 세계를 향해 눈을 열 수 있도록 기회를 만들어 오셨습니다. 김은중 씨도 소카학원 동아리에서 한글을 가르쳐주고 있습니다. 어린 시절부터 세계를 느낄 기회를 많이 만들어주고 있습니다.

토미오카 : 제가 초등학교에 다닐 때, 세계라는 개념도 없었는데, 선생님을 통해서 세계를 느낄 수 있었습니다. 선생님께선 세계에서

오신 손님을 데리고 오시거나 세계에 대해서 얘기해주셨습니다. 초등학교 5학년 때 그림전시회에서 우수작으로 뽑혀 불가리아로 갈 수 있었습니다. 그때 불가리아라는 나라를 생각하는 계기가 되었습니다.

하영애 : 소카대학교에 한글을 가르치는 곳이 있습니까?

쓰즈키 : 소카대학교에는 학생들이 각국 문화를 주체적으로 배울 수 있는 동아리와 연구회가 있습니다. 한글에 관해서는 한글문화연구회라는 동아리가 있습니다. 이 외에도 판아프리카 연구회 등이 있습니다. 선생님을 찾아오는 손님이 오시면 학생들이 나와 환영하는 전통이 있습니다.

하영애 : 한글문화연구회는 동아리이죠? 정식 과목으로 되어 있지는 않나요?

김은중 : '한국어 과'는 없지만 한국어 강좌는 있습니다.

하영애 : 두 분을 연구하는 중에 소카대학 통신부에 대해 살펴보았습니다. 통신교육을 통해 인재육성에도 혼신을 기울이고 계신데요, 통신교육에 대해서도 설명을 부탁 드립니다.

쓰즈키 : 통신교육부는 소카대를 설립하신 초기부터 구상하신 것이지만 문부과학성의 인가를 받아야 해서 5년 늦게 설립되었습니다. 현재 법학, 경제학, 교육학의 3개 학부가 있습니다. 선생님이 말씀하신 "통신교육은 대학을 가지 못한 사람들을 위해 있다."는 이념을 가장 잘 구현한 것이 통신교육이 아닌가 생각합니다.

통신교육부는 자택에서 공부가 가능합니다. 올해 졸업생 중에 40년 만에 졸업한 분도 있습니다. 이제 12년까지만 다닐 수 있게 바뀔 예정입니다. 어떤 분은 법학부를 마치고, 경제학부를 마치고 다시 교육학부까지 모두 마친 분도 있습니다.

하영애 : 통신교육부 졸업생에게 학위를 정식으로 줍니까?

쓰즈키 : 통신교육부는 학위과정이므로 다 마치면 일반 학부와 마찬가지로 학사 학위를 받게 됩니다. 일본에도 방송대가 있습니다. 어떤 면에서는 공통적인 면도 있습니다. 소카대 통신부의 가장 큰 특징은 학구열에 있습니다. 학구열이 정말 대단하여 처음 통신부 계절 학기를 담당하는 선생님들로부터 그 열기에 깜짝 놀란다는 얘기를 자주 듣습니다. 다른 대학과 차이 나는 또 다른 차별성은 본인 스스로 창가교육을 받았다는 것에 대한 긍지가 매우 크다는 점입니다.

하영애 : 제가 처음 소카대를 방문한 것은 벌써 19년 전 인데요, 당시 80세 분도 있었다고 들었습니다. 연령 제한은 없나요?

쓰즈키 : 2009년부터 문부과학성의 지도에 의해, 통신교육부를 다닐 수 있는 기간이 12년으로 조정되었습니다. 일반 대학은 8년까지입니다. 이게 2014년부터 적용되었습니다. 연령제한은 없습니다.

토미오카 : 제가 담당하는 '창가교육론'이란 수업이 있는데 매 학기 200명~300명이 집합수업을 듣고 있습니다. 옴니버스 강좌라 4명 정도가 강의를 합니다. 창가교육론 수업을 작년부터 통신학부 수업에서도 다루기 시작했습니다. 통신교육부의 특징은 다양한 수업을 시도한다는 점에도 있습니다. 각 지방에도 중계지가 있어서 원격 토론을 하여 상호 학습이 되도록 하고 있습니다. 창가교육론은 일반학부에도 통신학부에도 같이 하고 있는데 오히려 통신학부 학생이 열의가 더 큰 편입니다.

하영애 : '창가교육론'은 몇 학점입니까? 일반 학부 강의와 동일합니까?

쓰즈키 : 예전에는 차이가 있었지만, 지금은 같은 학점을 주고 있습니다. 하기 수업에서는 4일 일정, 주말에 이틀간 90분 수업을 10회 진행합니다. 모자란 5회 수업에 대해서는 DVD 교재를 개발하여

개인이 혼자 공부하게 합니다. 90분 수업 15회, 2학점입니다.

하영애 : 한국은 보통 일주일에 3시간 16주로 3학점을 줍니다.

쓰즈키 : 창가교육론은 필수는 아닙니다. 2학점입니다.

소카대는 매년 200명 정도 교사가 되고 있으며, 현재 7천 명 정도가 교사로 있습니다. 그 중 절반은 통신교육부 출신입니다.

하영애 : 한국에도 방송통신대가 있습니다. 학비는 어느 정도인가요?

쓰즈키 : 처음에 12만엔 정도 들고 그 후에는 매년 8만엔, 기타 수업료를 합쳐서 4년간에 80만엔 정도가 듭니다.

조희원 : 이케다 선생님께서 북한을 방문하시거나 북한에 대한 인식에 대해 해주신 말씀이 있습니까?

쓰즈키 : 제가 알기로는 그런 시도는 없었다고 알고 있습니다. 북한이나 이슬람권 국가는 다른 나라와는 차이가 있습니다. 그러나 창립자가 중국이나 소련 지도자들과 솔직한 대화를 나누셨듯 어떤 나라든 대담이 이뤄질 가능성은 있다고 생각합니다.

조희원 : 동아시아에는 불행한 역사가 있습니다. 특히 근대에 역사적 갈등이 있었습니다. 지금까지도 역사 갈등, 영토 갈등 등이 있습니다. 이런 문제에 대해서는 교육적으로 어떻게 접근하고 있는지요?

쓰즈키 : 창가학회는 민중의 조직입니다. 청융화(程永華) 주일중국대사는 6년째 대사를 하고 있는데, 소카대에 처음으로 국비유학생으로서 중국에서 유학 온 학생 중 한 명입니다. 창립자는 그들 학생들의 신원보증인이 되어 부모역할을 하시면서 유학생들의 성장을 지켜보셨습니다. 대사는 "나에게는 우인이 많기에 조금이라도 더 좋은 방향으로 가게 하기 위해 노력하고 있다."고 얘기하기도 하였습니다.

중일 관계에 있어서도 한꺼번에 큰 변화보다 민중 한 사람 한 사람의 교류를 통해 신뢰 회복과 공감대 형성이 궁극적인 방안이라고 생각합니다. 공명당 창립도 민중을 위한 것이었습니다. 공명당도 노력하고 있습니다. 정치적 노력과 민중 차원의 노력을 함께 해가는 것이 근본적인 길이 되리라 생각합니다.

5. 창가학회 다카나시 교육본부장과의 간담

일시 : 2016년 2월 24일(수) 10:00~ 12:00

장소 : 창가학회 별관 2층 강의실

참석자 : 다카나시 미키야(高梨 幹哉) 교육본부장, 콘도 부인부 위원장, 오시다, 나가오카, 하영애, 조희원.

먼저 다카나시 교육본부장이 창가교육의 연원과 전개에 대해 자세히 설명하였습니다.

하영애 : 상세한 설명 감사합니다. 많이 공부가 되었습니다. 제 전공이 국제정치학이라 교육학에는 문외한입니다. 그러나 조영식과 이케다 다이사쿠 두 분의 평화운동 실천을 연구했기에, 또 두 분이 교육을 중요시 하셨기에 앞으로 교육에 대해 연구를 해보고자 방문하였습니다. 1997년에 소카대에 왔었고 두 분의 사상이 매우 비슷하다고 느꼈습니다. 경희대도 초등학교부터 대학까지 다 있습니다. 초보자가 배우는 것이기에 많은 지도 편달 바랍니다. 조교수님과 저 두 사람이 이케다 다이사쿠의 교육사상과 실천이라는 논문을 준비하고 있는데, 이런 것을 다루면 좋겠다고 하는 것이 있으면 알려주시기 바랍니다.

콘도 :『나의 교육자에게 드린다』라는 책은 '창가교육학체계' 출간

85주년을 기념해서 2015년 11월 18일에 출판된 이케다 선생님의 교육에 관한 지도집 입니다. 제1부는 교육 일선의 교육자를 격려하는 메시지, 제2부는 신인간 혁명에서 발췌한 창가교육 및 인간교육의 역사와 목적 등, 제3부는 교육제언으로 구성되어 있습니다.

하영애 :『창가교육학체계』가 논문을 위해 필요합니다.

나가오카 : 증정해 드리겠습니다.

하영애 : 아까 창가교육의 네트워크를 말씀하실 때 인도, 말레이시아, 싱가포르, 한국, 브라질에 등에 창가교육기관이 있다고 들었는데, 전 세계 네트워크에 대해 좀 더 구체적으로 알고 싶습니다. 자료가 있으면 제공해주시면 좋겠습니다.

다카나시 : 제가 알기로는 싱가포르, 말레이시아, 한국 등에는 유치원이 있으며, 브라질에는 중학교까지 완성되었습니다. 각 나라에서 전개하는 교육운동에 대하여 창가학회 교육본부에서 관여하지 않습니다. 각 나라에 대해서는 나가오카 상이 소개해주시겠습니까?

나가오카 : 각 나라 SGI에서 교육자들이 모여 추진합니다. 일본에 와서 교류하는 경우도 있지만 일본 모델을 그대로 가져가서 하지는 않습니다.

하영애 : 3대 회장에 대해서는 잘 알고 있습니다. 논문을 쓰기 위해서는 교육기관에서 배출한 인재현황 이런 것이 필요합니다. 이케다 선생님의 업적을 소개할 필요가 있습니다. 예를 들면, 각 나라 유치원에는 몇 명의 졸업생을 배출했는가? 등의 자료가 필요합니다.

나가오카 : 각국 교육 기관에 문의해보겠습니다.

하영애 : '인간교육 실천보고대회'에 대해서 아까 말씀하시면서 대략 85,400편의 실천사례가 있다고 말씀하셨는데요, 그 중 세 편 정도만 알려주시면 좋겠습니다.

다카나시 : 우시오 출판사에서 월간지 『등대』를 발간합니다. 거기에 실천 보고대회를 하고 나서 매달 하나씩 사례가 게재되고 있습니다. 현재 20편 정도가 게재되고 있습니다.

하영애 : 콘도 상께서 경험상 소개해 주실 수 있는 게 있을까요?

다카나시 : 이 책에도 내용이 적혀 있는데, 5년 전 80주년 대회가 있었습니다. 그때 가나가와에서 3천 사례가 넘게 보고 되었는데, 그것을 분석하였습니다. 그랬더니 공통적으로 나타나는 키워드가 있었습니다. 이에 대해 콘도 상이 소개해주시겠습니까?

콘도 : 실천사례 보고대회에는 하나의 시스템이 있습니다. 그것은 우선 지역별로 사례보고를 할 수 있는 분들의 사례를 모아 지역별 대회를 하고, 그 중 우수한 사례를 선발하여 전국대회를 실시합니다. 실천 기록 속에는 많은 경우 학생들을 접하는 법이 소개됩니다. 최근 도쿄대회에서 인상 깊은 사례가 있어 소개해 드리겠습니다. 그분은 중학교 교사로서 문제 학생에 대해 발표하셨습니다. 한 여학생이 매일 지각하고 폭언을 하고 규칙을 어기고, 정말 골머리를 앓게 만들고 있었습니다. 처음에는 이 아이만 없으면 우리 반이 잘 될 텐데 하는 생각을 했다고 합니다. 이 교사는 이케다 선생님의 『나의 교육자에게 드린다』를 읽고 한 사람을 소중히 하는 교육에 대해 다시금 생각하며, 이 아이는 왜 이렇게 행동하는 것일까 하는 관심을 갖게 되었다고 합니다. 그런데 이 아이와 접하는 과정에서 100이라는 숫자를 쓰게 했는데, 100을 못 쓰더라는 겁니다. 이 아이는 학업을 따라가지 못하고, 이것이 창피했던 것입니다. 이것을 알자, 이 아이가 정말 안 됐구나 하는 생각이 들었고 그 아이를 바라보는 시각이 바뀌게 되었습니다. 처음엔 그냥 문제학생이라고만 생각했었는데, 그 이후 기회가 될 때마다 말을 걸고 하나하나 가르쳐주었습니

다. 교사는 숫자 쓰는 법부터 시작하여 학생에게 배우는 기쁨을 알려주고 싶다는 마음으로 노력한 결과 그 학생의 문제 행동이 바뀌고 수업에도 참여하게 되고 주변에 친구도 생기고 친구들이 가르쳐주고 지원해주는 상황으로 바뀌게 되었습니다.

콘도 : 3천 사례를 분석한 결과, '학생들을 대하는 방법'이란 키워드를 찾아냈습니다.

첫 번째 키워드는 '끝까지 믿는다.' 교사로서 배신을 당한다 하더라도 끝까지 믿는다. 예로 어느 남자 교사의 실천 사례 타이틀로 '100번 배신당해도 101번 믿어준다.' 라고 있었습니다.

두 번째, '있는 그대로의 모습으로 받아들인다.' 조금 더 개선되면 받아들여야지 하는 것이 아니라 있는 그대로 받아들인다. 세 번째, '끊임없이 계속 격려한다.' 한번 격려해 준다는 것이 가 아니라 끊임없이 격려한다. 네 번째, '어디까지나 끝까지 지원한다.' 지속적이고 포기하지 않는 교사의 자세가 있을 때 아이는 바뀔 수 있다. 다섯째, '마음을 잇는다.' 앞의 네 가지 관계를 지속하는 가운데, 어린이와 교사의 마음이 이어져 감동의 드라마가 생깁니다.

하영애 : 일본에는 '학급붕괴현상'이 있다고 들었습니다. '학급붕괴현상'은 얼마나 있나요?

콘도 : '학급붕괴'라는 용어는 매스컴이 만든 말입니다. 어느 정도 '학급붕괴현상'이 있는가에 대한 정확한 데이터는 문부과학성이 조사한 것이 있기에 문부과학성 홈페이지를 참고해주시기 바랍니다.

하영애 : 학급붕괴가 나날이 많아진다고 느끼시는지요?

오시다 : 학급붕괴는 셀 수 있는 것은 아닙니다. 하지만 커진다고 느끼는 것이 교육현장의 실감입니다. 교사가 이야기하면 아이들이 듣는다는 것이 기본인데 요즘은 그렇지 못한 경우가 많습니다.

하영애 : 이런 문제점에 대하여 창가학회에서 가지고 있는 해결책은 무엇일까요?

콘도 : 해결책은 조금 전에 말씀 드린 5가지 키워드라고 생각합니다. 교직대학원 교편 중 학생들이 60일간 교생실습을 가야 합니다. 최근 사례를 소개해 드리면, 교직대학원 학생이 9월에 초등학교 5학년 부담임으로 배치 받았습니다. 담임선생님은 60세로 인자하신 분인데 반은 붕괴 상태였습니다. 선생님이 말하는데 전혀 듣지 않고, 학생들끼리 쪽지를 써서 돌리고, 그런 상황이었습니다. 저도 그 얘기를 듣고 그 반에 가보았습니다. 담임선생님, 부담임, 그리고 견학 온 선생님이 있는데도, 그 와중에 교실을 뛰어나가는 등 전형적인 학급붕괴 반이었습니다. 담임선생님은 힘들어하더니 9월 말 병가를 내고, 병가가 끝날 때쯤 교사를 그만두셨습니다. 다른 선생님이 오셨지만 전혀 바뀌지 않았고, 교생선생님한테도 "죽어라", "나가라"라고 폭언하는 상황이었습니다. 실습을 나간 선생님은 남자 선생님이었는데, 한숨을 쉬면서 방법이 없다고 하였습니다. 그 선생님은 이케다 선생님의 책을 읽으며 힘을 내고, 저도 애들 장점을 찾아보자고 얘기해주었습니다. 그 선생님 말로는 아무리 찾아보아도 아이들한테서 장점을 발견할 수 없다는 것이었습니다. 그런데 가만히 지켜보니, 아이들은 계속해서 꾸중을 듣기만 하는 상황이었습니다. 교생실습 마지막 날, 교생선생님은 한 명 한 명 호명하며 아이들의 장점을 얘기해주었습니다. 교생선생님은 실습 보고서에서 "내가 바뀌니 아이들이 바뀌었다."고 소감을 적었습니다.

하영애 : 소카대 임용 합격이 매년 200명 정도라고 들었는데, 비결은 무엇인가요? 그리고 다카나시 선생님, 콘도 선생님 두 분께서 소카대에서 교육학을 하시게 된 동기가 어떤 것이 있을까요?

다카나시 : 저는 교직에 갈 생각은 전혀 없었습니다. 법학부를 졸업하여 변호사가 될 생각이었습니다. 변호사 시험을 준비하다가 잘 안 되고, 전공을 법률로 바꿔 대학원에 진학하였습니다. 대학원 수료 후 취직이 안 되었을 때, 교직과목 이수경험이 있었기 때문에 교육의 길로 나아가기로 결심했습니다. 그 후 가나가와 현립 고등학교 일본역사 교사로 채용되어 7년간 강단에 섰습니다. 그리고 32살 때 창가학회 본부직원으로 이직하며, 지금 현재 창가학회 교육본부장을 맡고 있습니다. 저도 꿈과 희망을 가지고 교사 생활을 시작했지만, 교직 3년째 학급붕괴 상황을 경험했습니다. 그때 잘해보려고 아이들에게 다가가면 아이들은 도망갔습니다. 그때 경험을 통해 배운 것이 있습니다. 그것은 사람은 절망의 상황까지 가보지 않으면 진짜 상황을 알 수 없다는 것입니다. 심층심리학의 입장에서 보면 아이들에게도 힘든 부분이 있습니다. 그때 체험으로 나도 힘들지만 아이들도 진짜 힘들겠구나 하는 것을 알게 되었습니다. 표출된 현상의 이면에는 심층이 있습니다. 결론적으로 교사의 입장이었지만, 한 사람의 인간으로서 시험 받고 있구나 하는 것을 느끼게 되었습니다. 믿어보자고 노력할 수는 있지만, 배신을 당해도 끝까지 믿자는 것은 쉽지 않습니다. 끝까지 믿자는 것이 저의 신념이 되었습니다.

그때의 경험에서 보면, 이케다 선생님의 제자인 우리들도 부족함이나 미숙함이 있었지만 선생님께서는 우리를 끝까지 믿어주셨구나 하는 것을 느끼게 되었습니다. 저의 경험에서 보았을 때, 본인이 받았던 격려가 지침이 되고 모범이 되어 아이들을 믿어가자, 격려해가자 하는 것의 결과가 교육실천보고대회의 내용입니다. 그때의 힘든 체험이 있었기에 지금 교육본부장으로서 역할을 할 수 있는 것이 아닌가 생각합니다.

콘도 : 저는 정반대입니다. 중학교 때부터 교육자가 되고 싶었습니다. 이유는 두 가지가 있었습니다. 첫째는 여성이 평생 할 수 있는 직업이라는 것이었습니다. 둘째는 당시 저는 도도해서 주변에 제대로 된 선생님이 없어 내가 그런 선생님이 되어야겠다고 생각하였습니다. 저는 창가학회 활동을 하지는 않았습니다. 어머니는 열심히 활동하셨습니다. 제가 소카대학에 가겠다고 생각한 데에는 두 가지 이유가 있었습니다. 저는 당시 기존 대학을 구태로 생각했습니다. 소카대는 신생대학이라 뭔가 다르겠다고 기대했습니다. 둘째 '인간교육의 최고학부이어라' 하는 건학 이념이 뭔가 신선했습니다. 어느 대학도 그런 용어를 사용하지 않았습니다. 또 하나는 1970년대 매스컴에서 창가학회와 이케다 선생님이 비판을 받던 때였습니다. 학회원들이 얘기하는 것과 언론이 얘기하는 것에는 큰 차이가 있었습니다. 저는 당시 중립이었습니다. 4년 간 공부하는 동안 눈으로 직접 보고 직접 느껴보자고 생각했습니다. 만약 창가학회가 말하는 것이 맞다면 나도 학회원의 길을 가자고 생각하고 내 인생을 걸자고 생각했습니다. 그 이후 대학에서 이케다 선생님이 한 사람 한 사람을 소중히 하시는 모습을 보면서 제 인생을 정할 수 있었습니다.

오시다 : 저는 연배로 보면, 소카대 2기생의 나이입니다. 문학을 워낙 좋아하여 당시 다른 대학으로 진학했습니다. 직업을 갖고 싶었지만 교사는 하지 말아야지 생각했습니다. 그 이유는 아버지가 교사셨습니다. "너는 교사가 되라"는 얘기에 반항적으로 생각했습니다. 대학시절 이케다 선생님을 만나 뵐 기회가 있었습니다. 만남을 통해 많은 의식 변화가 일어났습니다. 인간으로서의 삶의 자세를 배우게 되어 내가 제일 부족한 것이 무엇인가 생각하게 되었습니다. 그래서 자기가 자신 없는 것부터 도전해 보자고 정했습니다. 그렇게 부족하

니까 도전해보자는 생각에서 교직에 도전하였습니다. 교직에 들어와서 처음으로 배정받은 반은 중학교가 학급붕괴가 아니라 '학교붕괴'의 상태였습니다. 매일 교내 폭력이 일어나는 등 너무나 힘든 상황이었습니다. 그 속에서 원형탈모도 생겼습니다. 선배들의 격려 속에 지지 않고 도전하여 인생의 원점이 되었습니다. 아이들에게는 창가교육을 받게 하였습니다. 아이들이 주변사람의 장점을 잘 발견하는 것을 통해 창가교육의 중요성을 느꼈습니다.

하영애 : 당시 부모님이 학회원이셨나요?

오시다 : 저는 어릴 적에 신심을 안 하고 부모님은 다 열심히 하셨습니다. 대학에 들어가고 인생을 생각하면서 신심을 시작하게 되었습니다.

조희원 : 이케다 선생님께서 하신 말씀 중에 "최대 교육 환경은 교사다."는 말씀이 있습니다. 최근 한국 사회 이슈 중 하나는 임시직 교사의 문제입니다. 일본에도 그런 기간제 교사가 있나요? 이런 부분에 대해서는 어떻게 해결해가고 계신지요?

다카나시 : 일본에도 기간제 교사가 있습니다. 학회에서는 정기 채용이 되도록 지원을 하고 있습니다. 창가교육이란 학교 현장만을 전제로 하여 이야기하는 것이 아니라 사회 교육이랄까 좀 더 넓은 의미를 지니고 있습니다.

조희원 : 여성이 할 수 있는 가장 좋은 직업이 교사라는 얘기도 있듯이 일본 전체의 경우와 학회의 경우를 비교하여 여성 교사의 비율이 어떻게 될까요?

다카나시 : 초등학교는 여성 선생님이 훨씬 많고, 중학교, 고등학교로 갈수록 남성교사의 비율이 늘어납니다. 요즘엔 약간 변화가 있는 것 같습니다. 유치원의 경우엔 예전엔 거의 여성이었는데 최근엔

남성 교사도 생기고 있습니다. 초등학교의 경우 교사수가 줄었는데 그 결과 남성 비율이 올라간 면도 있는 것 같습니다. 창가학회 교육 본부의 경우, 여성의 비율이 사회의 경우보다 높은데, 이는 유치원과 초등학교 교사 수가 많기 때문입니다.

3장_조영식과 이케다 다이사쿠의 교육 평화 사상의 탐구

1. 서론

조영식과 이케다 다이사쿠는 한국과 일본에서 각각 대학을 설립하였고 교육의 중요성을 주장하였다. 또한 평화, 인간, 문화를 중요시 하였으며, 단순히 대학의 학교 교육뿐만 아니라 인류사회와 평화를 위한 교육에 역점을 두었다.

1981년에 조영식은 경희대학교 총장이면서 '세계대학총장회의' 의장으로써 코스타리카에서 개최된 회의의 결의안 'Costa Rican Resolution'을 이끌어 낸다. 그리고 코스타리카의 대통령과 유엔주재 코스타리카의 Piza 대사를 통해 유엔에 제의하여 1981년을 '세계평화의 날'로, 1986년을 '세계평화의 해'로 제정 공포하였으며, 이렇게 하여 전 세계가 매년 9월 21일을 '세계평화의 날'로 기념하고 있다. 그러나 당시 한국이 유엔에 미 가입 되어있었기에, 조영식은 이 의안을 유엔총회에 통과시키기 위하여 살신성인의 노력을 기울였으며 3일 동안 전 세계의 지도자 2,000여명에게 편지를 쓰고 설득한 끝에 이루어진 결과이다. 또한 그는 '인류사회재건'의 교육사상을 가지고, 전 세계의 대학들이 '대학교육의 목표' 5개항을 설정하도록 추진하였다. 그러나 그의 이러한 노력에 대하여 아는 사람은 그다지 많은 것 같지는 않다. 따라서 조영식의 교육 평화에 대해 재조명 해보고자 하는 것이 이 글을 쓰고자 하는 첫째의 목적이다. 또 다른 목적은 일본의 이케다 다이사쿠의 교육 평화에 대한 연구이다. 이케다는 작가이며 종교인이다. 이케다는 인간의 존엄성을 강조하고 '1대1 대화와 인간 교육'을 중요시하였다. 이러한 그의 교육평화사상에 대해 일본뿐만 아니라 대만과 중국의 많은 대학에서도 학문적 연구가 꾸준히 증가하고 있다. 이는 필자들에게 학문적 호기심을 갖게 하였으며 두 사람의 교육평화사상을 비교하게 되었다. 그러나 어떤 사상이나 철학도 실천을 통해 지속적으로 연구 계발 되지 않으면 그 진정한 가치가 발휘되기 어렵다. 따라서 조영식과 이케다 다이사쿠의 교육평화사상과 그 실천을 비교분석해보고자 한다.

그러므로 본 연구의 목적은 조영식과 이케다 다이사쿠의 교육평화사상은 무엇이며, 또한 어떻게 실천해 나갔는지를 비교 고찰해보고자한다. 이를 위해 사상 형성의 배경, 교육평화사상의 실천, 교육평화사상의 평가 등으로 고찰 하고자 한다. 그리고 그들의 사상이 교육과 사회에 미치는 영향을 모색해보고, 두 사람의 사상이 어떠한 위치에 자리매김하는지도 모색해 본다. 연구의 방법은 평화학, 사회학, 정치학, 인류학 등 다양한 문헌 분석을 중심으로 하고 부분적인 실증조사를 병행하였다. 부분적 실증조사는 필자가 일본과 대만을 방문하고 학자들과 두 대학, 관련 연구소등을 방문하여 인터뷰하였다.[1]

2. 이론적 배경과 선행 연구

교육사상이란 인간이 교육에 관해 지니고 있는 생각의 총체라고 말할 수 있다.[2] 그러나 모든 사람들의 교육에 대한 생각을 바로 '교육사상' 이라고 부르지는 않는다. 교육사상은 보통사람들의 교육에 대한 생각이라기보다는 교육전문가, 가령 교육학자, 교육 철학자, 교육 사상가들의 전문적 지식과 식견에 관련된다. 이러한 교육사상은 대개 교육 사상가의 학문적 업적인 '저작' 속에 담겨있다. 한 사상이 어떻게 형성되었고, 그 저작이 어떤 의미를 지니며, 또 후대의 사상에 어떤 영향을 끼쳤는지를 파악하는 일이 교육사상 연구에서 중시되어야 할 초점이다. 좀 더 확대해서 교육사상의 탐구는 교육사상가로 알려진 인물에 국한 할 것이 아니라 지성사 연구로 나아가야 한다.[3] 지성사가 들은 연구의 초점을 과거 어떤 시기의 수준 높은 사상이나 어떤 한 시대의 교양 있는 식자층에서 활약하던 지성인들의 의견을 중시해왔다. 이 점에서 교육사상가가 아니더라도 인간의 교양과 인격형성에 기여한 다수의 지성인들이 교육사상사에서 고려될 수 있다. 위대한 철학자들과 사학자들, 발명가들, 작가들, 예술가들은 각기 다른 분야에서 바람직한 인간의 도야와 교육에 나름대로 기여를 해 왔다고 볼 수 있다.[4] 그러므로 교육사상외에도 다양한 분야의 지성인들의 사상이나 업적이, 우수한 사람들의 사상이 교양형성과 인격형성에 기여하고 보편성을 획득할 때 이들을 지성사적 교육

---

1) 필자는 2016.2.22-24일 일본의 소카대학, SGI, 창가학원 등을 방문하고 교수, 교육 행정 실무자, 교사들과 인터뷰 하였다. 또한 2016.1.16-20, 그리고 2016.2.29-3.2일까지 대만의 중국문화대학과 이케다 연구소를 방문하고 교수, 연구원들과 인터뷰 및 자료 수집을 하였다.
2) 이원호, 『교육사상사』 (서울: 문음사, 1997), p. 16.
3) 신득렬, 『교육사상사』 (서울: 학지사, 2000), p. 23.
4) 손승남·사재명, "동 서양 교육사상 연구의 동향과 전망," 『교육철학』, 제33집 (2005), p. 42.

사상가로 평가할 수 있을 것이다.

조영식과 이케다 다이사쿠는 많은 저서를 집필하였고, 특히 이케다는 많은 대담집을 내었다. 우선, 조영식의 대표적 저서로는『인류사회의 재건』(1975),『오토피아 (Oughtopia)』(1979),『민주주의 자유론-자유정체의 탐구』(1948),『문화세계의 창조』(1951) 등이 있다. 또한 "교육을 통한 세계평화의 구현", "한중일 대학교육의 사명" 등 수많은 논문을 발표하였다. 그중에서 본 연구는『인류사회의 재건』과『오토피아』에 주목하고자 한다. 그의 교육사상은 '인류사회의 재건'으로 모아질 수 있다. 그가 주장하는 '인류사회 재건'이란 무엇인가? 1975년에 쓴『인류사회의 재건』이란 저서에서 그는 말하기를:

> 모든 민족이 동일생활권내에 들어감으로써 이방민족(異邦民族)·이민족 간에도 접촉과 협력이 없이는 하루도 지낼 수 없는 새로운 시대가 올 것이다---(중략)또 인류사회의 공해, 즉 방사진을 포함한 모든 오염과 그리고 지역전쟁도 그러할 것으로 본다. 공해의 문제, 질병의 문제, 기근의 문제, 자원의 문제 등도 어느 한 나라의 독선적·폐쇄적·배타적 방법으로는 해결될 수가 없다. 그것들은 이미 어느 민족이나 한 지역에만 국한된 문제가 아니라, 범 인류사회의 문제, 곧 인류가 서로 협력해야만 해결될 수 있는 세계 문제가 되기 때문이다.[5]

그는 이러한 인류사회 재건을 위해서는 학교교육이 중요시 되어야 하며, 그 역할은 세계의 대학이 중심이 되어야 한다고 보았다. 그리고 이 이념을 '세계대학총장회의(International Association University President-이하 IAUP로 약칭)'에서 대학의 목표로 설정하였다. 특히 그의 교육사상의 핵심가치인 인류사회의 재건을 위해서는 세계시민교육이 이루어져야 하고 또한 '제도'와 '제도적 장치'를 중요시 하였

---

5) 조영식,『인류사회의 재건』(경희대학교 출판국: 1975년 초판, 1997년8판), pp. 215-216.

는데 예컨대, UN강화, PAX UN, GCS(Global Commom Society)등을 주장했다.

이케다 다이사쿠는 자신이 집필한『신 인간 혁명』,『교육의 빛』등의 저서 외에 세기적 지도자들과 대화를 나누었고 이를 대담집으로 발행하였다. 예컨대, 아널드 J. 토인비・이케다 다이사쿠 저『21세기를 여는 대화 I』에서 교육과 교육가, 대학의 경영 등 다양한 문제를 논의하였고, 특히 인간적 가치에 대해 논의하고 상호 공감하였다.[6] 요한 갈퉁・이케다 다이사쿠 대담집,『평화를 위한 선택』에서는 서구에서는 백인과 기독교 그리고 남성조직이 구조적 폭력을 낳았다고 강조하고 이와는 반대로 아시아에서는 불교와 여성이 평화를 위한 중심축이 될 것 등을 논의하였다.[7] 張鏡湖・이케다 다이사쿠 대담집『教育和文化的王道』에서는 대학교육의 이념과 대학에서는 '학생이 주체가 되는 대학'을 강조한다.[8]

즉 이케다 다이사쿠의 교육사상은 '대화'를 통해 이루어질 수 있음에 주목하였고 특히 1대1의 만남과 대화를 통해 세계의 여러 현안들을 함께 상호 이해하고 문제를 풀어 나갔다고 할 수 있다. 다시말하면, 조영식은 인류사회재건에 핵심적 가치를 가졌고, 이케다 다이사쿠는 1대1 대화와 인간교육에 기본적인 사상을 가지고 있음을 알 수 있다.

최근 조영식과 이케다에 관련한 연구로는 오영달 등의 "칸트의 영구 평화론과 조영식의 오토피아 평화론"[9], 하영애의 "오토피아이

---

6) 아널드 J. 토인비・이케다 다이사쿠,『21세기를 여는 대화 I』(서울: 화광신문사 출판국, 2008). pp. 363-368.
7) 요한 갈퉁・이케다 다이사쿠 대담집,『평화를 위한 선택』(서울: ㈜신영미디어, 1997). pp. 6-7.
8) 張鏡湖・池田大作・劉焜輝・陳鵬仁 譯,『教育和文化的王道』(臺北: 正因文化事業有限公司, 2010). pp. 34-37.
9) 오영달・하영애, "칸트의 영구평화론과 조영식의 오토피아평화론: 세 수준의 이론적 분석,"『아태연구』, 제17권 제2호 (2010), pp. 149-150.

론의 내용과 전개; 중국과 대만사회의 수용"[10], 마에하라 마사유키의 『이케다 다이사쿠: 행동과 궤적』[11], 林菜梅의 "池田大作的 敎育思想研究"[12]등이 있다. 그러나 조영식과 이케다의 교육사상에 대해 학문적으로 비교 연구한 것은 극히 드물다. 그러므로 본 연구는 조영식과 이케다 다이사쿠의 교육사상과 실천 활동을 고찰해본다. 먼저 그들의 사상의 형성과 배경에 대해 고찰해보자.

3. 조영식과 이케다 다이사쿠의 사상의 형성과 배경

1) 미원 조영식의 생애와 교육평화사상의 배경

조영식은 1921년 10월 23일 평안북도 운산에서 아버지 조만득과 어머니 강국수 사이에서 태어났다. 또한 부인 오정명 여사와 2남 2녀를 두었다. 그는 유년시절 사서삼경 등 한학을 수학하며 동양 고전을 접한 뒤, 청년기에는 세계의 대표적인 사상가들에 대한 독서를 통해 동서양 사상가들의 철학을 공부하며 교육과 평화에 대한 사상을 정립하였다.[13] 일제 식민지에서 성장했던 그는 일본에서 체육대학을 다녔으며 1945년 평양 공병부대 소속으로 있다가 '학도병 의

---

10) 하영애, "오토피아이론의 내용과 전개: 중국과 대만사회의 수용," 『한중사회 속 여성리더』, (서울: 한국학술정보, 2015) ; 하영애, "조영식과 이케다 다이사쿠의 평화운동실천의 비교연구," 『평화학연구』, 제16권 5호, (2015).
11) 마에하라 마사유키 저, 박인용 역, 『이케다 다이사쿠: 행동과 궤적』 (한국: 중앙일보시사미디어, 2007).
12) 林菜梅, "池田大作的 敎育思想硏究," 臺灣 中國文化大學校 池田大作硏究所 10주년 記念國際學術大會 발표논문, (2016).
13) 밝은사회운동 30년사 편찬위원회, 『밝은사회 운동 30년사』 (서울: 경희대학교 인류사회재건연구원밝은사회 연구소, 2007), p. 77.

거사건'을 주도하여 감옥에 수감[14]되었다가 해방을 맞았으며 1947
년 월남한 뒤 1950년 서울대학교에서 법학과를 졸업하였다.

조영식의 사상(史上)의 첫 번째는 인재양성과 민주주의의 가치추
구라고 하겠다. 그는 한국의 근대화와 민주주의 실현을 위해 정치에
참여해야겠다는 생각으로 '한국정치학회'를 조직하고 설립하는데 실
질적인 역할을 하였다.[15] 그러나 일본인 후쿠자와 유기치의 교육사
상의 영향을 받고 그는 민주주의 실현을 위해 정치보다 인재양성이
시급하다고 생각하게 된다. 그는 말하기를,

> 필자는 조국의 앞날은 무엇보다도 인재양성에 달려있다고 믿었
> 기 때문에 정치보다는 교육이 급선무라는 것을 통감하고 대학을
> 설립하기로 결심하였다. 1951년 큰 구상을 갖고 경희대학의 전신
> 인 신흥대학을 인수하였다. 후쿠자와 유기치(福澤諭吉)는 게이오
> 대학을 설립, 훌륭한 인재를 배출하여 일본 근대화의 기틀을 만든
> 정신적인 지도자가 아니었던가? 필자도 후쿠자와 유기치와 같은
> 한국의 근대화의 선구자적 역할을 하고 싶었다.[16]

이처럼 후쿠자와 유기치의 교육사상에 고무되었던 그는 인재를
양성하여 "한국 근대화에 선구적 역할을 하고 싶었다."며 경희대학
을 설립한 동기를 밝히고 있다. 조영식이 경희대학을 설립할 당시
한국은 GNP 35달러의 가난한 나라였으며 문맹률은 75%에 달했다.
때문에 이러한 국내의 열악한 상황에서 가장 시급한 일은 교육이 최

---

14) 하영애, "오토피아 이론의 내용과 전개: 중국과 대만 사회의 수용을 중심으로," 『한국동북아논
    총』, 제15권 제1호 (2010), pp. 27-51.
15) 한국정치학회 설립을 위해 1953년 10월 18일 모인 발기인은 이선근, 조영식, 신기석, 신도성,
    민병태, 이한기, 이용희, 강상운 등 20여 명 이었다. 이후 한국정치학회는 1956년 7월 17일 정
    기총회를 개최하고 사업계획과 규정을 확정하였으며 임원을 선출하였다. 회장에 이선근(57년
    10월 성균관대 총장에 취임), 상무이사(부회장 대신 상무이사로 함에 조영식(경희대 총장)이
    선출되었다. 그 외 9명의 이사와 3명의 감사가 선출되었다. 조영식, "한국정치학회 설립과정,"
    『한국정치학회 50년사』, pp. 504-505.
16) 조영식, "한국정치학회 설립과정," 『한국정치학회 50년사』, pp. 503-504.

우선이라고 생각하였다. 교육을 통해 의식을 깨우치고 경제를 발전시켜야 하며 민주주의를 실현해야 한다고 보았던 것이다.[17] 그의 두번째 교육사상은 인류사회를 위한 '대학의 사명'을 찾는 것이었다. 그는 교육이란 지식과 학문연구뿐만 아니라 인류의 문화를 전수받아 이를 발전시켜 후세에 길이 전달해야 하는 문화적 역할이 중요하다고 보았다. 참다운 인류문명의 존속은 '올바른 대학교육 전통(大學敎育傳統)의 계승'여하에 달려 있다고 보았던 것이다.[18] 이러한 생각으로 그는 세계의 대학들이 각국의 문화적 전통을 계승한 터전 위에 인류사회의 문제를 함께 논의해야 한다는 사명과 비전을 제시하였다. 즉 세계의 대학들이 전 세계적 규모로 인류가 당면하고 있는 현대의 문제와 모든 아포리아를 구제하기위하여 통일된 운동을 전개해야 한다는 것이다. 인류사회의 이상적 모델이 되는 사회를 연구하고 제안해야 하는 것을 대학의 사명이라고 생각한 그는 이러한 이상을 실현할 수 있도록 IAUP에 제안하여 실천할 수 있도록 하였다.[19]

조영식의 교육평화사상 중 셋째는 세계인에게 평화의 정신 함양이다. 그는 평화에 대한 깊은 연구와 사색에 기초하여 인류사회이 문제는 무엇이며, 이러한 문제를 해결하기 위해 비폭력적 방법인 평화로 해결해야 한다고 강조하였다. 그리하여 오토피아[20] 평화론을 제시하였으며 이를 바탕으로 인류사회의 자유, 평등, 공영 등 여러 문

---

17) 조영식, "한국정치학회 설립과정,"『한국정치학회 50년사』, p. 504.
18) 조영식,『인류사회의 재건』p. 271.
19) 조영식,『인류사회의 재건』p. 271.
20) '오토피아(Oughtopia)'는 조영식이 1979년 그의 평화론을 정리한 저서의 제목으로 '당위적으로 요청되는 사회(ought to be society)'를 의미하는데 지구상에 실현되는 이상사회를 말한다. 그는 이러한 사회가 정신적으로 아름답고 물질적으로 풍요로우며 인간적으로 보람 있는 사회라고 설명하였다. 이러한 사회를 이루기 위해서는 능동적이고 자주적인 삶을 영위할 수 있는 인간 중심주의(Humancentrism)와 외세에 쫓기며 다른 것에 기대지 않고 자립하여 살 수 있도록 하는 자주적 신념과 태도가 필요하다고 강조하였다. 조영식,『오토피아: 전승화 이론을 기초로 하여』(서울: 을유문화사, 1979).

제를 논의하고, 이를 위해 다양한 실천운동을 전개하였다. 그는 일제 식민지에 태어나 제2차 세계대전과 한국전쟁을 경험하면서 제3차 세계대전이 발발할 것을 가장 우려하였다. 특히 제3차 세계대전이 발발하는 것을 막기 위해 미·소 양국을 중심으로 냉전의 위기가 고조되고 있던 국제사회에서 평화의 중요성을 강조하고 평화를 위한 국제사회 협력을 촉구하기 위해 세계 석학들이 중심이 되는 IAUP를 주도, 창립하였고 이 모임을 중심으로 유엔에서 '세계평화의 날'(1981)과 '세계평화의 해'(1986)를 제정하도록 적극적으로 노력하였다. 동시에 그는 세계적으로 평화교육기관을 건립하는데 전력을 추구한다.

2) 이케다 다이사쿠의 생애와 교육평화사상의 배경

이케다는 1928년 1월 2일 일본 도쿄에서 출생하였다. 해초 제조업을 하는 아버지 네노기치(子之吉)씨와 어머니사이에 8남매 중 다섯째로 태어났다. 그가 성장하는 시기에 4명의 형들이 전쟁에 참가하였으며 큰형 기이치(喜一)가 여러 번 출정한 뒤 버어마에서 전사하였고(1947. 5. 30 전사통지 도착),[21] 이에 대한 어머니의 절규와 슬픔을 직접 보았으며, 또 전화(戰火)로 집이 소실된 경험을 겪는 등 전쟁을 아주 깊이 증오하고 있었다.[22] 이케다는 이러한 청년기에, 창가학회의 2대회장 도다 조세이와 일본의 니치렌 불법을 만났으며 평화사상은 물론 자신의 일체의 사상은 도다 조세이 스승에게서 배운

21) Ikeda Daisaku, *The Human Revolution*, (New York: Weatherhill, 1972). 제1,2장 ; 마에하라 마사유키 저, 박인용 옮김, 『이케다 다이사쿠 행동과 궤적』 (서울: 중앙일보시사 미디어, 2000), p. 222.
22) 이케다 다이사쿠 저, 화광신문사 옮김, 『행복을 여는 여성』 (한국: 화광신문사, 1997 5판), p. 225.

것이었다고 강조한다.23)

그의 교육사상은 '1대1 만남과 대화', 니치렌 불법을 통한 일류 대학건설, 평화의 실천으로 구분할 수 있겠다.

첫째, 그의 교육평화사상은 '1대1 만남과 대화'로 모아진다. 그의 대표적 저서로서는 인간혁명(Human Revolution), 신 인간 혁명 등이 있으며, 특히 그는 인간 개개인, 즉 한 사람 한 사람을 소중히 생각하며 개인과의 대화를 중요시했다. 예컨대, 주은래 총리와 이케다의 대화는 중일교류협력의 물고를 트게 하였고, 코시킨과의 대화와 고르바쵸프와의 대화는 중소분쟁이 완화되는데 있어서 이케다가 가교역할을 하였다. 어느 학자는 "이케다 선생님은 평화학의 대가인 요한 갈퉁을 대할 때나 코흘리개 중학생인 저를 대할 때나 '평등성'을 가지고 대해 준 것이 가장 훌륭한 점이라고 생각합니다."24)라고 했다. 또한 이케다의 교육평화사상은 많은 사람들에게 '할 수 있다', '가능하다'라는 꿈을 가지게 했으며, 동시에 그것이 이루어질 수 있다는 확신감을 갖게 했던 것이다. 이러한 긍정적인 인간교육의 힘은 그 자신뿐만 아니라 주위 모든 사람들에게 평화, 인간, 교육의 가치 창조(創價)측면에서 원동력이 된다고 할 수 있겠다.

둘째, 니치렌 불법을 통한 일류대학건설. 그는 니치렌 불법을 교육의 토양으로 삼은 일류 대학을 건설하겠다고 생각했다. 이케다는 1971년 4월 2일 일본에서 소카대학을 설립하였을 때, 교육에는 종교적인 기반이 불가결하다. 종교 없는 교육은 나침반 없는 배와 다름없다. 지식이라는 연료를 아무리 주입해도 종교라는 삶의 심지가 없으면 인생 항로를 잃고 마는 결과가 되기 때문이다.25) 고 주장한

---

23) 요한 갈퉁·이케다 다이사쿠 대담집,『평화를 위한 선택』(서울: ㈜신영미디어, 1997), p. 23.
24) 2016. 2. 23. 소카대 창가학 연구소장과의 대담에서
25) 이케다 다이사쿠,『신인간 혁명』, pp. 121-126.

86 조영식과 이케다 다이사쿠의 교육사상과 실천

다. 소카 대학은 마키구치 쓰네사부로의 창가교육을 근본으로 한 대학이며, 더 나아가 그 밑바탕에는 불법의 인간주의 철리가 있다.[26] 고 했다. 이러한 그의 교육이념과 평화사상은 '인류의 평화를 지키는 요새가 되어라'라는 창가대학의 교육의 모토에서 보여 진다. 또한 학교교육을 통해 그의 사상은 소카대학에서 '창가학 원론 I, II'라는 과목으로 편성되어있다.[27]

셋째, 이케다의 교육에 관한 세 번째 사상은 평화의 사회적 실천이라고 할 수 있다. "사상과 철학은 행동으로 개화되어야 한다." [28] 고 생각한 그는 1971년 '인간 문화 창조'라는 기치(旗幟)아래 다양한 실천 활동을 전개하였다.

4. 조영식과 이케다 다이사쿠의 사상의 실천

조영식은 민주주의의 가치관, 세계인에 평화정신 함양, 인류사회를 위한 대학의 사명 찾기, 세 가지의 교육평화사상을, 그리고 이케다는 인간교육, 니치렌 불법을 통한 일류대학건설, 평화의 실천이라는 교육사상을 가지고 구체적으로 실천해 나갔다.

1) 학교교육을 통한 교육평화사상의 실천

조영식은 인류사회 재건을 위해 학교 교육을 중요시 하였다. 그는 경희대학교를 포함한 경희학원(慶熙學園)을 건립하였으며, 이케다는

---

26) 이케다 다이사쿠, 『신인간 혁명』, p. 121.
27) 창가 교육원 교수 및 실무자들과 대담, 2016. 2. 23. 10:00-12:00.
28) 이케다 다이사쿠, 『신인간 혁명』, p. 305.

소카대학과 창가학원의 교육기관을 설립하였다. 두 사람의 교육사상, 교육의 목적, 교육의 내용, 교육제도 등으로 고찰해본다.

조영식의 민주주의 대한 교육평화사상은 경희대학교의 건학이념으로 구체화되었다. 그는 경희대학교를 설립하면서 1951년 8월 부산의 임시 교사(校舍)의 개강에 임하여, "본 대학은 민주주의적 사고방식과 처리능력을 가진 국민의 양성을 목표로 하여 학원의 민주화, 사상의 민주화, 생활의 민주화를 교훈으로 삼고 교육방침으로 문화복지사회 건설에 공헌하려 한다."고 창학(創學)의 소신을 밝힌 바 있다.29) 그 당시 일제시대 상황 하에서 민주주의의 가치를 모색하는 것은 그의 교육사상에서 뛰어난 일면을 보여준다고 하겠다.

조영식이 설립한 한국의 경희대학은 1949년 5월 12일 신흥 초급대를 연수하면서 시작하였다. 교육내용을 구체적으로 보면 학과편제는 영어과, 중국어과, 체육과 각 50명씩 150명이었다. 1952년에는 신흥대학을 4년제로 설립을 인가 받고 법률학과, 정치학과, 문학과, 체육학과를 법정학부, 문학부, 체육학부로 편제를 개편하였다. 특히 눈에 띄는 것은 체육학과로써 이는 신흥무관학교를 계승한 정통민족대학으로 한국 최초로 체육대학을 만들게 된 것이며30), 1960년에는 신흥대학을 경희대학으로 명칭을 변경하였다. 또한 1965년부터 의과대학과 약학대학을 신설하였고, 1970년에 경희간호전문대를 개편인가 받았으며, 1972년에는 치과대학의 신설과 1973년에는 한의과대학을 신설함으로써 종합의과대학의 면모를 갖추게 되었다. 또한 조영식은 1971년 10월 5일 경희의료원을 개원하면서 인사말에서

---

29) 그는 1952년 12월 9일 4년제 대학을 설립할 때 이를 부연하여 전문(前文)과 3항의 본문으로 성문화한 창학 정신을 정식으로 공포하였다. 『경희 50년사』, p. 143

30) http://kin.naver.com/qna/detail.nhn?d1id=11&dirId=111001&docId=58923354&qb=MTk2MOuFh OyXkCDsi6DtnaXrjIDtlZnsnYQg6rK97Z2s64yA7ZWZ7Jy866GcIOqwnOuqhe2VmOyYgOuCmO yalA==&enc=utf8&section=kin&rank=1&search_sort=0&spq=1 (검색일: 2016. 3. 10).

"의료원을 국민에게 바친다."고 설립취지를 설명하였다.[31] 부속병원으로는 경희의료원(강북), 강동 경희대학교 병원, 강남 경희한방병원이 설립되어있다. 1972년에 의과대학생 첫 졸업생이 배출되었는데 총장, 교수, 학생이 혼연일체가 되어 노력한 결과 졸업생 전원이 100% 국가고시에 합격하는 등 의과대학과 한의과 대학의 명성은 높아지기 시작했다. 이는 간단한 일인 것 같지만 설립한지 겨우 20여년의 대학에서 그것도 4년 전 처음 입학한 학생들의 졸업이었으며 1기생들이었기에 이들에 대한 기대는 컸었고 그 기대를 학생들은 저버리지 않았다.[32]

교육제도는 경희대학은 4년제 정규대학과정, 석·박사의 대학원과정을 비롯하여, 유치원부터 초등학교, 남녀 중·고등학교를 설립하였고, 서울캠퍼스, 국제캠퍼스, 강릉캠퍼스의 3개의 캠퍼스를 운영하였다. 무엇보다도 대한민국 최초의 국제대학원으로 '평화복지대학원'을 설립한 것은 역시 조영식의 평화이념을 실천에 옮기고자 한 사상의 실현이라고 할 수 있겠다.

이케다는 1971년에 일본에서 소카대학을 설립하였다. 그 자신이 말한 것처럼, "당시 사회에서는 칭찬과 비난이 적지 않았는데."[33] 그는 더욱 열심히 노력하여 소카대학을 설립하였으나 정작 창립개교기념식에는 설립자인 자신은 참석하지 않았다.[34] 일본의 소카대학은

31) 『경희대 50년사』(경희대 출판국, 2003), pp. 144-361.
32) 그 이면에는 학생들을 '단체 기숙'시키면서 공부에 여념이 없도록 모든 것을 뒷바라지 한 조영식 총장과 교수들의 노력이 있었기 때문에 가능했다. 『경희대 50년사』, pp. 597-599.
33) 여기에는 종교인이라는 이유가 작용하였다고 할 수 있는데, 칭찬으로는 '인간의 새로운 가치관을 가진 21세기를 비추는 희망의 빛이다', '인간의 새로운 가치관을 제시할 수 있는 대학은 소카대학 밖에 없을 것이다.'라는 격찬이 있었고, 반대로 비난으로는 '소카대학교는 학회(창가학회)의 엘리트간부를 양성하기 위한 대학이며, 그곳에는 편협한 종교교육을 분명 행할 것이다.", 『신 인간 혁명』, p. 119.
34) 이케다 다이사쿠는 창가대 설립자로서 대학이 문을 여는 첫날 학교를 가지 않고 스승인 도다 조세이 회장의 무덤에 참배하고 있었다.

1971년 4월 2일 설립 개학식을 하였는데 경제학부, 법학부, 문학부로 시작하였다. 그리고 1976년에 경영학부와 교육학부를 설치인가받았으며 동년 5월 16일 소카대학 통신교육부가 개학식을 가졌는데 소카대학 통신학부는 오늘날 독특한 교육제도로 누구나, 어디서나학습 받을 수 있도록 하는 장점이 있다. 또한 6월 18일에는 '평화문제 연구소'가 개설되었고 1977년에는 '아시아 연구소', '정보과학 연구소'가 개설되었다. 1985년에는 소카여자 단기대학 제1회 입학식을 가졌고 2년 뒤 1987년에는 미국 LA에서 분교가 세워졌다. 1997년에는 '국제 불교학 고등연구소'를 개설함으로서, 비록 대학의 교과목에서는 종교과목을 다루지 않고 있으나[35] 이 '국제 불교학 고등연구소'는 여느 대학의 연구소와는 다른 특색을 보이고 있다. 창가학원은 이케다 다이사쿠 뿐만 아니라 초대, 2대 스승들의 '창가교육학회'의 사상을 실질적으로 추진하고 있는 중요한 기구중의 하나로볼 수가 있을 것이다. 특히 간사이 창가학원은 세계 각지에서 저명한 학자들이 방문하였는데 모스크바 대학의 로그노프 전 총장, 필리핀대학교의 아부에바 총장, 한국 경희대학교의 조영식 이사장 등 37개국 400여명에 이른다.[36] 교육제도를 살펴보면, 소카대학은 4년제대학이며, 석·박사 과정의 대학원을 설립하였다. 중·고등학교와 여자 중·고등학교 및 초등학교가 도쿄와 간사이(關西)에 각각 설립되어 있다. 미국에서는 소카대학원이 먼저 설립되었고 2001년에는 미국 캘리포니아 주에 소카대학이 설립되었다(SUA).

두 대학은 초창기에 어려움이 적지 않았으나 현재는 한국과 일본에서 더 나은 대학, 세계일류대학으로의 꿈과 목표를 가지고 매진하고있다. 경희대학은 조영식의 유지를 이어 70주년을 맞이하는 2019년을

---

35) 창가대학 창가교육연구소장과의 인터뷰, 2016. 2. 23. 14:00-16:00.
36) 이케다, 『교육의 빛』(서울: 화광신문사), pp. 193-194.

향해 새 꿈과 목표를 가지고 나아가고 있으며, 소카대학은 2021년 50주년을 맞이하게 되며 다양한 발전계획을 가지고 추구하고 있다.

2) 조직구조를 통한 교육사상의 실천

조영식과 이케다 다이사쿠는 대학과 학교교육기관을 통해 자신들의 꿈과 이상을 펼쳐나갔다. 그러나 그 교육 기관이 튼실하기 위해서는 외부의 다른 조직기구가 역할을 함으로써 자신들의 교육평화사상이 더욱 이상적으로 유지 발전될 수 있다.

(1) 조영식의 사회활동의 조직과 행동

조영식은 실로 수많은 조직을 만들었다. 세계대학총장협의회(IAUP), 인류사회재건연구원, 밝은사회 운동의 국내외적 조직, 국제평화연구소 등을 대표로 들 수 있다.

첫째, IAUP의 설립과 '세계평화의 날·세계평화의 해' 제정의 실질적 역할.

조영식은 경희대학교 설립 초기부터 제3차 세계대전을 방지하고 평화교육을 보급하기 위해 세계 대학의 상호협력과 교류를 확대하고자 노력하였다. 이를 위해 '세계총장협의회(IAUP)' 창립을 1964년에 미국, 필리핀, 아프리카 등 4개 대학 총장과 교육계 지도자들이 모인 자리에서 논의한 뒤,[37] 1965년 영국 옥스퍼드 대학에서 창립총회를 개최하였으며 21개국에서 150여 명의 대학 총장들이 참여하였

---

37) Won Sul Lee, "The IAUP and Dr. Choue," *Global Leader With Great Vision*, (The publiccation committee of Global Leader With Great Vision), p. 475.

다. 또 '명확한 목표' (SMART: Specific, Measurable, Attainable, Realistic and Tangible)와 비전을 가지고 발전하였다.[38] 그 후 '제2차 세계대학총장회의'는 1968년에 경희대학교에서 개최하였는데 당시 한국은 GNP 80달러의 가난한 국가였고, 경희대학은 19년의 일천한 역사를 가진 사립대학에 불과 하였지만 (조영식은 세계의 석학들은 물론 현직 대통령이 참석하여 축사를 하도록 하였다.) 이러한 열악한 국내 환경에도 불구하고 교육평화와 관련한 다양한 의제를 가지고 세계대학총장회의를 한국에서 개최할 수 있었던 것은 평소 그의 교육평화에 의한 '불굴의 의지력'이 이루어낸 결과라고 할 수 있을 것이다.[39] IAUP는 조영식 회장이 중추가 되어 평화교육과 평화운동 등 인류사회에 적지 않는 공헌을 하였다. 특히 유엔의 '세계평화의 날' 제정에는 조영식은 직접 행동으로 나섰다. 회장인 조영식과 주요임원인 대학총장들이 Costa Rican Resolution[40]을 만들고, 이를 유엔회원국 만장일치로 통과시키기 위하여 조영식은 3일 동안 무려 2,000통의 서신을 세계 각국의 지도자들에게 보내는 필사적인 노력으로 성공시킨 것이다. 마침내 1981년 11월 30일 개최된 유엔회의에서 이 결의안을 통과시켜 9월 셋째 화요일을 '세계평화의 날'로 1986년은 '세계평화의 해'로 지정[41]되었다. 뿐만 아니라 IAUP는 세계평화를 위한 교육기관을 설립했는데 예컨대, 코스타리카의 Peace University,

---

38) Won Sul Lee, "The IAUP and Dr. Choue," *Global Leader With Great Vision*, p. 476.

39) 당시 의제는 '후진국가에 있어서 대학교육은 여전히 국가발전에 기여할 것인가?', '동서양 문화의 융화와 세계평화의 증진', '대학생과 사회참여' 등이었다. 주요 참석자는 미국의 페얼리 디킨스 대학총장 삼마르티노(sammartino) 박사 등 34개국 154명의 세계의 석학들과 당시 현직 대통령이 참석하여 축하를 하였다. 경희 50년 편찬위원회, 『경희 50년(상권)』, (경희대 출판국: 2003), p. 247.

40) 'Costa Rican Resolution'은 35년 전인 1981년 코스타리카에서 개최된 IAUP에서 의결된 결의문으로서 당시 의장 조영식과 부의장으로 각 국의 대학총장으로 명문화된 자료이다. 미원 조영식 기념사업회 자료 제공.

41) Pedro B. Bernaldez, *UN International Year of Peace And Global Transformation* (Seoul: Kyung Hee University Press, 2001), pp. 29-31.

일본의 평화대학, 한국의 평화복지대학원(GIP) 등이 그것이다.

둘째, '인류사회 재건 연구원'의 설립과 역할 전개.

조영식은 또한 1976년에 그의 교육사상의 중심이었던 인류사회의 문제를 연구 실천하기 위하여[인류사회재건 연구원]을 설립하고 교육평화의 중요성과 그 역할을 강조한다. 그는 '내일의 인류사회와 교육의 역할'에서 인간은 교육적 산물이이기 때문에 참다운 인간, 옳은 인간 ---(중략)협동하고 봉사하며 사는 인간을 중요시하였으며 이것이 교육의 근본 임무라고 했다. 또한 인류가 앞으로 어떻게 살아야 한다는 세계인으로서의 목적의식을 명확히 알아야 하며 이 목표달성을 위하여 인간중심의 교육, 평화교육, 민주시민교육이 행해져야한다.42)고 강조한다. 그는 '인류사회재건'이라는 커다란 교육이념을 가지고 있었을 뿐만 아니라 이를 실천에 옮기기 위해 미국과 한국에 이에 관련한 설문조사를 실시하였다. 인류의 미래 목표는 무엇이며 그에 대해 세계의 대학들은 무엇을 할 수 있을까? 하는 문제에 대해 고심하였고 대학교육에서 가장 중심개념인 보편적인 목표가 제4차 IAUP회의(1975년 11월 미국 보스턴에서 개최된 Boston Conference)에서 논의되었다. 이 회의는 45개국 이상에서 온 600개 이상의 대학의 대표들이 다함께 모여서 인간사회의 평화와 복지 그리고 안전에 관련된 대학들의 적절한 역할에 대해 논의 했고, 인류가 지향해야하는 새로운 목표로써 '인간중심의 선언', '민주적 평화주의', '과학기술의 발전과 통제', '인간정신의 배양', '인류 의식'의 5가지 원칙에 대해 한국과 미국Maryland Far East Division 대학에 설문조사한 후 발표하였다.43) 연구의 결과는, 미국인과 한국인 학생

---

42) 그는 대학의 초기에 '세계 시민론'강좌를 본관 앞 대학교정에 교수 및 전교생을 모아놓고 직접강의 하였다고 한다. 조영식, 『인류사회의 재건』(경희대학교 출판국, 1984), pp. 257-263.
43) 한국에 2개 대학(남자대학과 여자대학) 사회과학을 전공하는 대학생 142명과 미국 Maryland

들이 IAUP 목표를 보편적이라고 여기는 방법에 있어서 다르지 않다는 것을 명백하게 보여주었다. 1970년대에 세계대학들의 목표를 설정하기위해 한국과 미국의 대학생들에게, 그리고 한국에서는 남녀대학을 각각 선정하여 설문조사를 한 것은 대단히 고무적이라고 하겠다. 뿐만 아니라 그는 "인류사회재건연구원"의 조직 밑에 5개의 연구소를 두었다. 인류사회연구소, 밝은사회 문제연구소, 국제평화연구소, NGO 연구소, 사이버 연구소가 그것이다. 또한 "인류사회재건연구원" 산하에 세계대학총장회의의 사무국을 두고 그의 교육평화의 이념을 실천해 나갔다.

셋째, 평화교육기구 설립 및 평화인재양성.

조영식은 교육평화의 사상을 실천하기위해 평화복지대학원(The Graduate Institute of Peace Studies: GIP)과 국제평화연구소(The Institute of International Peace Studies: IIPS)를 설립하여 한국에서 평화연구의 새로운 지평을 개척하였으며 평화 인재를 육성하였다. 평화복지대학원은 1983년 제3캠퍼스로서 설립 인가를 받고 학생정원 100명에 6개 학과에 26개 전공을 세분화하고 석사과정의 교육을 시작하였다.[44] 특히 평화학과에서는 평화학, 국제기구, 분쟁조정, 통합이론, 평화통일 등으로 전공을 세분화 하였으며 재학생들을 모두 전액 장학생으로 선발하여 학업에만 전념할 수 있도록 배려하였다.[45] 1984년 9월 25일 첫 입학식을 가진 평화복지대학원은 1993년

Far East Division 대학의 41명의 미국 대학생들에게도 영어로 준비하여 설문조사를 하였다. (1) 이 목표가 오늘날 인간 사회에서 얼마만큼 중요하게 간주되는가? (2) 이 목표가 미래에 얼마만큼 중요하게 간주되어야 하는가? 이 조사의 목적은 한국과 미국학생들 사이에 IAUP 목표의 중요성에 대한 그들의 의견을 제시하는데 이종 문화 간의 차이가 존재했는가에 관해서였다. 이 연구에서 가장 중요한 가설중의 하나는 만약 미국과 한국 학생들 사이에 상당한 차이가 존재한다면, IAUP 목표가 사실상 '보편적'이라는 것을 합리화하는 것이 어렵다는 것이다.
44) 평화복지대학원은 1983년 10월 29일 문교부로부터 정식 설립인가를 받았다.

UNESCO에서 평화교육상을 수상하였으며 국내외적으로 많은 교수 인력 및 적지 않는 평화인재를 배출하였다.[46]

국제평화연구소는 첫째, 평화이론을 개발하여 전 세계의 평화연구의 활동방향을 제시하고 둘째, 평화교육을 촉진하여 지성인에게 평화의식을 심어주며 셋째, 세계 평화의 구현방안을 마련하여 국제기구와 각국의 정책에 반영하고 넷째, 평화운동을 조직하여 범세계적으로 전개하고 확산하고자 설립되었다. 설립 이후 세계평화의 날 제정을 주도하였으며 평화를 위한 국제학술회의를 수십 년간 개최하였고[47] 대학생들의 평화의식 함양을 위한 통일문제 학술회의를 개최, 학술토론회 및 심포지엄을 개최하고 있다.[48] 또한 1987년 세계 최초로 평화백과사전인『World Encyclopedia of Peace』를 영국 퍼리번 출판사와 공동으로 발간하였으며, 이후 미국 오세아나 출판사와 공동으로 증보개정판『World Encyclopedia of Peace』을 발간하는 등 평화연구를 지속적으로 전개하고 있다.

(2) 이케다 다이사쿠의 교육평화운동의 조직과 실천

이케다는 교육사상을 실천하기 위하여 창가교육연구소, 창가학회 및 SGI, 창가학원을 통해 교육인재를 양성하고 있다. 지면의 제약으로 최대한 요점만 다루도록 한다.

---

45) 경희 50년 편찬위원회,『경희 50년(하)』(경희대 출판국, 2003), pp. 367-368.
46) 필리핀의 Pedro B. Bernaldez교수, 연세대학의 문경재 교수, 충남대의 오영달·김지운교수, 경희대학의 신상협·홍기준 교수 등 약 40 여명의 교수와 학자들을 비롯하여 평화운동가로서 미국 할렘가에서 인권운동을 하고 있는 최상진 목사, 동티모르대학의 최창원 등 총 403명을 배출하였다.『평화복지대학원 25년사』(1984-2010), (평화복지대학원, 2015), p. 202
47) 하영애, '밝은사회 국제본부의 세계평화의 날 기념 및 국제세미나 개최현황,'『밝은사회 운동과 여성』(범한서적, 2005), pp. 213-215.
48) 하영애,『밝은사회 운동과 여성』(범한서적, 2005), p. 213.

첫째, 세계적 지도자들과의 '직접 대화'를 통한 교육평화운동의 실천. 이케다의 교육평화사상의 으뜸이라고 할 수 있는 인간교육은 "거기에 인간이 있으니까" 라는 일화를 남겼다. 그가 중국의 수뇌, 소련의 수뇌부와 만난 것은 이 인간 교육의 실천으로 1대 1의 대화를 통해 세계사에 커다란 변화를 가져왔기 때문일 것이다. 예컨대, 이케다는 1968년 9월 8일 니치다이(日大)강당에서 열린 강연 가운데 중요한 제언을 했다. 첫째, 일본 정부는 중국 정부의 존재를 정식으로 인정하고, 일·중 국교 정상화의 실현을 도모해야 한다. 둘째, 국제연합에 중국의 정당한 자리를 마련해 국제적인 무대에 등장하게 해주어야 한다. 특히 일·중 국교 정상화는 일본에 불가피한 일일 뿐아니라 세계 평화 실현의 열쇠가 된다.[49]고 주장하였고 이러한 이케다의 제언에 대해 주목한 인물 바로 저우언라이(周恩來)총리이다. 그후 4년 뒤인 1972년 9월 당시의 다나카 가쿠에이 총리의 중국 방문에 의해 '일·중 국교 정상화'가 실현되었다.[50] 이 '일·중 국교 정상화'의 막후에는 주은래와 이케다의 대담이 있었으며, 평화적 교류 협정을 이루어 낸 결과로 소카대학의 교정에는 주은래를 기리는 '周나무'가 식목되어있다.[51] 또한 소련 방문 때 이케다는 "왜 종교를 부정하고 있는 소련 등으로 가는가?"라는 비판을 받았다. 그때도 이케다는 "거기에 인간이 있기 때문"이라고 대답했다.[52] 사람과 사람 사이의 평화적 유대야말로 미래로의 일·중, 일·소 관계에서 흔들

---

49) 마에하라 마사유키 저, 박인용 옮김, 『이케다 다이사쿠: 행동과 궤적』 (중앙일보시사미디어, 2007), p. 183.
50) 필자가 한국 SGI 방문 시 동영상 관람. 2015. 10. 8. 14:00-16:00.
51) 주은래가 병환으로 입원한 뒤 이케다는 병상을 찾아 문병하였고 후일 일본에서의 만남을 약속 했 다. 그 후 비록 주은래는 일본을 방문하지 못했지만 이케다는 주은래의 쾌유를 위해 소카대학 교 정에 주은래 기념식수를 하였다. 필자팀이 소카대학을 방문했을 시 참관하였다. 2016. 2. 22. 15:00-16:00.
52) 마에하라 마사유키 저, 박인용 옮김, 『이케다 다이사쿠: 행동과 궤적』 (중앙일보시사미디어, 2007), pp. 183-185.

리지 않는 초석이 되리라고 생각했던 것이다. 그는 또한 세계적 역사학자인 토인비와도 교육에 관한 다양한 대화를 하였다. 토인비는 이케다의 저작과 강연집을 읽은 후 서한을 보내 만나기를 요청했고 이케다는 영국을 방문하고 토인비와 역사적인 대화를 하였다. 이 대담은 2년에 걸쳐 모두 10일 동안 40시간에 이르렀다.[53] 주요내용에는 교육자와 연구자, 대학의 경영, 대학의 재정문제, 생명론, 환경문제, 청소년과 여성 등에 대해 광범위하게 대화를 했고 특히 이케다는 토인비와의 대화에서 자신의 교육평화를 니치렌 불법을 통해 전세계적으로 추진하겠다는 의사를 피력했고, 토인비는 긍정적인 동의를 했다.[54] 이케다는 이 대화에서 인간이 종교를 위해 있는 것이 아니라 종교가 인간을 위해 있어야 한다며 또한 '종교'가 아닌 '종교적'인 것을 강조하였다. 실로 이케다는 세계의 다양한 분야의 많은 사람과 1대1 대화를 통해 인간교육과 교육평화를 추진해 나갔다. 특히 이케다는 과거 30년 이상에 걸쳐 해외의 지식인, 지도자와의 대화를 거듭해 왔으며 이미 1,500회를 넘고 있었는데, 조영식 박사와는 교육평화운동을 통해 '千年 知己'의 우의를 나누기도 하였으며, 또한 조영식은 이케다의 평화공로를 인정하여 '국제 밝은사회 재단'에서 수여하는 제3회 평화상을 수여하였고, 국제연합에서는 1983년 8월 8일에 유엔평화상을 수여했다.[55]

둘째, 창가교육연구소를 통한 실천.

'창가대학 창가교육연구소'는 이케다의 교육평화사상과 관련하여 가장 직접적인 연구를 하는 곳이라고 할 수 있다. 창가교육연구소

---

53) 1972년 5월 런던에서 대담이 실현되었다. 당시 토인비는 83세, 이케다는 44세였다.
54) 아널드 J. 토인비·이케다 다이사쿠, 『21세기를 여는 대화 I』, p. 365.
55) 특집 '평화의 길'을 개척하는 SGI와 이케다 회장의 활동, (서울: 한국 SGI, 2003), p. 75.

는 창가대학 출신의 간다치 코이치(神立孝一)가 소장을 중심으로 2000년에 설립되어 2001년부터 『創價教育』논문집을 발간을 해왔다. 2014년 3월까지 매년 많은 국내외 학자와 전문가들의 논문제목과 세미나의 분과 주제 및 발표자, 발표제목 등 상세히 싣고 있다. 예컨대, 제1분과(교육주의 I), 제2분과(문화주의 I), 제3분과(평화주의 I), 제4분과(인간주의)이다. 둘째 날에는 제1분과(교육주의 II), 제2분과 (교육주의 III), 제3분과(문화주의 II), 제4분과(평화주의 II), 제5분과 (영어전용)이다. 뿐만 아니라, 이케다 다이사쿠의 사상연구에 대해 각 국가의 연구자를 초청 강연하게끔 하며[56] 또한 각 대학에서 이케다 다이사쿠에 관한 연구현황을 다루고 있다. 즉, 북경사범대학에서 이케다 다이사쿠 평화연구소 [池田大作平和教育研究所]가 2012년 12월에 설립되었고 천진 직할시의 남개대학(南開大學)에서의 주은래 이케다 다이사쿠 연구소 [周恩來．池田大作研究所]에 대해 다루는 등 그 분야의 관심 있는 학자들과 각 국가에서의 연구 상황을 소개하고 관심을 촉구하고 있다.[57]

셋째, 창가학회와 교육인재양성.

창가학원은 이케다 다이사쿠에 의하여 창가대학 보다 더 일찍 1968년에 설립되었는데 교육에 관한 사상을 펼쳐나가는데 실질적인 역할을 하고 있는 것으로 볼 수 있다. 코이치 간다치는 "Daisaku Ikeda and Soka Education"에서 주장하기를, 창가학원의 교육은 마키

---

56) J. Forbes Munro, "Scotland and Japan/Glasgow University and Soka University: Past and Present Connections," 『創價教育』 제1호 (日本: 創價大學創價教育研究所, 2008), pp. 78-83.
57) ‘新設의 池田大作 研究機關’ -貴州大學 [池田大作哲學研究所]2012년3월설립, 紹興文理學院 [魯迅 池田大作研究所]2012년3월설립, 井岡山大學[池田大作研究所]2012년12월설립, 北京師範大學[池田大作平和教育研究所]2012년12월설립, 創價大學創價教育研究所, 『創價教育』제6호 (日本: 創價大學創價教育研究所, 2008), pp. 150-151.

구치(Makiguchi), 도다(Toda), 이케다(Ikeda)세 사람의 아이디어, 철학, 실천에 역점을 두고 있다. 이 세 사람의 mentor-disciple relationships 가 없으면 창립이 불가했다.[58] 이 창가학원은 현재 일본에서 일어나 고 있는 '학급붕괴', '학교붕괴'와 같은 학교교육의 제 문제점을 창 가학원이 중심이 된 교사들에 의해서 많이 치유되고 있다고 할 수 있는데,[59] 많은 교사들의 실제적 상담내용과 경험을 지면관계로 요 점만을 정리하면 다음과 같다.[60]

최근 도쿄대회에서 인상 깊은 사례가 있어 소개하면, 그 분은 중학교 교사로서 문제 학생에 대해 발표하셨습니다. 한 여학생이 매일 지각하고 폭언을 하고 규칙을 어기고, 정말 골머리를 앓게 만들고 있었습니다. 처음에는 이 아이만 없으면 우리 반이 잘 될 텐데 하는 생각을 했다고 합니다. 이 교사는 이케다 선생님의 책 을 읽고 한 사람을 소중히 하는 교육에 대해 다시금 생각하게 되 었다고 합니다. 그리고 이 아이는 왜 이렇게 행동하는 것일까 하 는 관심을 갖게 되었다고 합니다. 이 아이와 접하는 과정에서 100 이라는 숫자를 쓰게 했는데, 100을 못 쓰더라는 겁니다. 이 아이 는 학업을 따라가지 못하고, 이것이 창피했던 것입니다. 이것을 알자, 이 아이가 정말 안 됐구나 하는 생각이 들었고 그 아이를 바라보는 시각이 바뀌게 되었습니다. 이 교사 분은 여교사였는데 처음엔 그냥 문제학생이라고만 생각했었는데, 그 이후 기회가 될 때마다 말을 걸고 하나하나 가르쳐주었습니다. 숫자 쓰는 법부터. 교사는 학생에게 배우는 기쁨을 알려주고 싶다는 마음으로 그러 한 노력을 한 결과 그 학생의 문제 행동이 바뀌고 수업에도 참여 하게 되고 주변에 친구도 생기고 친구들이 가르쳐주고 지원해주 는 상황으로 바뀌게 되었습니다.[61]

58) Koichi Kandachi, "Daisaku Ikeda and Soka Education," 『創價教育』제6호 (日本: 創價大學創價教 育研究所, 2008), p. 137.
59) 이러한 문제점에 대해 1차적으로는 2016. 2. 18. 한국을 방문한 나가오카상과의 대화에서 알 수 있었고, 2차적으로는 2016. 2. 22-24. 일본 방문에서 창가학회 교육본부 간부들과의 간담회 에서 다시 구체적으로 논의하게 되었다.
60) 일본을 방문하여 필자들과 창가학회 교육본부 간부들과의 간담회 개최. 2016. 2. 24. 10:00-12:00. 참석자 : 다카나시 미키야(高梨 幹哉) 교육본부장, 콘도 부인부 위원장, 오시다, 필자 팀, 구형 모, 나가오카, 오자키. 장소: 창가학회 별관 2층 강의실.

또한 토미오카 히로코(富岡 比呂子)교수는 이러한 사례가 95,000건이나 된다고 하며 이러한 대담을 통해서 교육의 현장에서 1대 1로 교사와 학생이 대화를 하면서 지도하는 것이 이케다의 실천교육이라고 그들은 말했다. 무엇보다도 소카대학의 교육학부 학생들이 매년 전국의 교사임용시험에서 200여명이 임용되고 있으며, 개교 이래로 임용시험에 합격한 학생수는 2016년 현재 6,700명을 넘어서고 있다고 한다.[62] 이러한 실 사례를 통해 이케다가 주장하는 교육사상의 실천이 교사들을 통해서 이루어지고 있는 것을 알 수 있으며, 그들은 일본 중고등학교에서 교육의 산증인으로 보람을 가지고 생활하는 참 교육의 실천을 목도할 수 있었다.

5. 조영식과 이케다 다이사쿠의 교육평화사상의 평가

조영식과 이케다의 교육평화사상의 평가는 두 사람의 공통점과 차이점 그리고 특징으로 고찰할 수 있겠다.

1) 공통점과 차이점

두 사람은 교육평화사상의 핵심적 가치를 인류의 평화에 두고 실천에 옮겼다. 교육평화사상의 학교교육으로는 대학을 비롯하여 유치원에서 중고교까지 교육체계를 갖추었다. 조영식은 경희대학교와 경

---

61) 콘도 부인부 위원장의 답변 내용. 일본을 방문하여 필자들과 창가학원 간부들과의 간담회 개최. 2016. 2. 24. 10:00-12:00.
62) 와카이 사치코(若井 幸子)의 발언, 필자팀의 일본 소까대학 방문시 간담회에서. 2016. 2. 23. 14:00-16:00.

희 여자 중·고등학교, 경희 중·고등학교와 초등학교 그리고 경희 유치원의 교육제도를 체계화하였다. 이케다 역시 소카 대학교를 설립하였고 중·고등학교, 여자 중·고등학교와 소학교의 교육제도를 갖추었으며, 도쿄와 간사이 두 곳에 각 각 설립하였다. 이로써 한국과 일본 두 나라 모두 초등학교 6년, 중학교 3년, 고등학교 3년, 대학교 4년의 6.3.3.4학제를 채택하고 있음을 알 수 있다. 특히 두 사람은 교육평화사상에 근거하여 각 대학내에서 평화연구소를 두었다. 경희대학교는 '국제평화연구소'를 통해 평화관련 다양한 연구와 수십 년간의 국제평화 학술대회를 개최하였고, 또한 '평화백과대사전'을 발간하였다. 소카대학에서도 '평화문제연구소'를 설립하여 평화, 군축 등 다양한 논제로 다루고 있으며 2016년 현재까지 '소카대 평화연구'가 발행 되고 있다.

차이점을 고찰해보면, 조영식과 이케다 다이사쿠는 모두 교육평화사상을 가지고 있었으나, 사상의 배경이 달랐기 때문에 그 사상의 실천에 있어서도 다른 양상으로 나타났다. 조영식은 일본 게이오 대학의 창립자 후쿠자와 유기치의 교육사상을 답습 체득하여 교육을 통한 인재양성에 주력하였고 수많은 인재들을 배출하였다. 또한 IAUP라는 조직을 설립하고 세계의 석학들과 함께 대학의 보편적인 목표- '민주적 평화주의', '인류의식'등 5개의 항목을 세계대학의 보편적인 목표로 설정하였다. 그리고 이러한 목표를 향하여 교육평화사상을 실천해 나갔다.

이케다는 전쟁의 포화 속에서 친형을 잃었으며, 일본의 군국주의에 반대하면서 평화를 주장한 창가학회 초대 마키구치와 2대 도다 조세이 스승의 철학과 사상을 이어 받아 자신의 교육평화사상을 확고히 하였다. 나아가 니치렌 불법의 중추적인 조직인 '창가학회'와 '창가학원', 각국 SGI등을 통해 그의 사상을 펼쳐나가고 있다고 하겠다.

2) 조영식과 이케다의 교육사상의 특징

그들이 역점을 둔 인재양성을 고찰해 보면, 조영식은 평화복지대학원을 설립하였던 만큼 국내외에 다수의 평화 교육가를 비롯한 평화실천가를 배출하였다. 필리핀의 Pedro B. Bernaldz 교수, 일본의 김미경 교수, 미국의 할렘 가에서 목회활동을 하고 있는 최상진 목사, 이라크에서 평화활동을 하다가 구사일생으로 돌아온 한재광 등을 대표로 들 수 있겠다. 특히 인술에 역점을 두어 의과대학, 약학대학, 한의학 대학을 설립하였으며, 의과대학 1기 졸업생 전원을 100% 국가고시에 합격시키기도 하였다. 조영식은 체육인재, 평화인재, 의학인재 양성에 두드러진 점을 알 수 있다. 반면에, 이케다 다이사쿠는 교육사상의 중점을 '인간 교육'에 두었던 만큼 2005년에 4,000명의 교육 분야의 인재를 배출하였고 최근에 이 숫자는 6,000여명으로 증가하고 있다.[63] 특히 창가교육에 종사하는 중고교 교사들은 이케다 다이사쿠의 교육사상을 교육현장에서 직접 실천하고 있음을 고찰하였다. 특히 이케다는 현실정치의 중요성을 실감하고 일본에서 '공명당'이란 정당을 설립하였는데, 그는 이 공명당 국회의원들에게 정치인의 권한 보다 '시민의 공복'이 되라고 강조한다.[64] 조영식과 이케다는 세계 각국으로부터 수많은 상을 수상하였다. 그러나 그들은 한국과 일본에서 각각 탄압을 받기도 하였다. 조영식은 전두환 정부의 자택수색 등으로 대학의 보직자들을 비롯해 자신도 연행되

---

63) 일본 창가학회 본부 나가오카 섭외부장과의 인터뷰 시 자료제공. 2016. 2. 23. 14:00-15:00.
64) 마에하라 마사유키 저, 박인용 옮김, 『이케다 다이사쿠: 행동과 궤적』 (중앙일보시사미디어, 2007), pp. 183-185.

는 등 정치적 탄압과 시련을 겪었다.[65] 이케다는 세 번의 커다란 시련을 겪었었는데 탄광 노조사건, 일련정종 종문사건, 언론 탄압 등으로 감당하기 어려운 수모를 겪고 힘든 고비를 넘겨야 했다.[66] 그러나 그들은 역경을 이겨내고 꿋꿋이 그들의 교육평화사상을 실천해 나갔다.

이러한 학교교육을 통한 사상의 실천 외에, 두 사람은 다양한 사회활동 조직체를 구성하여 자신들의 교육과 평화사상을 실천해 나갔다. 대표적 활동조직체로서 조영식의 '인류사회재건연구원', '밝은사회 국제클럽'과 각 국가클럽, 그리고 특히 '밝은사회 한국본부'와 국내클럽들은 세계사의 흐름을 바꾸어 놓은 많은 일들을 해냈다. 예컨대, 조영식 자신의 생명까지 담보하여 이루어낸 '세계평화의 날'과 '세계평화의 해'를 유엔으로 하여금 제정공포하게 했던 숭고한 교육평화사상은 제3차 세계대전발발의 위기상황을 평화무드로 바꾼 세기적인 업적으로 평가해도 손색이 없을 것이다. 또한 밝은사회 한국 본부의 어느 여성회원 한명은 한국의 이산가족재회상봉을 위한 서명운동에서 100,000만 명의 서명을 받음으로써 한국이 분단국으로서 조국통일과 민주주의에의 갈망을 표출하는 한 사례를 직시할 수 있다. 이케다 다이사쿠는 창가학회와 SGI를 통해 인간교육과 평화운동을 자신의 교육평화사상으로 실천하고 있음을 고찰하였다. 대표적으로 이케다 자신이 세계적지도자들과 1대1 직접대화를 통해 교육평화를 실천하고 있다. 중국의 주은래와의 대화는 중·일 우호정상화를 가져왔고, 중국이 국제무대에서 대만을 제치고 UN에 가입하도록 역할을 하였다. 또한 토인비와의 대화에서는 혹자들이 일반적으로 가질 수 있는 이케다 다이사쿠가 니치렌 불법을 확대 전파하는 종교인에서의 편견에서 벗어나 종교를 위한 인간이 아닌, 인간을

65) 경희 50년 편찬위원회, 『경희50년사 하권』 (경희대 출판국, 2003), pp. 23-26.
66) 일본 창가학회 본부 나가오카 섭외부장과의 인터뷰에서. 2016. 2. 23. 14:00-15:00.

위한 '종교적'인 것이 필요함을 주장하고 함께 공동의 의견을 도출해내었다. 이러한 그의 활동들은 이케다가 작가, 종교인에서 벗어나 실천적 교육가로서의 역할을 수행하고 있음을 보여주고 있다고 하겠다.

6. 결론

본 연구는 조영식과 이케다 다이사쿠의 사상의 배경을 살펴보고 특히 교육사상과 실천에 주목하고자 하였다. 조영식은 1949년 초급대학을 인수한 뒤, 경희대학으로 만들고 종합대학으로 승격시켰으며 1970년대에 의과대학, 한의과대학, 동서의학대학으로 발전시켰고 대학부설 종합병원을 건립하였다. 그의 사상을 실행했던 실천적 조직으로는 IAUP와 '인류사회재건 연구원'을 대표로 들 수 있으며 이 기구들은 세계의 각 대학이 고등교육의 목표를 정립하도록 실질적 역할을 하였다. 또한 IAUP는 세계 대학이 상호협력과 교류를 통해 교육평화를 증진하는 조직과 활동으로 정착되었다.[67] 조영식은 1984년 한국 내 최초로 국제대학원인 [평화복지대학원]을 설립하였는데 특히 이 대학원은 조영식의 교육사상의 영향으로 국제평화와 관련하여 지속적인 연구와 교육, 재정적 지원을 통해 평화에 대한 연구를 수행하고 평화지향적인 글로벌 인재를 양성해오고 있다.[68] 또한 이 대학은 '유네스코 평화상'을 수상하였다. 또한 조영식의 교육사상은 한국최초의 체육대학 설립으로 중고교의 상당수의 체육교사 양성과 세계태권도 인재 등을 배출하는데 기여하였다. 특히 현재의 인류사

---

67) 『학문과 평화 그 창조의 여정』, pp. 156-157.
68) 오영달·하영애, "칸트의 영구평화론과 조영식의 오토피아평화론: 세 수준의 이론적 분석," 『아태연구』, 제17권 제2호 (2010), pp. 149-150.

회재건 연구원은 초대원장 조영식의 교육사상의 기반으로 『오토피아(Oughtopia)』를 등재지로 끌어올려 학술연구에 중점적인 역할을 하고 있다.

이케다 다이사쿠는 소카대학을 설립하였다. 그러나 그는 소카대학의 창립기념식에도 참석하지 않을 정도로 학교교육은 총장이나 전문가들에게 맡기고 자신은 니치렌 불법을 통한 교육평화의 확산에 주력한 것으로 볼 수 있다. 즉 창가교육연구소, 창가학원, 창가학회 등 조직을 통해 그가 평생 확산시키고자 하는 교육사상을 니치렌 불법 속에 녹여 전 세계적으로 확대 해나가고 있는 것이다. 또한 그는 자신이 세계지도자들과 1대1 직접대화를 통해 교육평화를 실천하고 있다. 중국의 주은래와의 대화는 중·일 우호정상화를 가져왔고, 대화를 통해 중국이 국제무대에서 대만을 제치고 UN에 가입하도록 역할을 하였다. 또한 이케다의 교육사상은 창가학원의 교직자들을 통해 일본의 '학급붕괴', '학교붕괴'의 심각한 상황을 완화시키는 역할을 하고 있다. 그리고 소카대학은 약 6,000여명의 교육 분야 종사자들을 배출해내었다. 특히 이케다의 교육사상은 미국의 이케다 연구소, 대만과 중국의 각 대학에서 이케다 다이사쿠의 연구와 '루쉰·이케다 다이사쿠 연구회', '주은래·이케다 연구소'등 지속적으로 증가 일로에 있음을 알 수 있다.

본 연구의 결과, IAUP와 인류사회재건연구 등 다양한 학술적 업적과 또한 세계평화의 날 제정에 산파역을 한 조영식을 교육사상가로 평가할 수 있겠다. 또한 수많은 교육인재들을 배출하고 세계적 지도자들과의 대화로 중·일, 중·소 각 국의 평화적 협의를 이끌어낸 이케다 다이사쿠를 종교인의 편견을 떠나 지성적 교육사상가로 평가할 수 있겠다.

4장_신라 여왕들의 지식습득은 어떻게 이루어 졌을까?
: 선덕, 진덕, 진성 여왕의 교육과 정치

1. 서론

　최고통치권자가 발휘하는 정치리더십은 한국가의 흥망성쇠가 달려있기 때문에 동서고금을 막론하고 대단히 중요하다. 즉, 누가 정치권력을 행사하느냐? 누가 지배하느냐에 따라 국익과 국민 모두에게 중대한 일이기 때문이다.

　세계최초의 여성대통령은 1974년 아르헨티나의 대통령으로 취임한 이사벨 페론이며, 유럽최초의 여성대통령은 1980년의 아이슬란드에서 당선된 비그디스 핀보가도타르, 아시아에서는 필리핀에서 코라손 아키노가 1987년에 여성대통령으로 당선되었다. 그러나 우리나라에서는 1300여 년 전 고대 신라에서 이미 여성국왕 선덕이 탄생하였고 그 뒤를 이어 진덕여왕이 통치권자로, 그리고 233년 후에 또 한 사람의 여성국왕 진성여왕이 탄생함으로서 신라는 3사람의 여성국왕을 배출하였다. 이 여왕들의 정치리더십은 어떠한가. 만약 첫 여왕의 정치리더십이 유약하거나 미숙했다면 제2, 제3의 여왕들이 탄생할 수 있었을까? 어느 시대를 막론하고 권력의 속성상 반역이나 권력쟁탈은 끊임 없이 일어났는데 이들 여왕들의 신하 장악력은 어떠했는가? 이는 한국정치사는 물론 여성정치를 연구하는 사람들에게 커다란 지적 호기심을 갖게 하였다.

현대사회에서 한국여성의 정치참여와 정치적 지위는 세계 각 국의 여성의 정치지위와 비교해 볼 때 최하위에 머무르고 있었다. 최근 정치제도의 개혁으로 한국여성의 정치, 특히 국가의 입법을 다루는 여성국회의원들의 숫자가 급상승하면서 과거보다 약간 다른 진취적인 평가를 받게 되었지만 앞으로 이러한 참여율이 그대로 유지될 수 있을지는 또한 의문시 된다. 통치권자가 바뀔 때 마다 사탕발림으로 장관을 몇 명 임명 하겠다고 제시하고 처음에는 몇 사람을 추대하고서는 불과 몇 년 가지 않아서 슬그머니 장관자리에서 물러나게 만드는 상황이 계속되고 있는 현 실정이다. 혹자들은 각 부서의 장관 몇 사람기용으로 여성의 정치참여 내지 여성의 지위를 운운하는 것은 진정한 여성의 정치참여 향상이나 지위의 향상이라고 할 수 없다는 소극적인 의견을 제시하기도 한다. 그러나 이것은 결코 그렇지 않다고 생각 한다. 왜냐하면 형식적 평등이 실질적 평등으로 가기위한 디딤돌로서 작은 수치 역시 대단한 상징성과 실제성을 동시에 갖고 있기 때문이다.

신라여왕과 관련한 선행연구로는 정용숙과 이배용, 임경빈과 추만호, 권영오, 신형식 그리고 김기홍 등의 연구가 있다.[1] 그러나 세

---

[1] 이 분야의 연구로는 정용숙, "신라의 여왕들", 한국사시민강좌 제15집, 1994, 이배용. 『한국역사 속의 여성들』. 도서출판 어진이. 2005, 김기홍. "한국 최초의 여성 왕 선덕여왕의 리더십". 『선비문화』. 남명학 연구원. 2005, 임경빈. "신라 진덕 여왕대의 정치개혁-무열왕의 즉위와 관련하여" 북악 사학회, 북악사론. 1993. 추만호. "나말선사들과 사회제 세력과의 관계-진성여왕대의

여왕의 정치리더십을 비교분석한 것은 드물다. 특히 진덕여왕에 대해서는 직접적이라기보다는 그의 참모들에 대해 많이 논의하고 있다. 그런 의미에서 세 여왕의 리더십을 종합적으로 비교하는 작업이 필요하다 하겠다.

21세기는 여성이 각 분야에서 제 역할을 할 것으로 기대된다. 특히 정치참여에 있어서 여성들의 참여가 증가하고 있고 높은 수준의 교육을 받은 여성들의 능동성, 적극성과 더불어 섬세한 감성이 지도자의 리더십으로 부각되고 있다. 기실 우리는 고대신라가 배출한 선덕, 진덕, 진성여왕과 그들의 치적 및 리더십을 더 이상 간과할 수가 없다. 왜냐하면, 선덕은 자신의 국왕 취임에 대하여 당태종의 '여주불능(女主不能)'이란 제재에도 불구하고 이를 뛰어넘어 국가안위를 탄탄하게 굳히는 독자적 리더십을 발휘하였고, 진덕은 대당과의 상호 호혜적 관계개선으로 국가적으로는 대당외교의 승화를 가져왔고 개인적으로는 당 군주들과 인간적인 유대를 가짐으로써 강하고 섬세한 열정적 외교리더십을 통해 신라를 발전시켜나갔다. 진성여왕의 감성적, 예술적 이상은 신라인들의 가(歌)문화발달에 단초를 제공했으며 이러한 여왕들의 활동과 리더십은 연구를 거듭할수록 더욱 흥미를 갖게 하기 때문이다.

신라여왕에 대한 연구는 그들의 정치업적에 비해 크게 연구되고 있지는 않는 것 같다.[2] 최근의 연구로는 김기흥의 "한국 최초의 여

농민반란에 주목하여", 역사학연구회(구 고대사학회) 사총. 1986. 신형식.『숙위학생 고 (역사교육) 11.12합』. 1967. 신형식.『삼국사기연구』. 서울 : 일조각, 1981. 등이 있다. 이는 선덕여왕의 리더십과 진덕여왕대의 정치개혁에 자료를 제시하고 있으나 각 여왕들의 정치리더십에 대해서는 부분적 연구라는 한계를 가지고 있다고 하겠다.

2) 신라사, 정치사상사, 신라왕위계승등에서 여왕들에 대한 부분적인 선행연구가 있다.
   문경현, 1983.『신라사 연구』, 서울 : 경북대 출판부.
   이기백, 1993.『신라정치사회사 연구』, 서울 : 일조각.
   이기백, 1987.『신라사상사 연구』, 서울 : 일조각.
   이기동, 1993.『신라골품제 사회와 화랑도』, 서울 : 일조각.

성 왕 선덕여왕의 리더십"과 임경빈의 "신라 진덕여왕 대의 정치개혁-무열왕의 즉위와 관련하여", 추만호의 "나말선사들과 사회 제 세력과의 관계-진성여왕대의 농민반란에 주목하여" 등이 있다. 이는 선덕여왕의 리더십과 진덕여왕 대의 정치개혁에 폭넓은 자료를 제시하고 있다. 그러나 이는 각각의 여왕에 대한 부분적인 연구들로서 특히 세 여왕의 정치적 리더십이나 통치에 관하여 함께 연구한 것은 보기 드물다.

따라서 세 여왕의 정치적 리더십을 함께 비교 분석해보는 것은 한국정치사와 여성정치의 재조명을 위하여 필요하다고 생각한다. 특히 현대사회는 다양한 분야에서 여성이 두각을 나타내는데 이 시점에서 신라여왕들의 정치리더십을 분석해 보는 것은 한국여성의 정치참여의 활성화차원에서 주목해 볼 가치가 있다고 생각한다. 신라시대 최고의 지도자로서 세 여왕은 어떠한 정치리더십을 발휘했는가? 이를 위하여 다음 몇 가지에 중점을 두고 분석을 시도해본다.

첫째, 세 여왕의 자질은 어떠한가?
둘째, 세 여왕의 교육은 어떻게 습득하였는가?
셋째, 세 여왕의 권력쟁취의 배경은?
넷째, 세 여왕의 꿈, 이상과 비전은?
다섯째, 세 여왕의 인재등용과 그 활용은?
연구방법은 문헌분석 방법으로, 자료는 삼국사기, 삼국유사를 중심으로 하고, 기타 신라 연구에 관한 자료를 활용하였다.

이종욱, 1980, 『신라상대 왕위계승연구』, 영남대, 민족문화연구소.
하영애, 1995, "韓國新羅時代三女王的統治與女性傳統文化", 北京世界 제4차 女性人會 NGO FORUM 發表論文.

2. 지도자와 정치적 리더십 이론

일반적으로 리더십이란 조직의 목표를 효율적으로 양성하기 위하여 집단구성원을 유도하는 행위를 의미한다.[3] 그러나 정치적 리더십은 다르다. 정치적 리더십이란 대중(조직)의 지지를 얻어서 정치적 목적을 실현시켜 나가는 통치 기술이라고 할 수 있다. 지도자의 개념은 기능적인 측면과 구조적인 측면으로 구분한다. 기능론이란 지도자의 행위가 집단에 어떠한 기능, 혹은 역기능을 초래하는가의 문제로서 즉, 집단효과에 영향을 미치는 지도자의 기능에 중점을 두는 이론이다. 이러한 기능론은 자질 유형적 접근법(Traitor approach)과 상황적 접근법(situational approach)으로 나눌 수 있다. 전자는 지도자 개인의 자질의 관점에서 해석하며 후자는 리더십을 지도자와 추종자의 상황관계로 보며 집단이 처한 상황의 성격이 지도자 선택의 결정적 요인이 된다고 하는 견해이다.[4] 본 연구는 신라여왕들이 정치 지도자로서 어떠한 기능을 발휘하여 신라를 통치해 나갔는지 특히 자질 유형적 접근법에 중점을 두고 살펴 볼 것이다. 따라서 본문에서의 정치적 리더십이란 국가와 백성을 위하여 통치자가 가져야 할 자질과 능력 그리고 통치기술을 의미한다.

모든 개인도 마찬가지지만 특히 정치지도자는 꿈과 비전을 가지고 있어야 살아가는 가치와 보람과 행복을 느끼고 또한 국가를 발전시키게 된다. 쓰루타니 교수와 정윤재 교수는 이상과 비전, 정치적 안목과 기술, 엘리트 장악력을 정치리더십의 세 가지 필수요건[5]으로

---

3) J. M. Burns, Leadership (New York : Harper & Row, 1978), p. 19.
4) 이범준·신승권 공저, 1998. 『정치학』, 서울 : 박영사, pp. 119-120.
5) Takestugu, Tsurutani, The Politics of National Development : Political Leadership in Transitional Societies, (London : Chandler Publishing Co.), 1973, pp. 91-95 ; 정윤재, 『정치리더십과 한국 민주주의』, (서울 : 나남출판사), 2003, pp. 70-75

중요시하고 있다. 이를 약술하면, 첫째, 청치지도자들은 이상을 성취하고자하는 의지와 정열(commitment to modern ideals)이 있어야 한다. 정치지도자가 아무리 강력하게 지배하고 있고 또한 좋은 기술을 가지고 있다 하더라도 스스로 발전과 성취하고자하는 진지한 의지를 가지고 있지 않는다면 성공할 수 없다. 그러나 정치지도자가 국가를 근대화 내지 발전 시키고자하는 의지를 가지고 적극적으로 일하고 여러 약점과 장애를 솜씨 있게 극복할 수만 있다면 성공할 수 있다. 둘째, 정치지도자는 정치적 안목과 기술(political intelligence)이 있어야한다. 정치적 안목이란 근대적 목적의 성취에 필요한 수단과 방법에 대한 지식과 이를 제대로 평가할 수 있는 능력이며, 기술이란 국민들의 지지를 늘리고 반대를 줄임으로써 그러한 안목을 구체적 행동프로그램으로 전환시키는 능력이다. 이것은 마키아벨리가 말하는 여우의 지혜에 해당되는 것으로 정치지도자의 창조능력, 예견능력, 그리고 조작능력 등을 두루 포함하는 개념이지만 그 의미와 내용이 상황에 따라 달라지기 때문에 하나의 분석적 범주로 개념화하기가 쉽지 않다. 그러나 정치지도자에게 있어서 이는 대단히 중요시되는 요건이다. 셋째, 정치적 지도자들은 국내의 엘리트들을 장악해야한다. 발전도상국가의 정치리더십은 여타 엘리트들과의 관계에서 가치관 및 태도의 독자성뿐만 아니라 정치적·행정적 우위를 확립해야한다. 비록 국내의 여타 엘리트에 대한 지배와 장악이 이미 확보되었거나 운 좋게 주어졌을 때, 이러한 우위가 제대로 지속될 것이냐의 문제는 전적으로 정치리더의 안목과 기술에 달려있다. 어떠한 정치리더십이라도 적어도 여타 엘리트들의 조직적 저항이나 체제전복의 위협을 받지 않는 가운데 근대화 프로그램을 수립하고 집행할 수 있는 정도의 여지를 가질 만큼의 지배력은 확보해야만 한다. 이러한 지배력은 마치 마키아벨리가 말한 군주의 행운(fotuna)과 같은 것으로, 정치리더십의 행동과 정책이 시작되는 출발점이라 할 수 있다.

이상의 세 가지, 즉 근대적 이상의 추구의지, 정치적 안목과 기술, 그리고 신하(엘리트) 장악력은 정치적 리더십의 필수요건이라고 할 수 있다. 이 세 요소는 근대화를 지향하는 국가나 개발도상국가 혹은 전환기사회에서 정치리더십 연구에 적용할 수 있는 이상적 연구방안이라 생각하며, 이는 또한 시공간을 초월하여 신라시대 세 여왕의 정치리더십을 연구분석하고 평가하는데 유용한 기준을 제공해줄 수 있을 것이다.

3. 신라 선덕, 진덕, 진성여왕의 정치리더십 비교

신라 세 여왕들의 정치적 리더십 연구에 있어서 앞에서 제기한 세 여왕의 자질, 교육관계, 권력을 잡게 된 배경, 그리고 인재 등용과 활용에 대하여 분석해보자.

1) 세 여왕의 자질

정치적 리더의 특질이나 자질을 일괄적으로 묘사해 내기는 매우 어렵다. 왜냐하면 역사적인 상황과 정치 제도 등의 차이에 따라 정치가의 자질도 달라지기 때문이다. 동양의 지도자는 『대학』이나 『논어』에서 역점을 두고 있는 '수신제가치국평천하(修身齊家治國平天下)'가 리더의 몸가짐 내지 통치자 자질의 으뜸 사상이라 할 수 있다.

정치란 무엇을 말 하는가? 라는 제경공(齊景公)의 물음에 공자는 "정치는 먼저 반드시 명분(名分)을 바로 세워야한다(子曰必也 正名乎

)"[6]고 주장했으며 구체적으로는 '君君 臣臣 父父 子子'의 역할을 제시하였다. 즉, 군주(君主)가 되려면 군주로서 갖추어야 할 조건을 구비해야 하며 군주의 본분과 소임을 해야 하고, 신하(臣下)는 신하로서의 조건을 구비해야 하고 신하의 본분과 그 맡은 바 소임을 해야 한다는 뜻이다.[7] 이 말은 비록 간단하나 군주와 신하로서의 역할에 대한 대단히 바람직한 정의라 하겠다. 그러면 당시 여왕들은 군주의 역할을 어떻게 하였는가? 이를 위해 동양의 제왕의 자질에 대해 살펴보자. 자사(子思)는 제왕이 갖추어야 할 아홉 가지 원칙을 다음과 같이 제시하였다.[8]

1. 修身 (自制力과 정서적 안정성) : 자기수양
2. 尊賢 (현자를 존경) : 지식
3. 親親 (친족을 친애) : 인화
4. 敬大臣 (대신공경) 권한 위임
5. 體君臣 (군신을 보살핀다) : 신분보장
6. 子庶民 (서민을 자식처럼 사랑) : 부하 애
7. 來百工 (백공을 와서 모이게 함) : 공정
8. 柔遠人 (유원인; 원방 사람에게 현안) : 외교성
9. 懷諸候 (제후를 포용) : 덕정

이 9가지의 원칙은 예나 지금이나 지도자가 갖추어야 할 덕목과 자질이라고 하겠다. 당시 여왕들은 군주의 역할을 위해 어떠한 자질

---

6) 『論語』, 「子路」.
7) 齊景公이 孔子에게 政治를 물으니 孔子는 [君君·臣臣·父父·子子]라고 대답했다.
   쑨꽝더 (孫廣德), "中國君臣民理論", 하영애 역, 1986년 3월, "중국고대의 군신민 이론", 중국학보 제26집, pp. 133-148. 제5차 국제중국학대회, 1986년 3월, 서울 개최.
8) 『中庸』, 서울 : 현암사, 1975 ; 이범준, 신승권 공저, 『정치학』, pp. 119-124.

을 가졌는가? <표1> 세 여왕의 프로파일을 통해 분석해 보자. 세 여왕의 시대적 구분은 선덕이 27대왕, 진덕은 28대왕 그리고 진성은 51대왕이었으며, 선덕은 덕만, 진덕은 승만, 진성은 헌만 이라는 이름을 가지고 있었다. 세 여왕의 성격과 성품은 대조적이다. 선덕여왕은 너그럽고, 인자하며 사리에 밝고 민첩하였다. 우리에게 많이 알려진 지기삼사(知幾三事)에[9] 관해 살펴보면, 그녀는 예리한 통찰력과 선견지명을 가지고 있었다. 예를 들면 당나라에서 모란꽃 그림과 꽃씨를 보내왔을 때 선덕(즉위하기 전)은 부친에게 목단 꽃이 예쁘기는 하나 향기가 없다고 예견했으며 꽃씨를 심어보니 과연 그러하였다. 또한 백제군 500명과 장군이 침입하며 숨어있는 장소도 미리 예측하고 병사를 급파시켜 실제 잡아들인 일이며, 자신이 죽을 장소 도 솔천을 사전에 말해놓는 등 선견지명(先見之明)이 있었다. 또한 전국적으로 어려운 사람들에 선정을 베푸는 일이며 여왕을 사모하는 청년에게도 따뜻하고 인정스럽게 대한 것 등에서 그녀의 성격을 짐작할 수 있다. 반대로 진덕여왕의 성격은 강직한 카리스마를 가졌다고 볼 수 있다. 전임여왕에 반란을 일으켰던 비담과 그 일당 30여명을 죽이고[10], 반란을 평정하였다. 이는 어쩌면 차후에 유사한 일이 발생하지 않도록 본보기를 보였을 가능성도 있을 것이다. 또한 그녀는 당 황제가 꾸짖음에도 불구하고 태화(太和)라는 독자적인 년 호를 4년간 계속 사용한 국왕으로서의 지고한 사명감을 가지고 있었다.

이와는 반대로 진성여왕의 성격은 자유분방하고 솔직하고 순수했다고 보여 진다.

그녀는 여왕이라는 최고통치권자로서 자칫 감정이나 인간본성을 내재화 하지 않고 남성들을 좋아하였던 점에서 이를 알 수 있다.

---

9) 『삼국사기』, 권 제5, 신라본기 제5, 선덕왕.
10) 『삼국사기』, 권 제5, 신라본기 제5, 진덕왕.

<표-1> 신라 세 여왕의 프로파일 비교표

구분	선덕여왕	진덕여왕	진성여왕
왕조/년대	신라 27대왕 (재위 632-6470)	신라 28대왕 (재위 647-654)	신라 51대왕 (재위 887-897)
이름	덕만(德曼)	승만(勝曼) Shirmala(불교경전의 이름)	헌만(憲曼)
성품	너그럽고, 인자함 사리에 밝음, 민첩함 예) 지기삼사(知機三事)	강직함 투철한 사명감 끈기	자유분방 솔직함(우유부단) 호색가
용모 및 체격	미인형	키 7척 손이 무릎 밑 까지 내려옴	대장부 골상
배필	갈문왕	독신추정	각간위홍(혜성대왕)

자료출처 : 삼국사기, 권제5 신라본기 선덕여왕, 권제5 신라본기 진덕여왕,
신라본기 제11 진성여왕 참고 후 필자 작성.

　　당시 여왕들의 모습이나 체격은 어떠했을까? 건강한 신체나 체격
요건은 동서양의 지도자가 갖추어야할 중요한 요건중의 하나이다.
선덕여왕의 용모에 대해서는 미인으로 묘사되고 있다. 신체체격을
알 수 없으나, 진덕여왕은 키가 7척이며 손이 무릎 밑까지 내려오는
대장부 체격의 거구였음을 알 수 있다. 진성여왕은 조카 요에게 '등
위의 양쪽 뼈가 솟아오름이 나와 같다'고 한 말에서 골격의 특성 등
을 유추할 수 있고, 건강에 대해서는 '왕이 병으로 편치 못하여---죄
인을 사면하고 60인의 도승을 승낙하였더니 왕의 병이 나았다.'[11]
라든가 최치원이 작성한 왕의 '양위표(讓位表)'에 '오랫동안 병란에 시
달린 데다 병마저 많고 보니'라는 기록들을 볼 때 병이 있거나 허약
했음을 짐작할 수 있다. 세 여왕 중 선덕과 진성여왕은 배필이 있었
으며, 진덕여왕의 배필은 삼국사기나 삼국유사에 보이지 않는다. 진
덕여왕의 사생활은 여러 가지 자료를 살펴보아도 배필이나 남성관

---

11) 『삼국사기』, 권 11, 진성왕 2년 3월의 기록.

련 자료가 거의 전무하다. 진덕은 현대여성들이 결혼보다 자신의 일을 더 중시하는 경향이 있는 것처럼 여왕 자신도 손수 비단을 짜고 태평가를 지어 당 황제에게 보내는 열성으로 결혼보다 신라를 위한 일을 더 중요시 하는 열정을 가진, 오늘날 현대 여성이 추구하는 커리어우먼의 성향을 가진 독신주의자로 추정해 볼 수 있지 않을까.

진성여왕의 사생활, 특히 성생활은 방탕하게 알려지고 있다. 각간 위홍과 좋아지내며 자주 입궐시켜 중요한 일까지 시키고, 위홍이 죽은 후에는 젊은 미남자를 몰래 불러들여 음란한 행동을 하고 이내 그들에게 요직을 주어 국정을 맡게 하였다.[12] 이러한 그녀의 호색가적인 성생활의 방탕함은 신라의 멸망을 재촉했다[13]는 등 많은 비평을 받는다. 그러나 이는 성생활 문란 자체로 비평할 수는 없다. 왜냐하면, 당시 신라의 남녀성문화가 대단히 개방적이고 자유연애적인 환경의 영향을 받았다[14]는 점을 간과할 수 없으며, 비록 신분은 최고통치권자인 왕이지만 사적 성생활에 있어서는 한 사람의 인간일 수 있기 때문이다.

2) 세 여왕의 권력쟁취의 배경

세 여왕은 전(前) 왕이 아들이 없거나, 남동생이 없어서 왕 위에 오를 수 있다고 간단히 생각할지 모르나 여왕의 즉위 과정에서 두 차례의 반란이 일어났으며 이로써 여왕의 즉위가 순탄한 것만이 아닌 것을 알 수 있다. 선덕여왕이 즉위하기 전인 진평왕 53년 말년에

---

12) 『삼국사기』, 권 제11, 신라본기 제 11, 진성여왕
13) 안천, 『여성대통령 언제 나올까』, (서울: 가리사니 출판사), 1992, p. 240.
14) 하영애, "신라 세 여왕의 왕위계승과 정치리더십 비교분석", 한국정치학회 하계학술세미나 발표논문, 2006, 서울.

이칠숙(伊柒宿)과 아식(阿食) 석품(石品)이 반란을 일으켰고[15] 여왕 말년에 왕위를 둘러싼 상대등 비담(上大等 毗曇)의 반란이 있었다.[16] 신라 중고 말에 있었던 두 번의 반란은 각기 여왕이 즉위하기 직전에 일어난 것이 주목되며, 이것은 우연한 사건이라고 보아 넘길 수만 없다고 생각된다. 주목할 것은 비담의 반란으로 井上秀雄氏는 이 반란을 화백회의(和白會議)에서 선덕왕(善德王)의 퇴위를 결정하여 선덕왕 측에서 반란을 일으켰다는 견해를 주장한다. 다른 연구의 이기동은 내물왕계(奈勿王系)의 씨족 회의에서 결정한 사항, 즉 선덕여왕의 폐위이거나 비담의 국왕 추대에 대하여 가야 출신의 김유신(金庾信)이 선덕여왕을 옹호함으로써 발달된 것으로 보는 견해가 있다.[17] 여왕의 즉위에 반발한 세력은 구체적으로 알 수 없으나 진골귀족(眞骨貴族) 이었던 점을 알 수 있다. 즉 진평왕이 죽고 선덕여왕이 즉위할 당시에는 지증왕(智證王)·법흥왕에서 자리를 굳힌 성골왕(聖骨王)의 뒤를 이을 남자는 생존자가 없고 여자들만 남아 있었기 때문이다. 삼국사기에 성골남진(聖骨男盡)[18]이란 사실은 이를 짐작케 한다.

그러면 진덕여왕의 권력쟁취는 어떻게 이루어졌는가? 자료에 따르면, 선덕여왕은 배필 음갈 문왕이 있었는데 그 둘 사이에 자녀가 없었는가? 만약 아들이 있었다면 진덕이 권좌를 쟁취할 수 있었을까 하는 점이다. 삼국사기나 삼국유사에는 이들 자녀에 관한 언급이 없다. 이에 관해서는 신라의 왕위계승을 집필한 이종욱 씨의 연구가 설득력을 갖게 해준다. 그는 선덕여왕과 음갈 문왕 사이에 자녀가 있었는지는 알 수 없으나, 설령 자녀가 있었더라도 그들은(성골로서)

---

15) 『삼국사기』, 4, 신라본기 4, 진평왕 53년.
16) 『삼국사기』, 5, 신라본기 5, 선덕왕 14년.
17) 이기동, 1972, 「신라 내물왕계의 혈연의식」『역사학보』 5354합본, pp. 29-31.
18) 『삼국사기』, 권 제5, 신라본기 제5, 선덕왕.

왕위계승권을 가질 수 없었을 것이다. 왜냐하면 진평왕 이후 성골신분을 가진 사람들은 적어도 동륜태자의 가계에 속한 남자들과, 1대에 한한 여자들이라는 점[19]을 제시 하였고 부권제 사회에서 남자가 없을 때 여자는 그 한대에 한하여 남자와 동등한 자격을 가졌기[20]때문에 가능하다고 하겠다. 즉, 진덕은 김씨로써 동륜태자의 가계에 속한 사람으로 성골 신분을 가지고 왕의 권좌를 물려받았다고 하겠다. 삼국사기에 따르면, 제28대 眞德女王은 선덕여왕의 뒤를 이은 왕으로서 이름은 勝曼이요 진평왕의 어머니의 동생 갈문왕의 딸이니 선덕여왕과는 사촌간이다[21]라고 명기하고 있다. 그러나 진덕여왕은 당시 본인의 권력계승시기에 반란을 일으킨 비담일행에 대해 30여명을 즉시 제거하였을 뿐만 아니라 그 9족을 멸하는[22] 강한 리더십을 발휘함으로서 자신의 정치지도자로서 위치를 굳건히 하였다.

이와는 다르게 세 번째 여성국왕인 진성여왕의 왕권계승은 저절로 얻게 되었다. 이는 선덕여왕이 아들이 없는 전임 왕의 맏딸로써 김씨의 성골왕위계승을 하였고 최고권좌에 올랐으나 그가 왕위에 오르기 전의 여러 가지 영특함이 있었던 것과는 다르다. 진성여왕의 왕권계승은 전임 왕인 정강 왕이 자식이 없이 서거하게 되자 그의 유언에 의해 과거 선덕, 진덕 두 여왕의 사례에 따라 진골왕족으로 특별한 노력으로 쟁취하지 않고 자연스럽게 왕위계승[23]을 하게 되었고 여성으로서는 마지막 정치지도자이다. 이처럼 선덕, 진덕, 진성 세 여왕은 신라를 35년간 통치했다. 그러나 그 권력추구의 배경이 각각 달

19) 이종욱, 1980. 『신라상대 왕위 계승연구』, 영남대학교 민족문화연구소, 민족문화총서7, 영남대 출판부, pp. 182-183.
20) 이종욱, 1980. 『신라상대왕위계승연구』, 영남대학교 출판부, pp. 179-181.
21) 『삼국사기』, 권 제5, 신라본기 제5, 진덕왕.
22) 임경빈, "신라 진덕 여왕대의 정치개혁-무열왕의 즉위와 관련하여", 『北岳史論』, 제3집, p. 95.
23) 『삼국사기』, 권 제11, 신라본기 제11, 진성왕.

랐던 만큼 이들의 정치 리더십 또한 당연히 다르게 운영되었다.

3) 세 여왕의 국정수행과 교육에 관해서

선덕, 진덕, 진성여왕의 국가운영에 대한 지식이나 지혜는 어디에서 어떻게 구하였을까.

현대의 교육 체계와는 달리 당시 여왕들은 불교승려들의 가르침이나 의견을 청취하고 이를 국정에 반영하였다. 당시 신라 왕실에서는 불가문(佛家門)의 영향을 많이 받았다. 예를 들면, 동륜의 직계장자이며 내물왕 계 김씨 순수혈통의 소유자인 진평왕에 이르면 자신의 휘는 석가의 아버지와 같은 백정이었고 그 비 또한 김씨였으며 이름은 석가의 어머니와 같은 마야(摩耶)였다. 물론 진평왕의 실제적인 아우들도 백반(白飯), 국반(國飯) 이란 휘(諱)를 가지므로 아예 석가가문을 현세에 옮겨놓은 것과 같았다.---진평 왕에게 왕자가 태어나면 석가의 전철을 밟게 될 운명을 타고날까 보아서 인지 공교롭게도 슬하에 여식만 두게 되었다.[24] 그 결과 진평왕에게 왕자가 없고 성골의 남자가 다하였다는 명분에 입각하여 신라는 성품이 너그럽고 인자하여 밝고 민첩한 덕만으로 하여금 부족 연맹체시대의 유풍인 국인의 추대과정을 거치도록 하여 632년 전례 없이 성골여왕을 받들게 되었다. 물론 덕만 이란 휘도 불교 경전 속에 등장하는 명칭이며 그 자신 내물왕 계 김씨 순수혈통의 소유자였고 부왕의 직계장녀였다.[25] 따라서 선덕여왕은 은연중에 불교교육의 가정교육을 받았다고 볼 수 있으며 이러한 불교중심의 왕실가정교육은 세 여왕 중

---

24) 임경빈, "신라 진덕여왕 대의 정치개혁-무열왕의 즉위와 관련하여", 『北岳史論』, 제3집, p. 95.
25) 임경빈, "신라 진덕 여왕대의 정치개혁-무열왕의 즉위와 관련하여," p. 96.

선덕이 불교문화창건에 가장 커다란 공적을 쌓은 것과 무관하지 않을 것이다. 실제로 선덕여왕은 당 나라에 가서 불법을 탐구하고 돌아온 자장법사(慈藏法師)[26]의 의견에 따라 황룡사 9층탑을 세우고 국가를 보호하였다. 또한 선덕여왕은 국가통치권자로서 교육에 많은 관심을 가지고 왕족 자제들을 당나라의 국감(國監)에 보내 입학시키고 교육시킨 것으로 보아 교육의 중요성을 의식하고 중점적으로 추진한 것으로 볼 수 있다. 진성여왕도 황룡사에 백고좌(百高座)를 풀고 친히 나와서 설법을 들었으며[27] 60인을 승려 되는 것을 허락하였고 진성여왕 4년 5월 15일에는 왕이 직접 거동 하여 연등(燃燈)을 관람[28]하였다. 무엇보다 진성여왕의 이러한 불교생활교육은 자연스레 신라향가집을 대구화상으로 하여금 편찬케 한데서 승려들을 국사(國師)나 혹은 중요한 지위에 두고 지혜를 얻은 것으로 보여 진다. 그리고 이러한 백고좌(百高座)[29]나 연등행사는 당시 왕과 국민이 함께 동참하는 자연스런 회합이라고 할 수 있으며 특히 이 연등행사는 현대생활에서도 불교도뿐만 아니라 한국인의 생활 속에 자리매김하고 있는 하나의 관습이 되고 있다.

그러나 진덕여왕은 아이러니하게도 불교와 관련하여 기록이 거의 전무한 상황이다. 진덕여왕은 세 여왕 중 유독 본인의 이름만이 불교경전의 이름 'Shirmala'를 본 땄음에도 불구하고 기이하게도 재임기간 중 불교와 관련하여 단 한번 '왕이 친히 내을신궁(奈乙神宮)에 제사를 지냈다.'[30]라는 기록만을 볼 수 있다. 선덕여왕과 진성여왕이

---

26) 『삼국사기』, 신라본기, 권제 5, 선덕왕. 선덕왕 3월에 자장법사가 당 나라에 가서 불법을 탐구하고 귀국함.
27) 『삼국사기』, 권 제11, 진성여왕.
28) 『삼국사기』, 권 제11, 진성여왕.
29) 『삼국사기』, 권 5 선덕왕. 백고좌는 사찰에서 법력이 높은 승려들을 초청하여 강좌를 듣는 것으로 100명의 승려들을 일정기간 모셔다가 남녀노소 등 많은 사람들이 참여한 가운데 법문을 듣는 것을 일컫으며 현재도 시행하고 있다.

각각 자장법사와 대구화상에게 국사를 논의했던 것과는 달리 진덕 여왕은 어느 도승과도 국정을 논의하지 않았기 때문에 오히려 독자적으로 카리스마적 리더십을 발휘할 수 있었던 것 같다. 그가 최소한 불교에 치우치지 않도록 한 흔적을 찾을 수 있으니 '조직원으로써 잘 훈련되었고 불교에 치우치지 않는 이념 체계 하에 비밀결사대의 자질도 갖춘 화랑도 출신들이 있었다.'[31]라는 데서 알 수 있다. 이와 같이 진덕 여왕은 국정자문에 있어 불교나 도승들과 관련 없이 독자적으로 추진해나갔다고 볼 수 있다.

4) 세 여왕의 꿈, 이상과 비전

앞에서 언급한 것과 같이 정치적 안목이란 근대적 목적의 성취에 필요한 수단과 방법에 대한 지식과 이를 제대로 평가할 수 있는 능력이며, 기술이란 국민들의 지지를 늘리고 반대를 줄임으로써 그러한 안목을 구체적 행동프로그램으로 전환시키는 능력이다. 그러나 이러한 정치적 안목과 기술을 적용하기 위하여 통치권자는 국가를 위한 원대한 꿈과 포부를 가지고 있어야 한다. 통치권자의 원대한 꿈은 그 개인뿐만 아니라 국가의 운명이 달려있기 때문에 더욱 값있고 중요하다. 정치지도자로서 세 여왕의 이상과 비전은 무엇이었나. 이에 관해서는 자료의 제한으로 그들이 왕권을 획득한 후 전개한 업적을 중심으로 살펴볼 수밖에 없다. 세 여왕의 신라를 위한 이상과 비전에 대해서는, 선덕의 불교와 호국이상론, 진덕의 외교와 군사적 비전, 진성의 감성적 사랑정치, 예술적 비전에 대해서 분석해 본다.

---

30) 『삼국사기』, 권 제5. 신라본기. 제5. 진덕왕. 원년 11월.
31) 이기동. "신라화랑도의 사회학적 고찰", 『신라골품제 사회와 화랑도』, 한국연구원 총서 41, 1980. p. 332.

(1) 선덕의 불교와 호국 이상론 (護國理想論)

선덕은 신라를 어떻게 만들어야겠다고 생각했을까. 신라에 대한 어떠한 바람이나 기대를 가졌을까. 선덕여왕은 자신의 개인적인 삶이나 국가운영에 있어서 불교를 떼어내어 생각할 수 없었던 것 같다. 즉 그의 국가에 대한 이상과 비전은 불교와 더불어 추구되었는데 이념이나 사상이 그러했고 실제 이러한 신념은 그대로 국사에 적용 되었다. 선덕여왕은 영조사를 비롯하여 현대의 천문대인 성격인 첨성대32)와 분황사, 황룡사 및 황룡사 9층탑을 건립하였을 뿐만 아니라, 재임기간에 25개의 사찰을 건립한 것으로 연구 되고 있다.33) 특히 황룡사 9층탑은 중국에서 불교를 익히고 돌아온 자장법사의 건의를 받아들여 창건했는데 이 탑을 세우게 된 동기는 神人云汝國以女爲主有德無威… 신인 도사가 말하기를 당신 나라는 여왕이 주인이니 덕은 있으되 위엄이 없으므로 귀국하여 황룡사에 9층탑을 세우면 주위 9개국이 항복하고 왕권은 안정되리라고 하였다. 이후에 왕은 9층탑을 건립하고 1층은 일본, 2층은 중국, 3층은 오월 등 각층마다 하나의 국가를 지칭하였으며 이들 제국을 항복 시키려는 웅대한 생각을 갖고 있었다.34) 외세의 침입을 막고 백성의 안위를 보살피며 특히 여왕의 위엄과 권위를 위해 황룡사 9층탑을 건립하였으며 이는 황룡사에 있는 장육상(丈六像)과 함께 신라 호국 삼보(護國三寶) 중 하나가 되었다. 선덕의 불교에 대한 이상과 신념은 자연히 부모

---

32) 첨성대에 관해서는 과학적 차원의 천문관측대의 기능을 했다는 견해와 주술적 역할을 했다는 상반된 견해가 있다.

33) 조범환은 선덕여왕 재위기간에 석장사, 법림사, 분황사, 금광사, 영묘사, 영미사, 수원사, 만선 동량, 도중사, 생의사, 금곡사, 법류사, 통도사, 대화사, 부개사, 항사사, 원녕사, 정암사, 효가원, 월정사, 초개사, 바라사, 황복사, 청림사, 복사사 25개의 사찰이 창건된 것으로 추정된다고 한다. 조범환, 2000, 『우리여왕의 역사들』, 44.

34) 『삼국유사』, 권 제3, 탑 상 제4 황룡사 9층탑.

의 영향(석가의 어머니 이름은 마야부인, 아버지 역시 불교이름인 백정)과 왕실의 영향으로 신념체계로 굳어진 것 같고, 이는 그녀로 하여금 자비와 선정을 베푸는 정치지도자로 덕치를 베풀게 하였다. 자신을 짝사랑한 청년에 대해 몰래 팔찌를 남겨놓은 점이나 홀아비, 과부, 고아, 자식 없는 늙은이와 제 힘으로 살 수 없는 자들을 위문하고 구제한 자비심의 정치리더십은 그가 이 세상을 떠날 때 역시 불교와 관련 있는 도솔천에 묻어달라고 한 점에서 그가 얼마나 불가(佛家)와 일치하려 했는가를 짐작 할 수 있다.

선덕여왕의 리더십에 대해 지나친 종교중심의 행태와 측근위주의 통치행태를 낳았다고 하는 지적이 있다.[35] 그러나 당시 신라는 당나라에서 여성국왕의 권위를 무시하는 국권존립의 위태로움에 직면해 있었으므로 자장법사의 권유를 받아 외적을 물리칠 수 있는 황룡사 9층탑을 건립하여 왕권을 수호하고 있었던 상황에서 본다면 이는 자연스러운 조치일 뿐 아니라 오히려 불교에 의지하지 않으면 안 되는 국왕으로서의 국권수호의 책임감의 발로라고 볼 수도 있을 것이다.

(2) 진덕의 외교와 군사적 비전

진덕여왕은 신라와 당나라를 종주국관계(從主國關係)가 아닌 우호적이고 협력적이며 호혜국관계(互惠國關係)로 만들려는 원대한 이상과 포부를 지녔던 것 같다. 그는 강하면서도 부드럽게 당과의 외교관계를 개선해 나갔다. 우선 당시 당나라에 보낸 조공에 관해 세 여왕을 비교해 보면, 선덕여왕은 16년간 10회의 조공을 보냈고 진덕여왕은 8년 재임동안 9회의 사절단을 파견 조공하였다. 세 여왕중에 누구보다도 진덕여왕은 적극적이고 열성적인 외교관계를 펼쳐나갔

---

35) 김기홍, "한국최초의 여성왕 선덕여왕의 리더십", p. 21.

다. 진덕은 정성스럽게 직접 비단을 짜고 '오언 태평송(五言太平頌)'
이란 태평가를 지어 수를 놓아 당나라에 보냈다.[36] 이에 대해 당서
(唐書) 기록을 보면, 당 고종은 아주 기뻐하며 진덕여왕을 주국 낙랑
군왕(柱國樂浪郡王)에 책봉하였으며[37] 또한 진덕여왕의 즉위를 맞이
하여 먼저 즉각적인 책봉을 자진하여 서두르므로 이례적으로 신라
의 외교적 입장을 세워주었다.[38] 특히 진덕의 열정적인 외교술은 당
나라로부터의 많은 협조를 이끌어내었다. 무엇보다도 당나라에 대한
조공(朝貢)과 관련한 또 하나의 특징은 입조사(入朝使)가 당 측에서
관직을 받았는데 조공사 김춘추는 특진(特進), 문왕은 좌위군(左武衛)
장군이라는 관직으로, 당서(唐書)에 의하면, 특진은 정이품(正二品)의
문산관(文散官)이며, 좌위군 장군은 종삼품(從三品)이며 중앙직의 장
군으로[39] 이는 어디까지나 명예직이지만 신라사절에 한 한 것이어
서, 숙위외교(宿衛外交)와 같은 신라외교의 질적 변화를 가져오게 된
다. 당과의 조공을 통한 신라여왕들의 외교적 리더십은 점차 발전되
어갔다. 그 중에서 숙위외교[40]는 세 여왕 중 진덕여왕 때가 가장 두
드러졌다. 숙위는 종래에 유지되어온 신라의 대외 교섭을 응결시킨
종합적인 외교수단이라고 할 수 있는데 이러한 숙위에 대한 국내 최
초의 기록은 진덕여왕 2년의 아래와 같은 내용에서 비롯된다. 김춘
추와 그 아들이 당에 사신으로 갔다가 김춘추는 당 태종에게 청병을

36) 『삼국사기』. 권 제5. 신라본기 제5 진덕여왕. 오언태평송(五言太平頌).
37) 楊家駱 主編, 中國學術類編, 舊 唐書 二, 鼎文書局印行, 中華民國 68年 12月. 舊 唐書, 卷199.
    上. 5334.
38) 임경빈, "신라 진덕 여왕대의 정치개혁-무열왕의 즉위와 관련하여" 북악사악회, 북악사론.
    1993. p. 63.
39) 신형식, 『삼국사기 연구』, (서울: 일조각), 1981, p. 236.
40) 신형식, 1967, 『숙위학생고 (역사교육) 11.12합』, 70 ; 신형식, 『삼국사기연구』, 266-268; 宿衛
    라는 것은 당나라의 군사제도의 하나로서 당의 수도에서 동성을 호위하는 위군의 사졸(士卒)
    을 말하는데, 이 때의 사졸은 중국주변의 여러 나라 왕자들이 편입되어 황제 곁에서 보위케 하
    는 것이 일반적 형태이나, 중화사상에 입각하여 중국의 황제가 주변 제후국가의 왕자들을 京
    師에 머물게 함으로써 자신의 권위를 높이려고 하는 정치적 목적이 있었다.

요구하니 태종은 김춘추를 대견히 생각하여 출사를 허락하였다. 이에 김춘추가 말하기를 "신은 일곱 아들이 있으니, 원컨대 한 아들로 하여금 황제 곁에서 떨어지지 않고 숙위케 하여 주십시오."[41] 하고 그의 아들 문 왕을 남겨 두었다. 그 후 진덕여왕 5년에는 김인문을 당나라로 파견하여 조공하고 그대로 머물러 숙위하게 하였다. 이 숙위는 인질과는 다르고, 비교적 높은 신분인 왕자제 등이 조공하였다고 하겠는데 이러한 일련의 외교적 활동은 다분히 진덕 여왕의 정치적 안목이 뛰어났다고 볼 수 있다.

진덕 여왕은 또한 제도개선에 대한 특별한 안목과 가치관을 가지고 있었던 것 같다. 외형적인 행정부 정비 및 왕권강화에 두드러진 업적을 쌓았는데 그 대표적인 것이 집사부와 창부의 설치로서 왕권이 강화되면서부터 집사부의 중시가 행정을 통괄하였고, 또한 집사부는 나라의 기밀 업무를 다루기도 하였다. 이에 관한 기록을 보면 2月에 종전의 기구를 집사부(執事部)라 고 치고 파진창죽지(波珍湌竹旨)로 집사중시(執事中侍, 후일의 侍中이나 大臣)를 삼아 기밀 사물을 맡게 하였다.[42] 또한 진덕여왕은 자신의 이러한 안목을 실행에 옮기는 기술을 겸비하였다. 왕권 강화로 새해가 시작되는 날에 백관들로부터 인사를 받고 업무를 시작하는 풍습을 만들었으며 이것이 오늘날 우리의 문화 풍습에 있는 신년 하례의 첫 시작이라 하겠다. 즉, 왕이 조원전(朝元殿)에 임하여 백관의 신년축하를 받으니 신년하례의 예가 이때 시작되었다.[43] 또한 진덕여왕은 상과 벌에 대한 엄정한 정치를 집행했다. 반란을 일으키다 실패한 비담과 염종 일행을 처형하여 죄에 대해서는 엄하게 다스리고 전투에서 승리한 장군과 병사

---

41) 『삼국사기』, 신라본기 제 5, 진덕 왕.
42) 『삼국사기』, 신라본기, 제 5, 진덕 왕.
43) 『삼국사기』, 신라본기, 제 5, 진덕 왕.

들에겐 공적을 구분하여 후한 상을 내리는 포상 제도를 엄격히 실행했다. 또한 그녀는 집권8년 동안에 6년간을 태화라는 독자적 연호를 사용하며, 중국 당나라와 어깨를 나란히 하고자 했으며, 더욱 주목할 것은 그녀의 이러한 노력들은 김춘추와 김유신, 김법민 등과 더불어 나당 외교 교섭의 성공으로 신라로 하여금 고구려와 백제를 물리치고 삼국통일의 기반을 구축케 하였다.

이상의 여러 가지 통치 업적을 통하여 알 수 있듯이 진덕여왕의 이상은 외교적, 군사적 차원에서 제도적 실천까지 시행됨으로서 신라를 더 한층 발전시켰다고 하겠다.

(3) 진성의 감성적 · 예술적 비전

진성은 신라를 어떻게 다스리고자 했을까, 신라에 거는 기대는 무엇이었을까?

진성여왕의 신라에 대한 비전은 단적으로 표현하기가 어렵다. 우선 진성이 왕권을 계승한 후의 정치 환경부터 살펴보면 그의 통치기간은 887-897년 까지 이다. 당시의 정세를 보면, 신라가 고구려를 정벌한 668년 이후 부터는 백제, 고구려 유민의 흡수와 토지 회복의 당면 과제로 인해 반도 안에 있는 당군 축출이 급선무였기에 선덕, 진덕 등 다른 왕들과 같은 당나라에 조공을 생각할 수 없었다[44]라든가, 신라삼국통일 이후 성덕 왕부터는 완전한 친선관계 및 국교가 이룩된 것으로 이후부터는 오히려 당나라 측에서 신라에 청병(請兵)

---

44) 신형식, 1981. 『삼국사기 연구』, 일조각, 245-248. 그러나 진성여왕의 사절파견에 대해서는 기록이 전혀 없었던 것은 아니다. 삼국사기에 따르면 892년에 병부시랑(兵部侍郎) 김처민을 당에 파견 하였으나 가는 도중에 바다에 빠져 죽었고, 987년에 헌강왕의 서자 효(嶢)를 태자로 책봉한 뒤 이의 보고를 위해 사자를 보낸 것으로 모두 2회이며, 이때에 파견된 사신의 관직이나 성명은 나타나 있지 않다. 『삼국사기』, 제11, 진성여왕.

하고 있다[45]는 자료들을 보아 진성여왕 때는 조공보다는 국내정치에 더 치중해야하는 정치 환경 이었다고 볼 수 있다. 이러한 태평한 (?) 시대에 흔히 볼 수 있는 통치권자의 영웅호걸의 심사가 진성에게 발견된다. 그녀는 각간 위홍과 궁궐에서 친히 지내다가 위홍이 죽자 젊은 미남자 2-3명을 궁궐에 불러들여[46] 정사를 벌리고 국사 대신 사랑놀이에 빠졌다. 이러한 감성적 사랑정치는 직간접적으로 진성여왕으로 하여금 예술분야에 관심을 갖게 되고 신라의 "향가집 삼대목(三代目)"[47]을 대구화상으로 하여금 수집 편찬케 하였으며 이로서 한국 최초의 향가집이 탄생하게 되었다.

5) 세 여왕의 인재등용 및 활용

정치지도자가 통치권을 가지고 있지만 실지로 그 통치권이 발휘되기 위해서는 어떻게 신하를 적재적소에 인적배치를 하고, 그 신하가 가지고 있는 능력을 국가와 군주를 위해 발휘할 수 있게끔 하는지의 신하 장악력은 대단히 중요하다. 물론 통치권자에게는 그를 보필할 수 있는 우수하고 훌륭한 참모가 필요하며 통치권자는 그들과 더불어 국사를 논함으로 인재등용은 통치 기반의 중요한 핵심이다. 그러나 그러한 능력 있는 신하나 참모일수록 다른 한편 그에 대한 국민의 신임과 인기가 통치권자를 초월하지 않도록 해야 하는 보이지 않는 권력암투(시샘)또한 상존하고 있음으로 정치지도자는 인재등용

---

45) 신형식, 1981. 『삼국사기 연구』, 일조각, p. 261.
46) 『삼국사기』, 신라본기, 제5, 진덕 여왕. 『삼국사기』, 제11, 진성 여왕.
47) 『삼국사기』 신라본기에 이 책에 관한 기록만 있고, 지금은 전해지고 있지 않다. 888년(진성여왕 2년)에 각간위홍과 대구화상이 왕명에 따라 향가를 수집하여 엮은 것으로, 한국 최초의 향가집이다. '삼대'에 대하여는 여러 가지 설이 있으나, 신라의 상대, 중대, 하대의 3대를 가리키고, '목'은 집목 또는 요목. 절목의 뜻으로서 '삼대의 집'이란 뜻으로 풀이되고 있다.

과 동시에 신하 혹은 엘리트장악력은 대단히 중요하다고 하겠다.

선덕과 진덕, 두 여왕은 가히 용인술의 귀재라고 할 수 있다. 그들은 김춘추에게는 대외 및 외교의 임무를 맡기고 김유신 장군을 비롯한 많은 장군들을 적재적소에 배치하는 등 위엄과 자상함과 뛰어난 용인술로 백성들을 보살피고 외국의 침략에 대항하여 훌륭하게 신라를 통치하였다. 선덕은 신하를 부림에 있어 책임완수의 중책을 맡김으로 목숨을 걸고 충성 할 수 있게끔 했는가 하면 또한 부하 장수가 적진의 위태로움에 빠져 있을 때 그를 위해 결사대를 급파하여 목숨을 구해 오게 하는 군주로서의 용맹과 커다란 관용을 함께 지니고 있었다고 하겠다. 예를 들면, 대장군 김유신이 이웃 나라 백제를 쳐서 7개성(加兮城, 聲熱城 등)을 함락시키는 등 계속 (전쟁을) 진격하다가 어느 날 집 앞을 지나게 되는데, 타 지역에서 적군이 기습하는 급박한 상황에 이르자 선덕여왕은 (사람을 보내) 유신에게 이르기를 '나라의 存亡이 公의 一身에 달렸으니 수고로움을 거리끼지 말고 가서 싸워 주기 바란다.'고 부탁하니 비록 집 앞을 지나면서도 식구들을 만나지 않고 곧장 적진으로 나아가 결국 이기게 된다. 또한 재상이라고 할 수 있는 김춘추는 고구려에 가서 고구려왕과 협상 중에 항명하여 옥에 갇히게 되었다. 이에 선덕여왕은 결사대(決死隊) 일만명(一萬名)[48]을 급파하여 갇혀 있는 충신 춘추를 구하게 되는데 이는 여왕이 인재를 소중히 할 줄 알았으며 그들에게 죽음을 두려워 않고 여왕께 충성할 수 있는 마음을 갖게 한 뛰어난 용인술을 갖고 있었다고 하겠다.

선덕여왕의 리더십에 대해 지나친 "측근위주의 통치행태를 낳았다"고 하는 지적이 있다.[49] 이 측근위주의 정치에 대해서는 리더십의 유형 중 권위주의적 리더십보다도 민주주의적 리더십은 성원의

---

48) 『삼국사기』, 권 41 열전, 김유신 상
49) 김기홍, "한국최초의 여성왕 선덕여왕의 리더십", p. 21.

능력을 인지, 조정하고 집단에의 참여를 확대[50]하기 때문에 문과 무를 적절히 기용해서 국정운영에 참여시킬 수 있는 점 또한 선덕의 리더십의 강점이라고 본다.

진덕 여왕 역시 김춘추를 활용하여 당나라와의 관계개선과 외교 분야를 성공적으로 이끌었다. 그는 김춘추를 唐에 보내서 태종(太宗)과 각별한 유대 관계를 가지게끔 하고 병력을 협조 받아 백제 등 적을 물리치는데 큰 도움이 되게 하였고 김유신, 진춘, 천존장군 등으로 하여금 백제의 3성(茂山, 甘勿, 桐岑)을 쳐부수고 수많은 병기와 말 1만 필을 획득하게 하였다. 따라서 진덕여왕 대에서는 신라와 당의 이러한 긴밀한 협조가 더욱 돈독하여 군사력강화에 커다란 성과를 가져왔으며 세 여왕 중 진덕여왕이 가장 뛰어났다. 이러한 진덕여왕의 안목과 기술력은 당의 도움으로 신라에 대한 백제의 침략을 막았다. 즉, 김춘추를 사절사로 보내어 당태종과 환담 중에 당 태종에게 말하기를, "백제가 근년에 침략이 끊이지 않으니 만약 폐하가 군사를 내어 악한 무리를 제거하지 않으면 저희 백성들은 다 사로잡히게 되어 앞으로 바다를 건너 조공을 할 것 같지 않습니다"라고 하니, 태종이 깊이 동정하고 출사(出師)를 허락하였다.[51] 진덕은 이러한 군사 지원에 대하여 사후 보고와 답례를 하여 당 간의 우의를 더욱 돈독히 하였으며, 대당(代唐)교섭 이후 청병은 신라에 의해 독점되었던 점에서 그녀의 외교적 활약상을 높이 평가할 수 있다.

또한 당나라에서도 진덕여왕 통치기간에 지절사(持節使)를 보내는 예우를 갖추었고, 진덕여왕에게 계림국왕의 칭호를 부여하였는가 하면, 진덕여왕이 서거한 후에 당 고종이 상사(喪事)를 듣고 영광문 에

---

50) 민주주의적 리더십, 권위주의적 리더십, 자유방임적 리더십의 유형 참조. 이범준, 신승권 공저, 정치학, p. 126.
51) 『삼국사기』, 권 제5, 신라본기, 제5, 진덕여왕.

서 추도식을 올리고 대상승 장문수로 절을 가지고 가서 조문케 하며 개부의동삼사(開府儀同三司)를 증여하고 채단 300필을 하사 하였으며52) 이러한 예(禮)를 갖추는 것을 볼 때 진덕과 당나라 군주들은 단순히 업무에 국한될 수 있는 국가대 국가의 차원을 넘어 개인적으로도 끈끈한 인간관계를 유지한 측면을 볼 수 있다고 하겠다. 또한 지절사의 자격을 살펴보면 진덕 여왕 8년(654)에 신라에 온 당나라의 지절사 장문수의 관직이 태상승(太常丞)으로 종 5품이며, 대개 4~5품인 이들 지절사와 양국의 관계가 정치적으로 상하의 입장이 아님을 보여준다.53) 이러한 사실은 진덕여왕에 대한 당나라의 각별한 신임과 예우를 나타내 준다고 할 수 있으며, 이와 같은 당의 지지기반은 그 후 신라가 백제, 고구려, 정벌에 대한 국방력기반 구축에 큰 도움을 주었다.

반면에 진성여왕은 통치권자의 가장 중요한 용인술과 신하장악력에 있어서 실패했다고 할 수 있다. 물론 진성여왕은 최치원에서 아찬의 벼슬을 내리고, 최치원의 시무 개혁안 시무10조(時務十條)를 받아들여 왕권에 대한 도전세력인 반 경문왕계 진골세력을 견제하기 위한 조치를 취하기도 했지만54) 그는 자신과 가까이 지냈던 젊은 미남자들을 서둘러 국사에 참여하게 하거나 중책을 맡게 함으로써 공사(公私)를 구분하기 못하였다. 당시의 젊은 미남자로 일컬어지는 사람들에 대하여 신라의 화랑도들로 보는 견해가 있다. 즉 진성여왕은 아버지인 신라 48대 경문왕은 화랑 출신이었고 그의 가계는 대대로 왕권의 기반을 화랑에 두고 있었으며 진성여왕 역시 '젊은 미남자'들인 화랑세력에 지지기반을 두고 왕권의 안정을 꾀하려는 정치적

---

52) 『삼국사기』, 권 제5, 신라본기, 제5, 진덕여왕.
53) 신형식, 1981. 『삼국사기 연구』, 일조각, p. 240.
54) 이배용, "신라 말의 위기를 극복하려던 진성여왕", 『한국역사속의 여성들』, (서울: 도서출판 어진이), 2005, pp. 152-153.

의도로 파악할 수 있다[55]는 것이다. 이처럼 진성여왕은 화랑도를 국
정에 활용하려는 측면도 있었으나 신라 말의 여러 정치적 정황들은
진성의 인재등용 실책까지 겹쳐 결국은 왕위를 내놓게 되는 결과를
초래하게 되었다. 고금을 막론하고 국정운영에는 경륜과 경험 및 건
강한 체력을 중요시한다. 진성의 젊은 나이[56]와 앞에서 살펴본 허약
한 체질의 건강상태는 그렇지 않아도 힘든 남성정치에서, 또한 동서
양은 물론 현대 지도자의 덕목 중에 하나인 체력에서 큰 차이를 가
지고 시작했다고 보겠다. 보다 주목할 것은 진성은 통치권에서도 지
나친 위임정치를 했다. 국왕이란 왕위가 주어졌지만 국가운영을 초
기에는 위홍에게 맡기고 그 후에는 부호부인(혹자는 진성의 유모라
고 함), 젊은 미남자 등 주위의 인물들에게 지나치게 위임하거나 방
임하는 정치를 함으로서 자신의 뜻에 의한 정치력을 펼치지 못했으
며 따라서 특별한 정치리더십을 발휘하지 못했다고 하겠다.

4. 세 여왕의 주요 업적과 정치리더십 평가

선덕, 진덕, 진성 세 여왕의 통치기간과 업적은 많은 차이가 있다.
선덕여왕이 16년, 진덕여왕이 8년, 진성여왕이 11년의 기간을 신라
를 다스렸다. 이 기간 동안 세 여왕의 치적은 질적이나 양적인 면에
있어 커다란 차이가 있다. 또한 이들이 재임 중 정치리더십의 세 요
소를 어떻게 운용하였는지 평가해보고자 한다.

---

55) 이배용, "신라 말의 위기를 극복하려던 진성여왕", 『한국역사속의 여성들』, p. 153.
56) 권영오의 연구, "김위홍과 진성왕의 초기 정국운영"에 따르면 진성의 나이를 20-30대로 보고
   있다. 이는 선덕(역사 스페셜), 진덕(임경빈 주51 참고)이 50대 이상으로 추정되는데 비해 연령
   이 크게 낮다고 하겠다.

1) 선덕여왕 : 신라호국의 이상과 德治의 리더십 발휘

선덕여왕은 당나라의 신라외침에 대비하여 국가수호의 이상을 성취하고자하는 의지와 열정을 가졌다. 그는 신라호국을 위한 이상과 이의 실천을 위한 정치적 기술(political skill)로 자장법사의 건의를 국정에 반영하여 불교사찰을 전국적으로 건립하게 된다. 앞에서 살펴보았듯이 분황사, 황룡사를 비롯하여 25개의 사찰을 건립하여 신라 불교건축과 불교문화 창달에 많은 영향을 끼쳤다. 선덕은 그의 성품에서 보여준 인자함과 너그러움과 부드러움으로 자신의 추종자들을 이끌어나갔다. 그녀는 뛰어난 남성 신하들을 너그러움과 인자함으로 다스렸다.57) 신라 하대에 갈수록 선덕여왕에 대한 신라인들의 인식은 긍정적이었고58) 국가안위가 선덕이 세운 황룡사 9층탑의 가호에 달려있다고 인식하였으며, 후일 고려 태조 역시 선덕의 9층탑 건립의 업적을 높이 평가하여 개경과 평양에 각각 사찰을 건립하였다.59)

또한 그는 김유신, 김춘추의 인재활용으로 국정을 다스렸으며 또한 이들의 목숨을 소중히 여김으로서 충성심을 갖게 하였고 이들 충신 엘리트들의 장악하는 능력을 발휘함으로서 여왕말기의 반란을 장악할 수 있었다. 이러한 선덕여왕의 통치업적은 정치리더십의 세 가지 요소인 군주의 이상과 의지 및 열정, 정치적 안목과 기술, 그리고 엘리트 장악력을 두루 갖춘 덕치의 리더십을 발휘함으로서 당시 신라가 처한 대내외적 판세를 정확히 읽고 자신에게 주어진 시대적 역할에 충실한 리더십을 발휘하여 오늘날 교육계의 귀감60)이 되고 있다.

---

57) 김기흥 등, 『제왕의 리더십』, p. 92.
58) 정용숙, "신라의 여왕들", p. 60.
59) 『고려사』92, 열전 5 崔凝傳

2) 진덕여왕 : 羅·唐 외교의 열정적 리더십 발휘

진덕여왕은 신라 삼국통일의 커다란 이상을 품고 의지와 열정으로 신라를 다스려나갔다고 볼 수 있다. 그는 특히 당나라와의 관계에서 고도의 정치적 외교력 강화에 주력하여 당 황제의 직접적인 고구려 징벌 참여, 상호군사 협력과 협조를 통한 청병외교, 당나라로부터 신라 관료들의 중국 관리직 벼슬을 수여받는 등의 숙위외교를 승화시켰다. 당은 진덕여왕에 대하여 '계림국왕'에 책봉하였으며 신라 조문사절단 파견의 등급에서 보여주는 당나라의 신라에 대한 예우와 외교수준을 볼 때 진덕여왕의 열정적 외교력은 당과 신라가 상하관계가 아닌 '상호 호혜국' 관계로 이끌어내는 탁월한 정치적리더십을 발휘했다고 평가할 수 있다.

선덕여왕이 신라의 찬란한 불교문화에 대해 길이 후세에 남기는 입체적이고 외형적인 큰 공적을 이루었다면, 진덕여왕은 내형적인 행정부 정비 및 왕권강화에 두드러진 업적을 찾을 수 있다. 그 대표적인 것이 집사부와 창부의 설치로서 왕권이 강화되면서부터 집사부의 중시가 행정을 통괄하였고, 또한 집사부는 나라의 기밀 업무를 다루기도 하였다.[61] 또한 진덕여왕은 왕권 강화로 새해가 시작되는 날에 백관들로부터 인사를 받고 업무를 시작하는 풍습을 만들었으며 이것이 오늘날 우리의 오랜 풍습에 있는 신년 하례의 첫 시작이라 하겠다. 즉, 왕이 조원 전에 임하여 백관의 신정 하례를 받으니 구정의 예가 이때 시작되었다, 라는 삼국사기의 기록을 볼 수 있다. 더욱 주목할 것은 그녀의 이러한 노력들은 김춘추와 김유신, 김법민

---

60) 이배용 이화여대총장 취임1주기 '선덕여왕 리더십으로 교육문화 바꾸겠다.', 중앙일보 2007. 8. 20.
61) 『삼국사기』, 권 제5, 신라본기, 제5, 진덕왕: 임경빈, 1993. "신라 진덕여왕대의 정치개혁-무열왕의 즉위와 관련하여", p. 73.

등과 더불어 나당 외교 교섭의 성공으로 신라로 하여금 고구려와 백제를 물리치고 삼국통일의 기반을 구축케 하였다.

학자 중에는 진덕여왕의 외교정치역량에 대해 여왕의 업적이라고 보지 않고 측근의 참모들 특히 김유신이나 김춘추의 치적으로 간주하는 경향이 있다. 즉, 삼국을 통일한 무열왕이 후일 자신의 왕 자리를 위한 사전포석으로 그 자신의 기반구축을 위해 다양한 정치개혁을 한 것으로 제시하고 있다.[62] 그러나 아주 특별한 경우라도 정치적 리더십이라는 추진체 없이도 일정한 현상이 만들어 질 수 있다는 것은 이론상으로는 가능할 수 있으나, 현실적으로는 드물기[63]때문에 기대되는 결과가 나타난다는 것은 '단지 우연일 뿐이다'. 따라서 쓰루타니는 군주와 그 자신의 행운에 관해 강조한다. 즉, 16세기 이탈리아에서는 군주 자신과 행운이 정치세계에서 일어나는 모든 종류의 일들을 구체화시키는 정치의 핵심[64]이었던 것처럼, 각종 문제를 해결해야 할 정치지도자로서 진덕여왕도 단순히 대리인이나 형식적이고 상징적인 대표가 아니라 각종 갈등과 문제의 구체적 해결을 담당하는 '최종 결정권자(arbiter)'[65]로서 역할을 했던 것이라고 볼 수 있다. 때문에 여왕의 의지나 결정 없이 당나라의 제도 도입이나 중요한 군사적 의사결정들이 이루어졌다고 보기 어렵다. 특히 지금까지 살펴본 진덕여왕의 성격을 유추해 볼 때 그는 상당한 국정 장악력과 신하 장악력을 가지고 리더십을 발휘하였기 때문에 더욱 그러하다고 하겠다.

---

62) 임경빈, 1993. "신라 진덕여왕대의 정치개혁-무열왕의 즉위와 관련하여", p. 83-85.

63) 정윤재, 『정치리더십과 한국 민주주의』, 나남 출판, pp. 64-65. 『한국역사속의 여성들』, p. 154.

64) Takestugu, Tsurutani, "*Machiaveli and the problem of Political Development*", *The Review of Politics*, xxx, November, 1968, p. 316.

65) Takestugu, Tsurutani, *The Politics of National Development:* Political Leadership in Transitional Societies, p. 177.

3) 진성여왕 : 신하 장악력 부족의 허약한 리더십

　진성여왕은 비록 진덕여왕보다 긴 11년이라는 장기간 집권을 했지만 치적은 오히려 셋 중에 가장 적다. 진성여왕의 치적 중 가장 손꼽히는 것으로 신라 향가를 집대성한 것이다. 신라의 향가 삼대목을 편찬하여 신라인의 예술과 긍지를 갖게 하였으며, 자신의 실정을 인정하고 생전에 조카에게 왕위를 선양해 주었으며, 그 후의 거취에 있어서도 진퇴를 분명히 하여 책임감 있는 지도자의 여왕다운 태도는 주목해야 할 부분이다.[66]

　그러나 진성여왕은 신라를 위한 이상과 비전을 갖지 못한 것으로 보인다. 뿐만 아니라 통치권자로서 가장 중요한 인재를 잘 활용하지 못하였고 당시 최치원이 제안한 시국 10개항에 대해서도 철저하게 집행할 수 있는 정치적 안목과 기술이 부족하였다. 또한 신라 하대는 군사력을 배경으로 한 지지기반이 없으면 왕위를 지킬 수 없는 처지였고 이러한 진성의 통치력은 주위의 엘리트나 지방군벌과 토적을 장악하지 못함으로서 통치력 부재의 허약한 정치리더십(attenuated leadership)을 가진 군주로 낙인찍히는 결과를 가져왔다.

5. 결론

　지금까지 살펴본 결과 신라시대에 세 여왕의 국정운영과 이들의 정치적 리더십은 여왕으로서 탁월한 통치능력을 발휘했다고 할 수 있다. 또한 남성중심의 정치문화에서 신라적 여성정치문화를 창조했다고 할

---

66) 이배용, "신라 말의 위기를 극복하려던 진성여왕", 『한국역사속의 여성들』, p. 153.

수 있다. 조선시대는 여성들의 삼종지도(三從之道), 여성의 재가 금지를 비롯하여 서자출신의 자녀는 과거시험을 보지도 못하며 국가(國家)에 등용되지 못하는 등등 각종 관습과 제도로 여성들의 삶을 비인간화하였다. 그러나 신라시대 세 여왕의 왕위계승 배경을 보면 전임 왕이 모두가 아들이 없었고, 삼촌도 즉위 1년 미만에 작고하여 여성들인 선덕, 진덕여왕이 탄생하였다. 만약 첫째 여왕이 정치를 잘못했더라면 3명의 여왕이 나오기는 어려웠을지도 모른다. 특히 반란을 일으켰을 때 정권을 빼앗겼을 수도 있었고, 혹은 조선시대와 같이 섭정을 하게 되었을지도 모를 것이다. 그러나 무엇보다도 신라의 사회적 특성은 남성과 여성의 성문화에서도 볼 수 있으니 왕족을 포함한 상류계층뿐만 아니라 일반서민생활에서도 남성의 연애, 자유분방한 성생활, 여성의 제사장적(祭司長的)인 지위 등에서도 여성정치문화가 싹틀 수 있었다고 보겠다. 즉, 신라시대에 이 세 여왕의 탄생과 이들의 통치력은 남성중심의 정치문화(政治文化)에서 신라적 여성정치문화를 창조했다고 할 수 있다.

또한 세 여왕의 정치리더십에 대해서는 선덕여왕의 덕치(德治)리더십, 진덕여왕의 열정적 외교리더십, 진성여왕의 유약한 정치리더십으로 평가내릴 수 있었다. 선덕은 신라 최초의 여성국왕으로 등극하여 '여주불능'이란 한계를 극복하고 신라를 안정적 단계로 끌어올린 능력과 군신간의 신의와 덕치의 리더십을 갖춘 여왕이었다. 진덕은 강직한 성품과 열정적 외교리더십을 발휘하여 신라와 당나라를 상호 호혜적 관계로 발전시켰다. 그는 또한 행정부 정비와 왕권강화 등 제도개선을 통해 당의 문물을 받아들이고 상호협력 하였으며 이러한 당의 지지기반은 후일 신라가 백제 고구려 정벌에 대한 국방력 기반구축에 이어 신라 삼국통일의 초석을 다질 수 있었다. 진성여왕은 정치지도자로서 중요한 인재활용에서 실패하였고 군사력 지지기반에서도 통치력 부재의 허약한 리더십을 가진 지도자였다. 또한 그가 가진 허약한 체질, 어린나이의 경륜부족 역시 정치리더의 약점으로 볼 수 있으며 그러나 예술적 감성으로 신라향가집을 편찬한 것은 돋보이는 부분이다.

신라 세 여왕의 왕위재위와 정치적 리더십이 현대 여성들에게 시사하는 바는 무엇일까?

여성도 남성과 같이 국가 최고 통치권자로서 외교, 군사, 인재등용 등 전반에 걸친 국사를 운영하였다는 점에서 우리 여성도 할 수 있다는 긍정적 사고와 한국 여성의 정치참여에서 자긍심을 높일 수 있게 했다. 이러한 여성만의 자상함, 모성적 표용력 등을 우리는 선덕여왕에게서 배울 수 있으며, 군사와 외교면에서 성공을 가져왔고 왕위계승 반란자 30명을 멸한 과감한 정치리더십과 일에 대한 열정적인 집념과 카리스마를 진덕여왕을 통해 배울 수 있다. 비록 국왕이지만 성생활에서는 자유분방했던 진성여왕을 통해서 오히려 오늘날의 여성들보다 더 자유스러웠던 신라시대의 성문화의 단면을 보게 되며, 반면에 자기수양부족과 엘리트 장악력 실패의 진성여왕의 정치리더십을 통해 현대사회의 리더가 되기 위해서 인재등용과 조직력의 중요성을 재삼 알게 해준다고 하겠다.

무엇보다도 진덕여왕의 프로파일과 정치리더십에서 나타나는 일에 대한 끊임없는 열정은 세 여왕 중 현대여성이 추구하는 모습과 가장 근접하다고 생각되어 진다.

제2부

동북아의 정치이슈,
공동체 사회

1장_2016년 대만 총통선거와 정책이슈

1. 서론

　2016년 1월 16일 대만은 총통선거를 치렀다. 경선 초기에는 집권 여당과 제1야당에서 모두 여성을 총통 후보로 결정했기 때문에 동북아에서 한국의 박근혜 대통령에 이어 또 한 사람의 여성대통령이 선출될 전망이어서 대만 총통선거는 시작부터 주목을 받는 선거가 된 것이다. 대만은 1949년 장개석이 중국본토로부터 천도하여 국민당을 중심으로 본인의 세력을 정착시킨 후 국민당체제로 반세기가 지났다. 그러다가 2000년 3월 18일 실시된 대만의 총통선거는 민진당의 천수이볜(陳水扁) 총통이 당선되었고 51년간 국민당 1당 전제정치에 종지부를 찍고 대만정당사와 민주정치사에 새 기원을 마련하였다. 그 후 2008년 선거에서는 다시 국민당이 정권을 교체하였고 2012년 선거에서 마잉지우(馬英九) 총통이 재임에 성공함으로써 국민당이 집권하였다. 그러나 마 총통과 국민당은 적지 않는 국민들에게 비평을 받고 있었으며 반대로 약진하고 있는 민진당의 인기와 더불어 오래전부터 대만 총통선거는 동북아의 관심을 가져왔다.

중국과 대만은 비록 양안의 경제협력 ECFA(Economic Cooperation Framework Agreement)를 통해 경제적 이점을 공유하고 있었고, 대만이 더욱 긍정적으로 관계유지에 힘쓰고 있는 상황이었지만 대만의 총통선거에 양안정책은 여전히 중요한 이슈임에 틀림없다. 이와 더불어 제1야당 민진당은 총통선거 때 마다 후보의 절대 절명의 이슈였던 '타이뚜(臺獨:대만독립)' 역시 승리의 최대 관건이었다. 이번 선거에서도 세 후보의 중요한 정책이슈로서, 누가 양안정책이슈를 유권자들에게 잘 어필하고 득표로 연결하여 이슈를 선점 하는가? 하는 점은 지난해 선거 초반부터 연일 불붙고 있는 양안정책 이슈에서도 알 수 있다.

본 연구는 2016년대만 총통선거에서 정당과 후보들이 선거과정 중 제시한 이슈정책을 분석해본다. 또한 후보의 당선에 이슈정책이 어떤 영향을 미쳤는지에 대한 연구를 시도해보고자 하였다.

연구의 방법은 문헌 분석을 중심으로 하고 부분적인 인터뷰 설문조사를 병행 하였다. 인터뷰 설문조사는 현지에서 2016년 1월 14일부터 1월 20일, 2016년 2월 29일부터 3월 2일까지 두 차례에 걸쳐 대만의 정치학자, 여성학 학자, 일반 시민 등을 중점으로 면담하였다. 또한 국민당과 민진당의 당사 등을 방문하고 자료를 수집하였으며, 연구의 시기는 총통선거 초기라고 할 수 있는 2015년 6월부터 투표일(2016년 1월 16일) 이후 금년 3월까지를 중점으로 하였다.

2. 이론적 배경과 선행연구

이슈란 무엇인가? 이슈란 어떤 문제나 요구가 일반 국민의 관심을 끌어 공공정책상의 논점으로 제시되는 포괄적 경우를 의미한다. 그러나 선거에 관한 이슈는 곧 표이다. 선거전에서 이슈논쟁은 국민들에 의해 평가되고, 이것이 득표로 연결된다. 이슈정치학에서 볼 때, 선거유세과정에서 나타나고 사라지는 여러 이슈는 후보들의 당락에 많은 영향을 미치기 때문에 매우 중요하게 취급된다. 따라서 선거이슈를 통제할 수 있는 능력은 권력의 획득을 위해서 매우 중요하다. 이슈가 선거라는 정치과정에서 가지는 의미는 한편으로 정부의 정책과 연결되는 국민의 요구라는 의미와, 다른 한편으로 정치권력의 정당화와 연결되는 유권자들의 지지라는 두 가지 의미를 가진다.[1] 어떤 후보가 일반국민들의 관심을 끌 수 있는 이슈를 제시하여 이들의 에너지를 그 이슈 논쟁에 동원시킬 수 있을 때, 후보는 자신의 이미지를 유권자들에게 심어주는데 성공한 것이다. 특히 이슈논쟁을 자기에게 유리하게 주도하면서 유권자들을 자기편으로 끌어들일 수 있다면 후보는 이슈를 둘러싼 민주주의의 싸움터에서 승리할 수 있을 것이다. 이슈는 선거결과에 영향을 미치는 가장 중요한 변수 중에 하나이다. 따라서 득표 전략에서 제일 먼저 고려해야 할 가장 중요한 요인 중에 하나가 흔히 선거공약이라 불리는 이슈인 것이다. 본 논문에서의 이슈는 넓은 의미의 선거 아젠다를 구성하는 이슈를 말한다. 또한 선거기간 동안 후보와 정당들이 내세운 선거공약의 형태로 나타나는 이슈를 포함한다.

여성이슈는 사회적 이슈로 분류되며, 이는 빈곤, 영세민, 장애자,

---

1) 송근원·정봉성, 『선거와 이슈전략』(부산: 신지서원, 2005), pp. 21-22.

사회보장제도, 교육, 노동, 소비자 보호, 문화, 예술 등에 관한 것으로 구성된다. 이러한 이슈는 구체적인 정책대안이 강구될 수 있는 것으로 이슈프리미엄이 이슈 제기자 에게 귀속되는 이슈들이다. 즉 정책적 대안이 제시될 수 있는 정책이슈(policy issue)에 속한다.

한편 정치, 안보, 경제 이슈들이 유권자들의 관심을 끌게 됨으로써 여성과 사회이슈는 아젠다 공간을 차지하기위한 이슈경쟁에서 우선권을 빼앗긴 패배한 이슈였다.[2]고 여성이슈 연구가 많지 않음을 언급한다. 그러나 2000년 총통 선거 시에 천슈이볜 후보는 여성장관 확대를 이슈화 하였고 그는 당선 후, 내각에 13명의 여성장관을 기용하여 여성이슈를 실천 하였다.[3] 2016년 대만총통선거에서 주요정당의 후보는 어떠한 이슈를 제기하고 있는지 고찰해 본다.

한편, 후보특성이론(candidate's personality theory)이란 유권자들이 이슈에 대한 평가보다 후보 개인의 능력, 매력, 성격 등에 이끌려 표를 던진다고 주장하는 이론이다. 즉 유권자들은 어떤 후보를 이슈 외의 다른 요인 때문에 좋아하고, 그 후보가 제기하는 이슈에 대하여는 자신의 이해관계에 특별히 저촉된다고 느끼지 않는 한, 거의 무비판적으로 동조한다는 것으로서 이슈가 득표에 많은 영향을 미친다는 유권자의 합리성에 바탕을 둔 이론들과는 반대되는 이론이다. 후보의 특성은 후보의 성격이나 매력 등의 비 이슈적인 것에 국한 하지 않고, 후보의 경륜, 지식, 정책능력, 지도력 등 후보의 능력에 관한 사항, 출신성분이나 이념적 성향 등 후보의 자격에 관한 사항, 책임감, 정직성, 도덕성 등 후보의 인성에 관한 모든 것을 포함한다.[4] 이들 특성은 직접적인 정책대안을 제시 하는 것은 아니지만

---

2) 이지호, "제18대 대통령선거에서 선거이슈가 투표참여와 투표선택에 미친 영향," pp. 126-127.
3) '중화민국 내각 중 여성각료 현황', 하영애, (2005), pp. 383-384.
4) 강원택, "2007년 대통령선거와 이슈: 회고적 평가 혹은 전망적 기대,"『한국 선거정치의 변화와

실제적인 정책수행이나 방향설정에 아주 밀접한 관련이 있기 때문에 어떤 유권자들은 정책이슈보다 이러한 후보의 특성을 더욱 중시한다.[5] 실제로 선거유세과정에서 후보의 특성에 관한 많은 것들은 이슈로의 전환이 가능하며, 정책이슈는 아니지만 이슈로 전환되어 많은 이슈갈등을 보여주면서 유권자의 관심을 집중시키며 이들에 대한 논쟁이 투표행태에 미치는 영향은 넓은 의미의 이슈프리미엄 이론에 의해서도 설명될 수 있다. 그러므로 본 논문은 이슈이론과 후보 특성이론을 함께 고찰해본다.

대만총통선거에 관한 연구로는 박광득[6], 하영애[7], 문흥호[8], 지은주[9] 등의 연구가 있다. 이들 연구는 대만의 선거를 통한 민주화와 야당정권이 다시 국민당으로 교체된 정당교체, 천수이볜 총통선거 및 포괄적으로 총통선거를 분석하고 있고, 마잉주정부의 정책에 관한 내용과 대만 대선과 총선에서 선거의 주요 요인으로 선거제도 등을 다루고 있다.

3. 대만의 정당과 후보의 경력 프로파일 비교

1) 대만의 정당 개괄

민주국가의 정당은 선거를 통해서 국민의 지지를 획득하게 된다.

지속』, (서울: 나남, 2010), pp. 22-23.
5) 강원택 (2010), pp. 22-23.
6) 박광득, "총통선거후의 대만과 양안관계,"『동북아논총』, 18집 (2001).
   박광득, "2008년 대만 총통선거와 양안관계,"『대한정치학회보』, 제16집 제3호 (2009).
7) 하영애, "제10대 대만총선 분석,"『밝은사회 운동과 여성』, (서울: 범한서적, 2005).
8) 문흥호, "2012 대만대선과 마잉주정부의 정책,"『국방연구』, 55권 1호 (2012).
9) 지은주, "대만대선과 총선(2012),"『선거연구』, 제2권 1호.

선거기간에 정당은 경선(競選)을 주도하고 유권자에게 각각 다른 후보와의 다른 정견을 선택할 기회를 제공한다. 정당은 정부와 국민간의 중요한 연락체계이다. 만약 정당정치가 실패한다면 민주 그 자체가 붕괴된다. 정당제도는 일당제, 양당제, 다당제가 있으나 대다수 선진 민주국가의 정당정치의 운용은 양당제와 다당제를 가장 이상적인 형태로 채택하고 있다. 집권당 일당이 모든 일을 완전하게 처리하기는 불가능하므로 필히 야당이 국가정사(國家政事)를 관찰 및 감독 견제하여 정치의 부패를 방지하게 된다. 그러므로 필히 양당 혹은 양당 이상의 정당이 조야에서 상호 교체하여야만 국가의 정치는 비로소 진보 발전한다. 그러면 정당은 어떻게 정권을 쟁취하는가, 바로 선거(選擧)의 승리를 통해서 정치권력을 획득하는 것이다. 다시 말하면 모든 정당은 선거과정 중에 공평한 경쟁을 통해 누가 최다수 득표를 획득하느냐에 따라서 정권을 획득하는 것이므로 각 정당은 선거에서 승리를 쟁취하기 위해 끊임없이 분투노력하는 것이다.

과거 대만은 집권여당인 중국국민당(中國國民黨, 약칭 국민당) 외에 비록 민주사회당과 청년당이 있었으나 집권당에 대해 견제와 균형의 역할을 못하고 '꽃병 정당'의 노릇을 하였다.[10] 후에 정치의 발전과 함께 누차 시행된 선거에서는 소위 우당지(無黨籍) 정치인사의 참여가 부분적인 야당의 역할을 담당하였다. 그러다가 1987년 7월 15일 대만당국이 38년 동안 실시해오던 '계엄령'을 폐지함으로써 1989년 1월부터 다양한 정당들이 공식적으로 활동하게 되었고 그중에서도 야당의 역할을 많이 한 우당지 인사와 당와이(黨外)들을 중심으로 민주진보당(民主進步黨, 약칭 민진당)이 창립되었다. 1996년에 내무부에 등록된 정당의 수는 77개에 달했으나[11] 현재는 놀랄 정도

---

10) http://www.huaxia.com/jjtw/twgk/2003/07/177242.html, 华夏经纬网. (검색일: 2015. 8. 13).
11) 하영애 (2005), p. 336.

로 많은 92개의 정당이 활동하고 있다.[12] 그러나 대만의 실제정치에서 선거에 중요한 영향을 미칠 수 있는 정당은 3-4개이다. 주요 정당은 190만 당원을 갖고 있는 국민당(KMT, 1893. 11. 24. 창립, 주석 혹은 대표자 連戰), 9만 당원을 갖고 있다고 주장하는 민진당(DPP, 1986. 9. 28. 陳水扁) 및 7만의 등록당원을 갖고 있는 신당(新黨, NP, 1993. 8. 22. 郁慕明)을 비롯하여[13] 최근에 다시 총통후보를 낸 친민당(親民黨, 2000. 3. 31. 宋楚瑜창립)등이다.

즉, 2016년의 대만총통선거에서는 국민당, 민진당, 친민당 세 정당을 중심으로 고찰하고자 한다. 국민당에서는 처음에는 국회 부의장 여성후보 홍셔우주(洪秀柱)를 공식적으로 선임하였으나 추후에 주리룬(朱立倫)으로 교체했으며, 민진당은 차이잉원(蔡英文)을, 친민당은 쑹추위(宋楚瑜)가 각각 총통후보로 결정되었다.[14]

2) 세 총통 후보의 프로파일 비교

먼저 세 정당의 주요 후보의 프로파일에 대해 고찰해본다. '<표-1> 2016 대만 주요 총선 후보자의 프로파일 비교'에 따르면, 주리룬은 1962년생으로 국립 대만 대학에서 상공과를 졸업하고 미국 뉴욕대학에서 재무경영학 석사를 했으며 미국 뉴욕대학에서 회계학 박사학위를 취득하였다. 차이잉원은 1956년생으로 국립대만대학에서 법학과를 졸업하고 미국 코넬대학 법학석사를 그리고 영국런던 정치경제대학에서 법학박사 학위를 한 우수한 경력을 가지고 있다. 쑹추위는 대만정치대학 외교학과를 졸업하고 미국 조지타운대학에서 정

---

12) http://www.huaxia.com/jjtw/twgk/2003/07/177242.html,华夏经纬网. (검색일: 2015. 8. 18).
13) 『인터넷 한겨레』, 2000. 5. 29.
14) 『大紀元時報』, 2015. 6. 22.

치학 철학박사학위를 취득하여 세 후보는 모두 미국 등 해외에서 교육학, 법학, 철학의 유학교육을 받은 특색을 가지고 있다. 한 연구에 따르면, 한국에서 역대 장관의 임용에 학력은 필수적인 것으로 연구되었다.[15] 대만에서 학력은 당선에 영향을 받고 있는가?

다음은 세 총통 후보의 경력 프로파일을 비교해보자. 후보자의 경력사항은 유권자들에게 후보자를 파악하여 표를 행사하는데 하나의 중요한 자료가 될 수 있다. 주리룬은 입법위원을 거쳐, 2001에는 도원현 현장을 역임하였고, 행정원 부원장을 거쳐, 출마당시에는 신타이베이 시장(한국의 경기도지사에 해당)을 맡고 있었다. 동시에 그는 중국 국민당의 당 주석을 맡고 있었으나 국민당 총통후보였던 홍서우주 후보의 지지율이 이상적이지 않자, 국민당 안팎의 출마를 종용받고 신 타이베이 시장 직에서 새로운 국민당의 총통후보로 출마하게 된다. 물론 애초에 총통후보의 얘기가 있었지만 그는 신 타이베이 시민들과의 약속(지방 자치단체장으로서의 시민들을 위해 봉사하겠다는) 때문에 불출마를 고수했다.

차이잉원의 경력 중의 또 하나의 특색은 행정원 대륙위원회 주임위원이다. 이 자리는 내각 각료급이며, 무엇보다도 중국 대륙과 관련 있는 업무이다. 그는 2012년 총통 마잉주와 경선했다가 불과 6%로 낙마한 경험이 있었기 때문에 2015년 7-8월, 대만 유권자들 중 지식인들과 시민들의 상당수는 민진당을 선호하였으며 초반의 지지율은 세 사람 중에서 차이잉원 후보가 1위를 달리고 있었다. 쏭추위 후보는 오랜 정치생활을 하였다. 대만정부의 쟝징궈(蔣經國)총통의 비서를 역임하였으며 행정원 신문국 국장을 비롯하여 중국 국민당 중앙상무위원 등 다양한 정치경력을 가지고 있었다. 특히 그는 역대 총

---

15) 박종민, "한국에서의 장관선택의 기초: 변화와 연속성," 『행정과 정책』, 제2호 (1996), p. 47.

통후보로 여러 번 경선에 참여한 바 있는데 그러한 경력은 장점으로 꼽히기도 하지만, 그럼에도 불구하고 이번에 또다시 출마한 것을 두고 친민당의 주가를 올리기 위한 경선출마설, 자신의 입지를 높이기 위한 출마설 등 다양한 평가가 있다.16) 그럼에도 불구하고 그는 링컨, 처칠, 레이건 등 서양 선진국가의 역대 대통령들은 여러 번 실패한 후에 총 통당선이 될 수 있었고 본인 자신도 그 불굴의 정신을 받아서 출마하였다17)는 강한 의지의 '출마의 변'을 제시하였고 또한 두 강력한 정당 사이의 어부지리라는 또 다른 변수를 노릴 수도 있었을 것이다.

〈표-1〉 2016 대만 총선 후보자의 경력 프로파일 비교

구분	주리룬(朱立倫) (중국국민당)	차이잉원(蔡英文) (민주진보당)	쑹추위(宋楚瑜) (친민당)
생년월일	1962년 생 54세	1956년 생 60세	1942년 생 74세
출생지	타이베이 시(臺北)	타이베이 시(臺北)	후난 성 샹탄현 (중국 본토)
학력	·국립 대만 대학 상공과대 졸업 ·미국 뉴욕대학 재무경영학석사 ·미국 뉴욕대학 회계학 박사	·국립 대만 대학 법학과 졸업 ·미국코넬대학 법학석사 ·영국런던정치경제대학 법학 박사	·대만 정치대학 외교학과 졸업 ·미국 조지타운대학 정치학·철학 박사
주요 경력	·行政院陸委會諮 (1993-1998) ·桃園縣縣長 (2001-2009) ·新北市市長 (2010-現任) ·中國國民黨主席 (2015-現任)	·1984-2000 타이완 政治大學 법학, 국제경영 및 무역학 교수, 東吳 大學법학 교수. ·2000-2004 "행정원" 대륙 위원회 주임위원. ·민주진보당 제12회, 13회, 15회 당 주석.	·대만 행정원 총통부 겸임비서관 ·대만성성장(省長) 역임. ·2000년, 2012년 총통선거 출마
결혼유무	부인, 아들 1명, 딸 1명	미혼	부인, 딸 1명, 아들 1명
성별	남성	여성	남성

자료출처 :『大紀元時報』, 2015. 6. 22; 하영애,『밝은 사회운동과 여성』(범한서적: 2005), pp. 332-383.

---

16) http://www.huaxia.com/jjtw/twgk/2003/07/177242.html 华夏经纬网. (검색일: 2015. 8. 13).
17) http://www.huaxia.com/jjtw/twgk/2003/07/177242.html 华夏经纬网. (검색일: 2015. 8. 13).

4. 2016 대만 총통선거에서 세 후보의 정책이슈

총통후보자의 주요이슈들은 다양한 분야에서 여러 가지로 제시되어 국민들과 특히 유권자들로부터 받아들여지고 그것을 판단기준으로 하여 투표를 행사하기 때문에 유권자에게는 물론 후보자에게도 대단히 중요한 일이며 그 범위 또한 방대하다. 본장에서는 주요후보의 양안정책이슈, 경제정책이슈, 청년실업 정책이슈에 대해 중점적으로 고찰해본다.

〈표-2〉 세 후보의 양안정책이슈 비교표

이슈	주리룬(朱立倫)	차이잉원(蔡英文)	쑹추위(宋楚瑜)
양안 정책 이슈	○「九二共識/一中各表」를 견지하고 양안관계는 마땅히 평화발전 현상에 의한 합작과 쌍방이 원-원하는 방향으로 가야한다. ○중국은 대만이 국제사회에서 충분한 공간을 가지도록 해야 하며, 대만이 국제조직에 가입하는 것을 배갈(杯葛)하지 말아야 한다. ○양안지도자의 정상회의를 제도화해야 한다. ○양안의 협의 감독조례를 신속히 입법화 하도록 가속화하여 완성해야 한다.	○「현상유지(現狀維持)」를 핵심으로 중화민국의 헌법을 준수하고 지난 20년간 양안 관계의 기초 하에 양안 평화를 유지. ○양안협의 감독조례를 정립하여 민주질서를 준수하며 정책 결정을 투명하게 공개 유지. ○九二년 양안 협상회의를 인정하고 당시 양쪽이 인정한 것과 같이 동질성과 차이성을 인정해야함.	○「九二共識」, 중화민국헌법의 구조에서 양안교류를 전개하고 또한 중화민국 현황을 유지한다. ○경제무역 상호간 「合則兩利, 兩利則合」하여 무역협의만을 할 것이 아니라 마땅히 양안협의 감독조례를 통과시키고, 최대한 빨리 대만 중소기업을 도움으로서 정치적 충돌부분을 다시 재조정한다.

자료출처: 新新聞 The Journalist No.1506호(2016. 1. 4 - 1. 20), pp. 30-31.

<표-2>를 통해 알 수 있듯이 세 후보 모두 양안정책을 선거의 주요이슈로 내세우고 있다.

먼저 양안정책과 관련 하여 '92공식(九二共識, 1992 Consensus)'에 대해 설명하면, '92공식'은 1992년 리떵휘(李鄧揮)와 장쩌민(江澤民) 집권 시에 협의하였는데, 즉 1992년 10월 28일 대만의 해협교류기

금회(海峽交流基金會, 통칭 해기회)와 중국의 해협양안관계협회(海峽兩岸關係協會, 통칭 해협회)가 양안관계 원칙에 대한 논의를 벌였고[18] 이에 합의한 양안관계에 대한 공동의 인식을 말한다. 즉, "하나의 중국 원칙을 견지하되(一個中國), 그 표현은 양안 각자의 편의대로 한다(各自表述)"는 양안관계 원칙이 탄생했는데 이를 '92공식'이라 한다.[19] 그러나 중국과 대만은 각각의 해석과 실천의지가 달랐기 때문에 '하나의 중국'이 과연 중국 본토를 얘기하는지, 아니면 대만을 지칭하는지에 대해 미묘한 논쟁은 계속되고 있다.

주리룬은 「九二共識/一中各表」를 견지하며, 역사적이라고 할 수 있는 국민당의 마잉지우와 중국의 시진핑의 '정상회담을 제도화' 할 것을 주장한다. 또한 양안에 대한 협의와 감독조례를 입법화할 것을 주장하였다. 차이잉원은 양안에 대해 「현상유지(現狀維持)」를 핵심으로 중화민국의 헌법을 준수하고 지난 20년간 양안관계의 기초 하에 양안의 평화 유지를 주장한다. 국민당과 마찬가지로 역시 양안에 대한 감독조례를 주장하고 있다. 그러나 '92공식'에 대한 협정 당시의 동질성과 차이성의 인정을 주장하였다. 쑹추위 후보 역시 '92공식' 과 중화민국헌법의 구조에서 양안교류를 전개하고 또한 중화민국 현황을 유지한다는 타 후보와 비슷한 양안공약을 제시하고 있다. 특히 세 후보 모두 양안에 관한 감독의 조례를 제정하기를 주장하고 있다. 이와 같이 양안정책이슈는 매번 총통선거에서와 마찬 가지로 이번 총통선거에서도 주요이슈로 부각되었다. 이에 관해 다시 논의하겠다.

---

18) 그 결과 그해 11월 16일 중국 해협회가 대만 해기회에 다음의 제의를 전달했고, 양 단체가 합의했다. 즉, 해협 양안은 모두 '하나의 중국' 원칙을 견지한다는 전제 아래 국가의 통일을 추구한다. 단, 해협 양안의 실무적 협상을 함에 있어서는 '하나의 중국'의 정치적 의미를 건드리지 않는다. 이러한 정신에 따라 양안의 협정서 작성 혹은 기타 협상 업무의 타협책을 찾는다. https://namu.wiki/w/92%EA%B3%B5%EC%8B%9D (검색일: 2016. 6. 10).

19) 본래 위의 8자를 줄인 '일중각표(一中各表) 공식'이라는 용어로 알려져 왔는데, 민진당 출신인 천수이볜의 총통 당선을 앞둔 2000년 당시 대륙위원회 주임인 쑤치(蘇起)가 '92공식' 으로 명명해서 오늘날까지 쓰이고 있다.

〈표-3〉 세 후보의 경제정책이슈 비교표

이슈	주리룬(朱立倫)	차이잉원(蔡英文)	쑹추위(宋楚瑜)
경제 정책 이슈	三弓四節 1. 삼궁(三弓) : 1) 과학적 실력을 확충 : 인더스트리4.0 기술연구를 강화하고 2) 경제조직에 가입함으로서 대만자유경제무역을 형성해야한다. 3) 법규를 개방 : 법규를 통해서 전 세계에 개방하고 전 세계와 연계협력. 2. 사절(四節) : 자신만의 브랜드를 만들고 제공할 수 있게 함으로서 수출품목을 대체하고 차이성 있는 시장을 공략, 신흥국가를 목표로 함. 3. 세수 확대 : 대만 1%의 부자들에 한해서 세금을 과징	5가지 새로운 연구계획. 1. "창업, 취업, 분배"를 중심으로 핵심적 경제발전의 새로운 모형으로 전통적인 대체근무를 넘는 수출입을 중심으로 우수한 취업 자리를 만든다. 2. 「녹색기술과학」을 추진함으로서 「스마트기계」, 「인터넷」, 「생물의학」, 「국방산업」 등으로 전환 3. 국가 인재와 협력하고 기술과 자금 등 「대만 물류연결망 구축」, 「아시아거점벨트」, 「아시아태평양 생물의학 산업연구 센터」를 추진 4. 중소기업을 지지하여 창업 육성 및 강소기업으로 육성 5. 내수시장 창출	2030년 한국을 추월. 1. 「3년 면세, 3년 50% 감 면」 2. 높은 월급받기 운동제 창 3. 최첨단 과학기술과 새로운 기업 창출 4. 금융환경 규제완화로 장기투자 촉진 5. 투자를 확대하고, 최첨단 산업으로 전환, 물류망을 추진하여 다양한 제조 산업으로 부가 가치를 창출.
	1. 급여인상 조정 ○4년 내에 기본급여 3만 위엔으로 조정, 시급 180위엔 높임. ○「산학협력업무 센터」를 설립하여 산학제휴 반을 만들고 산업이 요구하는 기술직업 교육을 확대	1. 급여인상 조정 ○「최저 공무원법」을 제정하여 근로자의 기본 생활수준을 근로자에 맞게 함. ○청년들에게 유효한 「평생직업 자문」과 「훈용합일(訓用合一)」의 취업방안 제공	1. 급여인상 조정 ○정부는 최저급여의 책임을 기업에 전가 불가. ○3년 고교/직업분류 기술직 학비면제, 산학협력 강화 ○청년 직업훈련과 직업보도 ・직업체계 배양으로 청년제2전문가 생활비용 제공
	2. 연금개혁 ○취임후 1년내 연금개혁방안 제출, 동시에 준엄, 공평, 신임과 보호의 4대원직 준수 ○「총액제(總額制)」채택, 많이 내고 많이 가져감.	2. 연금개혁 ○「연금개혁위원회(年金改革委員會)」에서 구체적인 방안을 구성함으로서 연금국시회의에서 토론하고 모든 협력의 기초하에 안정적인 개혁을 필요. ○직업별 차이를 줄인다. ○인구 노령화의 추세에 따라 연금수령 나이를 연장한다. ○소득 대체율을 합리화하고 18%의 퇴직금 문제를 포함한다.	2. 연금개혁 ○군인, 공무원, 교육계 인원의 소득 대체율을 제정하고, 특급기금을 설립한다. 연금지출을 해결하는 '정부최종책임제'를 실시한다. ○18%의 퇴직금을 정하고 70%의 소득 대체율을 지정한다. ○장기적으로 볼 때, 3단계 연금체계를 실시.

자료출처 : 新新聞 The Journalist No.1506호 (2016. 1. 4 -1. 20), pp. 30-31.

<표-3> 경제문제에 관해 세 후보의 이슈정책을 비교해보면, 주 후보는 '三링四節'를 강조했는데 과학적 실력을 확충하여 인더스트리 4.0 기술연구를 강화하고 경제조직에 가입함으로서 대만자유경제무역을 형성해야 한다는 이슈를 주장한다. 또한 신흥국가를 목표로 차이성 있는 시장을 공략한다는 이슈를 제시하였다. 차이후보는 "창업, 취업, 분배"를 중심으로 핵심적 경제발전의 새로운 모형을 이슈화하여 「녹색기술과학」을 추진하고, 「대만 물류연결망 구축」, 「아시아거점벨트」, 「아시아태평양 생물의학 산업연구 센터」를 추진한다는 정책이슈를 제기하여 주, 쑹 두 후보 보다 유권자들의 관심을 끌 수 있는 점이 두드러짐을 알 수 있다. 쑹 후보는 2030년에 한국을 추월하겠다는 전략을 제시하고 「3년 면세, 3년에 50%감면」의 감세정책과 함께 대만국민들에게 높은 월급받기 운동을 제창하여 유권자의 피부에 직접 와 닿는 경제정책을 피력하고 있음을 알 수 있다. 한편, 주 후보는 세수 확대를 제시했는데 그 방안으로는 대만 1%의 부자들에 한해서 세금을 과징하겠다는 정책을 제시하였다.

세 후보가 모두 '급여인상 조정'을 경제정책이슈로 제기함으로서 유권자들의 소득과 직접적인 관건을 이슈화하고 있다. 주 후보는 4년 내에 기본급여 3만 위안으로 조정, 시급 180위안 높인다는 방책을, 차이후보는 「최저 공무원법」을 제정하여 근로자의 기본 생활수준을 공무원 수준으로 한다는 전략을 피력하였다. 쑹 후보는 정부는 최저급여의 책임을 기업에 전가하는 것이 불가함을 제기하였다. 이와 같이 어느 국가나 청년의 취업문제는 중요한 관건이며, 그러므로 총통후보자들은 청년들의 표를 후보자 자신에게 지지 할 수 있도록 하는 청년이슈를 중요시하고 있음을 알 수 있다. 주 후보는 「산학협력업무 센터」를 설립하여 산학제휴 반을 만들고 산업이 요구하는 기술직업 교육을 확대한다는 정책을 제시하고 있다. 차이후보는 청년

들에게 유효한 평생직업의 자문과 훈용합일(訓用合一)의 취업방안 제공을 이슈화하고 있음을 볼 수 있다. 쑹 후보는 정부는 최저급여의 책임을 기업에 전가하는 것이 불가함을 주장하였다. 또한 세 후보는 모두 연금개혁이슈를 강조하였다. 이에 대해서 주 후보는 취임 후 1년 내에 연금개혁 방안을 제출한다는 계획과 총액제를 채택하여 많이 내고 많이 가져간다는 취지를 담고 있다. 반면에 차이후보는 '연금 개혁 위원회'를 구성하여 구체적 방안을 모색하고, 안정적인 개혁을 하겠다는 취지아래 국가가 책임을 지되, 국민은 연금을 수령할 수 있도록 하며 인구 노령화에 따라 연금수령 나이를 연장한다는 상세한 내역을 제시하고 있다. 쑹 후보는 연금지출 해결을 위한 '정부 최종 책임제' 실시를 제시하였다. 또한 18%의 퇴직금을 정하고 70%의 소득 대체율을 지정하며 3단계 연금체계 실시를 제기 하였다.

〈표-4〉세 후보의 청년·노동정책이슈 비교표

이슈	주리룬(朱立倫)	채영문(蔡英文)	송초유(宋楚瑜)
청년 노동 정책 이슈	○ 근로자 봉급 향상, 29세 이하 청년실업자 고용 시 기업은 세금감소 ○ 근로자가 '주간 40시간 이상 근무할시'와 '추가 근무시간 상한제'를 원칙적으로 협상 ○ 인재육성 4.0방안 (고 학력자 월수입 4만위엔을 보장하고 실업자 혹은 저소득 청년은 '인재 價値權(가치권)'을 받는다.	○ 연소득이 감소했을 시 근로자는 매주 휴가 2일, 특별휴가 등을 통해 근로여건을 높인다. ○ 법규수정으로 책임시간제 축소 ○ 청년과 중 고령자 취업에 대한 '중고령취업 전문법'의 지지. ○ '파견근로자 전문법', '파트타임 근로자 보호' 관련 입법제정. ○ 직장재난 보험 단독입법, 피 보험자 범위확대, 각종 위험분야의 종사자들의 근로자 가입화 ○ 공상회의 비율확대, 공상회법을 수정하여 불합리한 한계점 감소.	○ 기업 분업의 제도화, 정상화, 보급화. ○ 최저 임금의 정식 입법화 ○ 정부파견의 산하기관장감투 파견제 폐지 ○ 근로자 이사제도의 확립 ○ 규정개정으로 기업의 무임금자의 근로자 실업보조금 지급 ○ 「휴로(노인휴직)」계획 4년 경과 후 최소 15만개의 중고령자가 일 할 수 있는 기회창조.

자료출처 : 新新聞 The Journalist No.1506호 (2016. 1. 4 - 1. 20), pp. 30-31.

<표-4> 세 후보의 청년·노동관련 이슈 비교표를 보면, 주 후보
는 근로자 봉급 향상과 29세 이하 실업자를 고용하는 기업은 세금감
면, 근로자가 '주간 40시간 이상 근무할시'와 '추가 근무시간 상한
제'를 원칙적으로 협상한다는 이슈를 나타내고 있다. 차이 후보는
연소득이 감소했을 시 근로자는 매주 휴가 2일과 특별휴가 등을 통
해 근로여건을 높이는 이슈를 제기하며, 또한 '법규수정으로 책임시
간제 축소', 청년과 중 고령자 취업에 대한 '중·고령 취업 전문법'
의 지지, '파견근로자 전문법', '파트타임 근로자 보호' 등 관련 입법
제정 등을 제시하였다. 이러한 다양한 분야의 입법제정의 정책이슈
는 차이 후보가 변호사인 경륜에서 많이 기인한다고 하겠다. 쑹 후
보는 기업 분업의 제도화, 정상화, 보급화. 최저 임금의 정식 입법화
등을 제시하였다. 세 후보 모두 파견근무에 대한 이슈를 제시했는데
주 후보는 파견 근무 시 대우·복지 등 정 직원과 동일하게, 차이후
보는 '파견근로자 전문법', '파트타임 근로자 보호' 관련 입법제정을
중점화 하였고. 쑹 후보는 정부파견의 산하기관장 감투 파견제 폐지
를 제기하였다. 주 후보는 인재육성 4.0방안으로 고 학력자 월수입
4만 위안을 보장하고 실업자 혹은 저소득 청년은 인재로서 가치를
인정받을 수 있는 '인재 가치권(價値權)' 제도 도입을 이슈로 제시하
였다. 차이후보는 청년과 중 고령자 취업에 대한 '중 고령 취업 전문
법'의 지지를, 쑹 후보는 「휴로(노인휴직)」 계획 4년경과 후 최소 15만
개의 중 고령자가 일 할 수 있는 기회창조를 제시하였다. 이처럼 세
후보 모두가 청년·노동이슈를 중요하게 다루고 있음을 보여준다.

5. 후보의 이슈전략과 대만유권자의 선택

앞서 살펴보았듯이 이번 대만 총통선거에서 세 후보자들은 양안정책이슈, 경제정책이슈, 청년·노동정책이슈에 대해 유권자들에게 호소하고 있다. 지면관계와 시간적 제한으로 이들 후보자들의 주요 활동 중에 민진당 차이 후보의 '현상유지' 양안이슈의 선점, 국민당 주 후보의 나약성과 마정권의 경제실책이슈의 비판, 청년 실업이슈와 시대역량 정당의 대두, 차이잉원의 후보의 특성과 잉파(英派)의 저력에 대해 중점적으로 고찰해본다.

1) 민진당 차이 후보의 '현상유지' 양안이슈의 선점

역대 대만의 총통선거에서 양안은 가장 큰 이슈였다. 국민당 리덩휘 총통의 선거 때는 '북풍'으로, 민진당 천수이벤의 선거 때는 '천 7개항(陳 7個項)'으로 집권당과 야당 모두가 양안이슈를 활용하였으며, 이는 총통당선에 적지 않는 영향을 끼쳤다. 2012년의 총통선거에도 마찬가지였다. 지은주 교수는 2012년대만의 총통선거에서 최대 쟁점은 양안 이슈였다.[20]고 제시하였고, 문홍호 교수 역시 2012년 총통선거에서 대만인들이 마잉주를 선택한 배경은 양안의 '평화'(92 공식)와 '공영'(ECFA)을 불가피한 선택으로 인식했기 때문[21]이라고 피력하였다. 이처럼 대만의 역대 선거에서 양안이슈는 가장 뜨거운 감자였으며 누가 이 양안이슈를 선점하는가에 따라 선거에서 승리자가 되었다고 할 수 있다.[22] 그러면 2016년 총통선거에서

---

20) 지은주 (2012), p. 194.
21) 문홍호 (2012), p. 137.
22) 이등휘 후보는 '북풍'을 대륙에 비유하여 양안이슈로, 천수이벤 후보는 '전쟁 불사'의 대처방

양안이슈는 어떠한가? 세 후보에 대한 양안이슈를 고찰해보자.

국민당과 초기의 홍 후보의 양안정책은 '일중동표(一中同表)'였다. 즉 양안관계의 현상을 바탕으로 양안헌법에서 각자의 선서주권(宣示主權)과 헌법정치권의 분립되는 사실을 인정하고 확립한다는 것이다. 양안정책협회는 6월 18일 "홍셔우주, 차이잉원의 여론조사를 통한 최초 대결"을 발표하였고, 여론조사 결과, 민진당 소속 차이잉원 후보는 50.2%의 지지율로 입법원 부원장 홍셔우주 후보의 29.3%의 지지율을 대폭 앞서고 있다고 밝혔다. 한편 TVBS에서는 여론조사를 통해 홍셔우주 후보는 41%의 지지율로 차이잉원 후보의 38% 지지율보다 조금 앞서고 있다고 보도함으로써 각기 다른 결과를 나타내었다. 양안정책협회이사장 퉁쩐위안(童振源)은 양안정책을 통해서 본다면 63.1%의 국민은 차이잉원 후보가 주장한 "현황 유지"에 동의하고 있으며 이를 반대하는 입장은 22.4%라고 밝혔다. 반면, 홍셔우주 후보의 '일중동표'에 대한 국민의 동의는 31.2%와 반대하는 입장은 51.7%이며 중간점검차원에서 차이잉원 후보와 홍셔우주 후보의 지지율을 각각 10:4로 나타났다고 밝혔다.

민진당과 차이잉원의 양안정책이슈는 '현상유지(維持現狀)'의 양안관계를 유지하는 것이다. 이는 중화민국일중헌정(中華民國一中憲政)체제와 양안이 20여 년간 상호 교류와 협동한 성과를 바탕으로 하여 2,300만 여명 대만 국민의 자유와 민족 현상을 유지하고, 동시에 지역평화와 안전 및 안정적인 양안관계의 발전을 유지시킨다는 것이다.[23] 그러나 앞서 언급한 것처럼, 제1야당인 민진당의 수십 년 간의 가장 핵심적인 이슈는 '타이뚜'였다. 이번 선거에서 이 '타이뚜'와 양

안으로 양안 이슈를 제기 한 점이 당선에 주효했다. 하영애 (2005), pp. 330-333.
23) 『大紀元時報』, 2015. 6. 22 ;民進党: 力推完成两岸协议监督条例 "立法", 华夏经纬网 2015-04-22 (검색일: 2015. 8. 14).

안정책 이슈를 여하히 국민들에게 설득력 있게 어필하느냐 하는 것은 그리 용이하지 않다. 이처럼 차이 후보가 명확하게 나타내지 않는 이 양안정책 이슈에 대해, 민진당 핵심간부이며 대만에서 최초의 여성부총통을 지낸 뤼쉬롄(呂秀蓮)마저도 이 문제에 대해 구체적이며 명확하게 설명해야 한다고 주문하였으며, 학자 및 전문가들은 사실상 중국 본토와의 관계에 대해 국민당과 같은 견해이며 '타이뚜'를 포기하고 '92공식'과 '하나의 중국' 원칙을 지지하며 핵심적인 문제를 회피 하고 있다고 비평하였다.[24] 예컨대, '현상유지', '헌정' 체계를 통한 양안관계를 추진하는 것은 모두 선거구호에 불과하다. "대만독립"을 포기할 것인지에 대한 문제는 '92공식'과 '하나의 중국' 원칙을 인정하고 지지하는 것이야 말로 차이 후보가 명확하게 답변을 해야 하는 핵심적인 문제이다.[25]고 강력하게 규탄하였다. 결국 이러한 양안관계에 관해 '양안정책협회'는 "2016 年选举情势及两岸关系发展" 좌담회를 개최한 후 이 문제는 국민당의 홍 후보도 양안관계에 대해 당내의 논쟁을 불러일으키고 있으며, 매 총통선거 때 마다 그러했던 것처럼(주요 후보가 미국을 방문 함) 차이후보자가 미국방문 후에 어느 정도의 긍정적인 확답을 얻어올 때, 내년 초 선거전에 다시 논의해야 한다.[26]고 결론지었다. 쑹추위 후보는 양안에 대해 "개성무사, 화해대립", "응집공식, 권책상부", "민주주의에 입각하여 상호견제하며, 책임정치"를 제시하고 "양안의 영속적인 발전구축"을 주장하여 대 중국관계에 긍정적인 뜻을 내포하고 있음을 알 수 있다.

---

24) http://www.chinanews.com/hb/2015/06-11/7337270.shtml,
http://opinion.uschinapress.com/2015/0709/1028859.shtml
25) "维持现状"也好, 依 "宪政"体制推动两岸也罢, 都是选举口号而已。是否放弃 "台独"、是否认同 "九二共识"、是否支持 "一中"原则, 才是蔡英文需要明确回答的核心问题). 中国新闻网, 大公报: 蔡英文回避 "九二共识"恐致两岸关系触礁, 2015-08-14 (검색일: 2015. 8. 14).
26) http://opinion.uschinapress.com/2015/0709/1028859.shtml (검색일: 2015. 8. 14).

양안이슈가 이처럼 중요함에도 2016년 선거에서는 왜 국민들에게 크게 이슈화 되지못했을까? 혹은 야당에서 주장하던 양안, 타이뚜 등이 이번 총통선거에서는 어떻게 이슈화해야 하는가? 이는 민주진보당의 차이 총통후보자의 입장에서는 2012년 총통선거에서 너무 극명하게 양안과 타이뚜를 주장했기 때문에, 근사치의 표로 낙선했던 경험이 있기 때문에 양안이슈를 주장은 하되, 가능하면 너무 민감하지 않는 방향으로 전략화 했다고 볼 수 있다. 이에 대해 '<그림1> 양안 이슈에 대한 견해'를 묻는 한 여론조사결과를 살펴보면 대만 국민들의 반응을 볼 수가 있다. 즉 '빠른 통일을 원한다.'가 1.8%(7명), '빠른 대만 독립선포'가 4.1%(16명)으로 나타났다. '현상유지 후 통일'이 11.8%(46명), '현상유지 후 독립'이 15.7%(61명)로 나타났다. 그러나 대만의 다수 유권자들은 '현상유지 후 상황을 보고 독립 혹은 통일'이 42.7%(166명)으로 가장 높게 나타나 이들의 양안에 대한 태도를 반영하고 있다. 또한 '영원히 현상유지'를 원하는 국민도 23.9%(88명)로써 두 번째 순위로 나타났다.

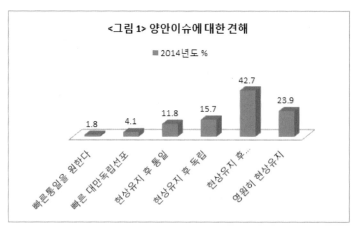

자료출처: http://www.tedsnet.org/teds_plan/list.php?g_isn=82&g_tid=0&g_cid=8

그러므로 선거 이틀 전, 차이잉원은 '원하건대 양안의 평화유지를 위해 최선을 다하겠다(願盡力維持兩岸和平).[27]고 다시 한 번 강조한다. 차이잉원 후보는 양안문제에 대해 '현상유지(維持現狀)'의 이슈전략을 선점하여 유권자들의 민심을 얻었다고 볼 수 있다.

2) 국민당 주 후보의 나약성과 마정권의 경제실책이슈의 비판

총통선거에서 매스미디어의 역할은 대단히 중요하며 후보자들 역시 관심을 가져야한다. 특히 프레임 효과(frame effect)라고 할 수 있는 매스미디어의 영향은 실제적 효과를 극대화 할 수 있는 마력이 있다고 본다. 그러나 후보자의 홍보전단지를 보면, 주 후보는 혼자 꿇어앉아서 기도하는 모습을 담고 있으며 뿐만 아니라 황야에 홀로 있는 듯 보이는 검은 색을 배경으로 하고 있다.[28] 그렇지 않아도 늦게 출마하여 총통후보로서 준비되지 않은 주 후보는 유권자들에게 나약한 모습으로 각인되었다. 게다가 국민당 정권의 비판은 고스란히 주 후보에게로 반사되었다. 정권이 바뀔 때 마다 야당은 집권여당의 정책을 비판하고 이러한 강도가 높을수록 정권교체의 가능성은 더욱 높기 때문에 전임정권의 실책에 대한 비판은 선거에서 커다란 이슈가 된다. 특히 2016년 대만총통선거에서 마잉주정권의 경제실책이슈는 선거기간 민진당의 계속적인 핫이슈로 등장하였다. 이에 대한 유권자들의 반응을 살펴보자. <그림 2> '국가경제발전 이슈에 대한 만족도'에 따르면, 2014년도와 2015년도에 응답인원 475명과 1,076명으로 설문조사에서 '매우 만족'이 각 각3.4%(16명),

---

27) 聯合報, 2016년 1월 14일.
28) 주리룬 후보 홍보 전단지 참조.

3.9%(42명)으로 나타났다. '만족'이 14.3%(68명) 와16.9%(182명)를 보였고 17.7%-20.8%는 만족 혹은 매우 만족을 나타내고 있다. 그러나 '불만족'이 각각 31.8%(151명), 31.7%(341명)로서 2년 연속 불만족이 높게 나타나고 있으며, '매우 불만족'은 각각 50.5%(240명), 47.5%(511명)로서 약 80%가 불만족스럽다는 결과를 나타내고 있음을 볼 수 있다.

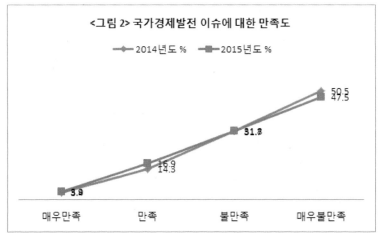

<그림 2> 국가경제발전 이슈에 대한 만족도

자료출처: http://www.tedsnet.org/teds_plan/list.php?g_isn=85&g_tid=0&g_cid=2
http://www.tedsnet.org/teds_plan/list.php?g_isn=103&g_tid=0&g_cid=2

마잉지우 정부는 8년 동안 교류협력의 강화를 지속하면서 경제부문에 많은 성과를 내기도 했다. 실제로 2008년 4억 달러 정도의 대만 농산물이 중국으로 수출된 이후 매년 증가하면서 2015년에는 10억 달러를 초과하였고, 대만 농산물을 가장 많이 수입하는 국가가 되었다. 또한 2008년 시작한 중국 관광객의 대만 관광도 2015년에는 4백 만 명을 넘어서고 전체 외국인 관광객 가운데 절반에 가까운

비율을 차지하였다.[29]

　그러나 마잉지우 국민당 정부의 집권 8년 동안 경제교류를 통한 이익은 대부분 소수의 대기업으로 편중되고, 일반 민중들은 저임금과 고 실업률, 부동산가격 폭등에 시달리면서 대만민중의 불만이 커져갔다. 즉 중국과의 경제관계는 더 이상 대만의 유권자들에게 이익을 가져다주는 것으로 인식하지 않았다.[30] 뿐만 아니라 어느 여사장은 최근에 중국에 있는 공장을 철수할 것인지, 아예 그대로 방치할 것인지를 두고 고민 중이라며 마 총통을 극도로 혹평하였다.[31]

　또 다른 자료에서 알 수 있듯이, '우리사회가 부익부, 빈익빈으로 되어 가고 있는 데에 동의합니까?'(그림3 참조) 라는 설문조사결과를 보면, '매우 그렇지 않다'라는 답변이 각 각 4.3%, 4.0%로 나타났으며, '그렇지 않다'에 대한 답변은 각각 4.9%와 4.2%로 0.7%의 극소의 차이를 나타내고 있다. 반면에, '약간 그렇다'는 15.9%에서 2015년에는 두 배에 가까운 31.7%가 답변한 것으로 나타났으며, '매우 그렇다'는 74.9%에서 14%가 감소한 60.1%를 보이고 있으나 전반적으로 볼 때 대만국민들이 느끼는 빈부현상은 나날이 빈익빈, 부익부 현상이 증가한다고 느끼는 것을 알 수 있다. 뿐만 아니라 2014년에도 '부익부, 빈익빈'에 대한 동일한 현상의 조사결과[32]가 발표됨으로서, 2013년부터 2015년까지 대만국민은 경제사회면에서 어려움을 겪고 있음을 보여준다. 한편, 국립 대만대학교의 황창링(黃長玲) 교수는 마정부의 경제정책은 한국과 마찬가지로 국제사회에서

---

29) 馬觀光 "開放不鎖國" 觀光客破千萬有目共睹, 網路酸辣湯, 2016. 1. 25.
　　https://www.youtube.com/watch?v=W-SNm8uF2wA (검색일: 2016. 3. 26).
30) 徐和謙, 這一次, 國民黨恐怕真要掉下歷史的舞臺了, 2016. 1. 25.
　　http://xuheqian.blog.caixin.com/archives/141810 (검색일: 2016. 3. 28).
31) 2016. 1. 18. 12시-2시. 대만 여성경제인들과의 간담회에서.
32) The Implications 2016 Elections for Taiwan's Political and Economic Development (2016 選擧後對我 國政經發展之意涵), Shiow-Duan Hawang, 2016. 1. 17.

는 실제적으로 크게 낮은 것은 아니나, 국민들의 체감온도는 실제보다 훨씬 크게 나타나고 이러한 의식은 국민당의 득표에 고스란히 반영되어 큰 차이로 민진당이 승리하는 결과로 이어졌다[33]고 피력하였다.

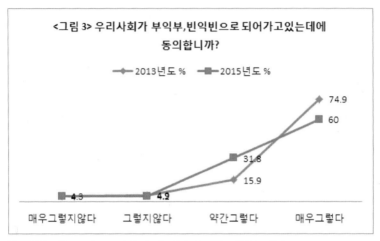

자료출처: http://www.tedsnet.org/teds_plan/list.php?g_isn=74&g_tid=0&g_cid=6
http://www.tedsnet.org/teds_plan/list.php?g_isn=104&g_tid=0&g_cid=5

3) 청년 실업이슈와 시대역량 정당의 대두

한국선거와 마찬가지로 이번 대만 총통선거에서 청년의 실업문제는 커다란 이슈중의 하나라고 할 수 있다. 2014년 3월 급기야 대만 젊은이들은 일자리가 줄어든다며 입법부 청사를 점거하는 시위운동을 벌였다. 이 '해바라기 운동(sunflower movement)'[34]은 2014년 마

---

33) 대만대학교 황창링 교수와의 인터뷰, 2016. 1. 19. 15시-16시. 대만대학교 황창링 교수연구실.
34) 해바라기 운동이라는 이름은 시위대와 운동가들이 해바라기 장식을 가슴에 달고 시위를 벌이면서 붙여졌다.

잉지우 총통이 서비스 산업분야 시장개방 확대를 골자로 하는 중국과의 서비스무역협정을 비준하려 하자 이에 반대하며 벌어진 운동으로 당시 대만 학생운동단체 소속 대학생과 활동가 등 200여 명은 입법원을 기습 점거 농성했고 거리 곳곳에서 마 총통의 퇴진을 요구하는 시위가 일어났다. 대만에서 입법원이 시민에게 점거된 것은 정부수립 이후 처음 있는 일이었다. 이들은 황창꿔(黃昌國)등을 중심으로 '시대역량(時代力量)'이란 정당을 발족했고 대만독립, 민족통일을 주창하며 급진주의 성향으로 민진당과 차이잉원 후보와 상호 협력하는 관계로 발전하였다. 마침내 이들은 2016년 1월16일 총통선거와 동시에 실시된 대만의 입법위원 선거에서 총 113석의 입법위원 의석 중에 〈표-5〉에서 보듯이 비례대표 2석을 합쳐 5석을 획득함으로써 세인을 놀라게 하며 제3야당으로 부상하였다. 왜냐하면 수차례 총통후보로 출마하였고 노련한 정치력과 정당의 경력을 가지고 있는 쑹추위 후보와 친민당을 누르고 새로운 정당으로 우뚝 섰기 때문이다. 이 '시대역량 정당'은 청년실업을 비판하고 국민당 총통의 하야를 주장하며 젊은이들의 힘을 규합하여 청년정책이슈를 전개한 '해바라기 운동'의 힘을 통해 탄생하였다. 이로써 대만은 젊은 세력의 정당과 함께 다당제 정치를 실험 해 볼 수 있는 기회를 갖게 되었다.

〈표-5〉 2016대만의 입법위원 선거와 제3정당의 부상

(　　)는 비례의석(不分區)

정당 및 년도	국민당	민진당	시대역량당	친민당	대련	무소속
2008	81	27	-			4
2012	64(16)	40(13)	-	3(2)	(3)	3
2016	35(11) 30.97%	68(18) 60.18%	5(2) 4.42%	(3) 2.65%	0	2

자료출처: http://www.cna.com.tw/news/firstnews/201601165045-1.aspx

이번 총통선거에 대해 대만 <자유시보>의 보도에 의하면, 투표행위에 대한 교차분석 결과 20대 가운데 54.2%는 차이잉원에게 투표하고, 주리룬은 6.4%로 오히려 쑹 추위에 투표한 10.4% 보다 낮게 나타났다. 이처럼 청년정책이슈에 부응한 대만의 젊은 유권자의 투표율은 전체 투표율보다 8% 이상 높은 74.5%[35]를 기록하여, 국민당 선거패배의 주요 원인이 되었다.

4) 차이잉원의 후보의 특성과 잉파(英派)의 저력

앞서 살펴보았듯이 후보의 특성이론은 후보의 경륜, 지식, 지도력 등 후보의 능력에 관한 사항이나 이념적 성향, 후보의 인성 등의 특성은 실제적인 정책수행이나 방향설정에 밀접한 관련이 있기 때문에 어떤 유권자들은 정책이슈보다 후보의 특성을 더욱 중요시 한다. 차이잉원 후보의 특성은 "온화하며 대만어(臺灣語)가 아닌 국어(國語, 보통화)로 말한다. 그는 매우 차분하며 이성적이고 반대정당인 국민당원까지도 강력하게 배척하지 않아서 많은 유권자들에게 반감이 없다."[36] 차이 후보는 2012년 총통선거에서 낙선한 후 남루한 시골생활을 하였다. 그는 무엇보다도 20년 이후 대만은 어떠한 모습일까? 내 자신은 민주교육을 받은 이성적인 사람인데 태어났으면 국가를 위해 어떠한 역할이라도 해야 하지 않는가? 고심하면서 소영 기금회(小英 基金會)를 발족하였고 이것이 잉파(英派)를 태동하게 만들었다. 즉, 2015년 기룽시(基隆市) 후원회에서 그가 "국가의 운명을 바꿀 사람들의 강렬하고 힘 있는 명칭이 필요했고 우리 모두가 잉파

---

35) 台灣智庫: 年輕人投票率74.5% 補刀終結國民黨, 2016. 1. 21.
   http://news.ltn.com.tw/news/politics/breakingnews/1579950 (검색일: 2016. 1. 28).
36) 대만대학교 황창링 교수와의 인터뷰, 2016. 1. 19. 15시-16시. 대만대학교 황창링 교수연구실

(英派)다."37)라고 한데서 이 명칭이 유래하게 되었다. 그해 10월『英派)』는 책으로 출판되었으며 1개월 후에는 제 8판을 인쇄하여 유권자들의 이목을 집중시켰고 잉파 세력은 세 후보 중에서 압도적인 제1순위의 인기를 지속적으로 유지하는데 유효했다고 하겠다. 예컨대, 그녀는 각계각층의 많은 유권자들로부터 신뢰를 받았으며, 이를 반영하듯 '채홍지변(彩虹之卞)' 펀드 레이징 전략은 카드를 발행한지 불과 15분 만에 1만 8,000장이 매진되는 기록은 가져왔다. 특히 그녀의 화장기 없는 모습, 단발머리와 수수한 옷차림38)은 유권자들이 좋아하는 '대만 본성인' 그 자체다. 국립대만대학에서 법률학을 공부하고 다시 미국과 영국에서 법률학으로 석·박사를 한 차이잉원은 겸손했고 누구와도 친화력을 가졌다. 이러한 그에 대해 젊은이들 노인들 지식인들은 물론 정부의 한 말단 직원까지도 지지했을 뿐 아니라 꿈과 희망의 환호39)를 지르게 했다. 이처럼 차이잉원의 당선에는 그가 가진 다양한 후보특성도 한 몫 했다.

6. 결론

2016년 1월16일 실시된 대만 총통선거의 투표결과에 따르면, 국민당의 주리룬 후보는 총 381만 표로서 31.04%를 획득하였고, 민진

---

37) 蔡英文,『英派』(臺北: 圓神出版社有限公司, 2015), pp. 4-5.

38) 차이 총통은 금년 5월20일 '총통 취임식'에서도 평소처럼 검은 바지에 흰색 상의 정장을 입었다. 필자는 취임식에 참석하였으며, 차이 총통의 외교 분과위원회 위원을 맡고 있는 대만 담강대학의 린루어위(林若雩)교수는 차이 총통이 위원들과의 회의에서도 격의 없이 진행하고 잘 어울린다고 덧붙였다.

39) 총통선거 이튿날인 1월17일 아침, 외교부의 한 직원은 "오늘 아침의 이 비는 승리를 축하하는 대만 민중의 기쁨의 눈물이다."고 환호했다. 당시 선거시찰을 위해 대만을 방문했던 필자로 하여금 감회가 깊었다.

당의 차이 잉원 후보는 총 689만 표이며 56.12%를 차지하였다. 또한 쑹 후보는 총 158만 표를 획득하였고 득표율은 12.84%였다.[40] 따라서 제14차 대만총통선거에서는 차잉원이 309만 표의 큰 차이로 압승했음을 알 수 있으며, 한국에 이어 대만에서 또 한명의 여성 최고통수권자가 배출되어 여성시대를 맞고 있다. 본 논문은 대만총통선거에서 이슈정책에 대해 고찰하였다. 이번 대만의 총통선거는 다음과 같은 특징을 가지고 있다.

먼저 양당제 정치의 궤도화 및 청년이슈를 통한 다당제 정치의 부각이다. 대만은 51년간 국민당 독당체재를 유지했다. 그러나 2000년 총통선거를 통해 최초로 민진당의 천슈이벤 정부가 집권하였고, 2008년 총통선거에서는 국민당의 마잉지우 정부가 집권함으로써 또 한번 정당교체가 이루어졌다. 8년이 지난 후 2016년 총통선거에서는 민진당의 차이잉원이 당선함으로써 또 다시 정당교체를 통한 새 정부가 집권하게 된 것이다. 즉, 국민당과 민진당이 8년간씩 집권한 후에 정당교체를 하면서 대만사회에서 정당정치가 차츰 궤도에 오르고 있음이 2016년 총통선거의 가장 큰 특징으로 꼽을 수 있다. 한편 대만의 입법부(立法部: 한국의 국회)는 국민당과 민진당의 양당체제가 주류를 이루어 왔는데 이번선거에서 새로운 정당 '시대역량'이 전체 입법위원 113의석 중 5석을 차지하여, 쑹추위의 친민당을 누르고 제 3정당으로 부상하였다. 이로써 대만은 2016년 입법위원 선거 결과 다당제 정치의 발아기에 접어들었다고 평가할 수 있다. 특히 시대역량 정당의 대표 황창꿔는 집권당 민진당 보다 더욱 좌파성향이며 타이완 독립과 반 중국 성향으로 대만 젊은이들의 압도적인 지지와 정치참여로 부상함으로써 대만의 다당제 정치에 새로운 역사

---

40) 中國時報, 2016. 1. 17.

가 시작되었다고 하겠다.

두 번째는 최초 여성총통 당선으로 Gender Shift와 민진당 입법위원의 기반확장을 특징으로 꼽을 수 있다. 대만은 이번 선거에서 최초의 여성총통 차이잉원을 탄생시킴으로서 남성중심에서 여성정치시대로 Gender Shift를 가져왔다. 뿐만 아니라, 차이 총통이 집권하면서 탄력 있는 국정운영을 할 수 있도록 입법위원에서도 민진당이 압도적으로 우승하였다. 즉, 제9대 입법위원 선거에서 전체 113석 중 68석을 민진당이 획득하여 35석을 획득한 국민당을 누르고 다수당이 되었다.[41] 이는 통치권자와 입법원이 다양한 의견을 조율할 수 있다는 점에서 국가정책의 운영에 있어서 커다란 장점이 될 수 있다.

특히 이번 총통선거에서는 '현상유지 양안정책이슈의 선점'과 경제정책이슈가 우선관건이었다. 양안정책 이슈는 대만의 역대 총통선거에서 가장 뜨거운 감자였으며 핫이슈였다. 2016년 총통선거에서 차이잉원은 시종 일관 '현상유지'라는 양안이슈전략을 견지(堅持) 하였으며, 이 '현상유지 양안정책이슈'의 선호는 대만 국민들 역시 66.6%의 높은 비율로 나타났는데[42], 차이 후보는 유권자들의 심성(心聲)과 염원을 파악하여 핫이슈인 '현상유지의 양안정책이슈'를 선점함으로써 승리에 다가갈 수 있었다. 이는 다시 말하면, 리덩휘 총통 때나 천수이벤 총통 때는 양안정책을 직접적으로 이슈화하여 총통선거에서 유권자의 표와 직결시킴으로서 두 총통이 당선되는 관건이었다. 하지만 2016년 총통선거에서는 달랐다. 차이 후보의 약간은 모호하면서도 명확하게 표현하지 않은 '현상유지 양안정책'의 이

---

41) 華智豪, "國會首次政黨輪替 藍綠版圖人翻轉 王金平時代結束", 2016. 1. 17. http://www.storm.mg/article/78827 (검색일: 2016. 2. 25).

42) 여론조사에서 '현상유지 및 상황을 보고 독립 혹은 통일'의견이 42.7%였으며, 특히 '영원한 현상유지'도 23.9%를 나타내어 66.6%이었다.

슈전략은 대만 선거결과의 향배를 다루는 'TEDS'[43]의 연구와 유권자의 민심에 부응하면서 "현상유지의 양안정책이슈"를 선점하였기에 당선의 좋은 결과를 이끌 수 있었다. 다른 한편 이번 선거에서는 마잉지우 정부 비판과 더불어 경제정책이슈가 양안정책이슈 보다 우선순위였다고 할 수 있겠다.

본 연구의 결과, 대만총통선거는 양안정책이슈, 경제정책이슈, 청년·노동정책이슈가 중요한 정책이슈로 제기되었으며, 특히 차이잉원 후보는 '현상유지의 양안정책이슈'를 선점하여 대만 최초의 여성 총통에 당선될 수 있었다고 하겠다.

---

43) 그림 1, 그림 2, 그림 3 참조.

2장_외국의 지방의회와 선거제도 :
한국의 기초의회에 남녀동수의석 당선제도의 제의

1. 서론

영국과 미국 등 선진 국가들의 정치의 핵심은 지방의회나 연방정 치를 통해 정치권력이 분권화 되어 지역주민들 스스로 참여하는 지 방자치가 토착화되었다는 점이다. 그러나 최근에는 프랑스 스웨덴 노르웨이 대만 등이 여성을 위한 남녀동수의석제도와 여성당선할당 및 1/4성별비례원칙 제도를 헌법과 각 종 법규에 명문화하면서 여성 의 의회참여는 세계적으로 선두를 달리고 있다. 우리나라는 1991년 지방선거를 시작으로 그간 법규로만 머물러 있던 지방자치가 실질 적으로 태동하기 시작하였다. 그리고 지방선거를 통해 여성들의 의 회참여는 당시 광역의회, 기초의회선거에서 각 각 0.9%에서 시작하 여 조금씩 향상되었으며 2010년 선거에서 광역의회의원 14.8%와 기초의회의원 21.7%로써 가장 높은 비율이 되었다. 이러한 동기는 학자, 여성단체, 여론 등의 노력과 더불어 정당과 국회가 제도도입과 법규개선을 통하여 여성들의 삶의 질 향상변화를 가져오고 있다. 그러나 서구의 양성평등을 위한 선거제도와 여성의원들의 의회진출 향상의 상관제도들을 비교했을 때 한국의 지방의회와 여성들은 동등의석 향상을 위해 제도개선과 법규수정을 위해 더 많은 노력을 경주해야한다. 더구나 2012년 대선주자들이 주장한 '기초의회에 정당폐지'가 논의되면서 2014년 지방선거를 앞두고 여성계, 정치계, 학계는 정당정치, 정당공천제에 대한 논쟁이 사회의 가장 큰 이슈가 되고 있다. 또한 각 정당을 선두로 폐지안을 확정짓는 추세에서 타국의 선거제도는 더욱 중요하게 부각된다.

본 연구는 남녀동수의석제도에 주목하고자 한다. 진 커크패트릭(Jeane J. Kirkpatrick)은 저서 Political Women에서 진정한 정치평등은 양성평등을 포함해야한다고 주장하였고, 의회에서 친히 제의하기를 남녀는 마땅히 '동등의 발언권'을 가져야 한다고 주장했다(하영애, 1991) 또한 실비안느 아가젠스키(Sylviane Agacinski) 역시 '남녀동수의회구성'을 주장했다. 남녀동수참여는 법 앞에서의 평등- 즉 형식적 평등과 실질적 평등에서- 법규에 명시된 것은 형식적 평등이기 때문에 이를 타개 하기위해서는 실질적 평등이 요구되기 때문이다.

한 국가의 선거제도와 여성의 정치참여는 불가분의 관계에 있다. 따라서 각국의 선거제도를 고찰하고 한국의 기초의회에 정당정치는 지속되어야 한다는 논지와 여성들의 의회참여 활성화와 양성평등을 위한 제도적 변화 즉, 기초의회 남녀동석당선제도의 제의를 모색해 본다.

2. 이론적 논의

오늘날 여성의 적극적인 의정 참여는 각 국가에서 점증하는 추세라고 할 수 있다. 이러한 맥락에서 유엔 개발계획(United Nations Development Programme)은 1995년 북경에서 개최한 제4차 세계여성회의를 계기로 발표한 여성권한척도(Gender Empowerment Measure, GEM)의 지표로서 어떤 국가의 여성들의 정계진출정도, 즉 국회의원 수, 행정 관리직 여성 비율을 중요한 요소로 포함하고 있다. 이와 관련하여 여성의 적극적 의회참여를 위해서는 선거제도를 어떻게 구성, 운용하는가의 문제가 중요하게 된다. 왜냐하면, 한 국가에 있어서 여성의 정치참여 정도와 선거제도는 중요한 상관관계를 갖기 때문이다. 따라서 이 장에서는 프랑스, 스웨덴, 대만의 여성들이 새로운 선거제도를 통해서 의정에 보다 적극적으로 참여하고 있는 현상과 관련하여 정치제도의 변화와 그 추동 요인들에 대하여 이론적 측면을 간단히 논의하고자 한다.

일반적으로 어떤 정치제도는 가치(values), 규범(norms), 구조(structure), 그리고 인간행위(human behaviors)라는 네 가지 요소를 포함하게 된다. 따라서 정치제도의 한 하위제도로서 선거제도를 고찰함에 있어서 이러한 네 가지 요소를 유념하여 분석할 필요가 있다. 첫째, 흔히 제도의 한 요소로서 가치는 정치공동체의 구성원으로서 인간이 추구하게 되는 요구(needs), 태도 혹은 욕구(desires)과 관련된 목표 또는 이 목표와 관련된 사물이라고 할 수 있다. 이러한 가치는 종종 많은 사람들의 그에 대한 수용, 혹은 변혁을 거친 다음에 하나의 제도 형성을 매개로 성취될 수 있다. 이렇게 볼 때 가치라는 요소는 선거제도 즉, 본 논문에서 논의하고자 하는 각국의 남녀동수의회제도, 대만의 여성당선할당제나 정당비례대표제, 그리고 성별비례제 같은 사례들을 통해 성취됨을 볼 수 있으며, 이는 한국의 의회진출을 통한 여성의 역량증진이라는 당위적 목표와 맞닿아 있는 것이다. 둘째, 제도의 규범(norms)적 요소는 일종의 규칙(rule), 표준(standard), 혹은 행동양식(pattern for action)을 의미한다(Ikenberry, G. John, 1988). 따라서 각국 정치에 있어서 규범의 핵심적 사례라고 할 수 있는 헌법, 신·구 선거법규, 각종 시행 세칙 등을 통해 한국 여성들의 의회진출 향상을 위한 노력을 고찰하게 된다. 셋째, 제도의 구조(structure)적 요소는 알몬드 (Gabriel A. Almond)와 파웰(G. B. Powell Jr.)이 지적한 것처럼 정치체계의 중요한 특징으로서 정치 및 조직의 역할을 통해 찾아질 수 있다. 이러한 구조적 요소는 어떤 입법구조에서 나타나는 일련의 상호작용하는 역할들로서 상호 연동(聯動)의 모습을 띤다. 알몬드와 파웰은 이러한 경우의 좋은 예로 입법기구와 선거권자, 그리고 압력단체와 법원의 상호작용을 제시했다.(Gabriel A. Almond and G. Bingham Powell, Jr., 1978) 넷째, 제도의 구성적 측면으로서 인간의 행위적 요소가 있다.(Fremont E. Kast and James E. Rosenzweig, 1970) 앞에서 말한 가치, 규범과 구조적 측면이 대체로 제도의 정태적 모습을 나타내는 반면 인간의 행위적 요소는 좀 더 동태적 측면에 분석의 초점을 둔다고 할 수 있다. 왜냐하면, 일반적으로 정치제도는 반드시 인간이 개입하여 수행하는 계획의 수립과 운용 행위를 통해 그 자체의 동태적 현상이 발생하며, 나아가 그 구체적인 기능도 발휘되기 때문이다.

의회제도도 하나의 조직이며 그 운영을 위해서는 공동체로부터의 구성인원을 필요로 한다. 왜냐하면 어떤 이념이나 사상이 필요에 의해 확립되기 위해서는 관련 규범을 주창하는 사상가나 학자와 같은 인물이나 조직체에 의해 법규로서 제안되어져야하기 때문이다. 그것은 또한 정당과 의회 같은 여론 수렴 및 의결 기구를 통해 법제화되고 집행될 때 비로소 하나의 공식적인 새 제도가 등장하게 되는 것이다. 제도는 하나의 살아있는 생명체와 같아서 어떤 제도는 하나의 법률로 제정된 후에도 그 적용과 변화, 발전과정을 거치게 된다(佐藤功著, 許介鱗譯,1979) 어떤 제도의 배후에는 항상 공동체의 정치환경 변화에 따른 충격의 힘이 존재하고 있어서 제도의 본래 형태와 그 발전방향에 영향을 미치기 때문이다. 어떤 정치제도라도 기존 제도로부터 영향을 받을 뿐 아니라 다른 국가의 유사한 제도로부터 영향을 받는 것이다. 바로 이러한 과정에 있어서 정치의 주체인 인간의 행동은 절대적으로 중요한 요소가 된다. 제도의 이러한 측면과 관련하여 존 스튜어트 밀(J. S. Mill)은 다음과 같이 피력하고 있다:

> 일체의 정치제도는 인간에 의해 만들어진다. 그것이 제도로서 제정되고 존재할 수 있는 것은 인류의 희망이나 염원에 기초하고 있기 때문이다. 하나의 정치제도가 국가공동체에 주어졌을 때 그것이 유지, 변화, 발전되기 위해서는 그 공동체 구성원인 국민들이 그것을 최소한 배척, 거부하지 않고 수용적이어야 하는데 이는 그러한 제도가 구성원들의 필요에 부응할 때 가능하다.(John Stuart Mill 저, 郭志嵩 역, 1974)

같은 맥락에서 여성의 의회참여를 증진하기 위해 마련된 다양한 제도들, 예를 들면 당선할당제, 정당비례대표제, 성별비례제 등은 서로 차이가 있음에도 불구하고 한국을 비롯하여 노르웨이, 벨기에, 영국 등 여러 국가에서 시행되고 있다. 또한 프랑스와 스웨덴의 남녀동수의석제도와 대만의 1/4성별비례원칙제도 등 각 국가의 여성의회참여향상을 위한 선거제도의 도입과 발전은 그러한 국가들의 공동체 구성원으로서 여성학자, 여성단체, 많은 유권자들이 연대하여 압력단체를 형성하고 관련 정당에 편지쓰기 등의 노력과 나아가 경우에 따라서는 값비싼 희생과 투쟁을 통해 성취된 것이다.

정치제도와 그 변화의 추동요인에 대한 이상의 논의를 요약하면 다음과 같이 말할 수 있다. 첫째, 대체로 제도의 형성과 발전은 기존의 관련 정치사상이나 이념의 영향 속에서 일어나며, 또 기존의 관련 제도와 규범과의 연관성 속에서 변화를 지속한다. 둘째, 하나의 제도는 당시 지도적인 인물들의 영향을 받게 되는데, 사상가나 학자나 시민단체 같은 지도적인 행위자들은 제도의 이념을 도출하고, 행정인원은 이러한 이념에 기초하여 제도를 기획·제정·집행하며, 그 제도는 또 이해당사자인 사회대중(여성, 여성단체)의 인식과 반응이라는 환경 속에 놓이게 된다.(陳德禹. 1982) 셋째, 특정제도는 당시 사회세력 혹은 정치세력의 영향을 받을 수 있다. 여기서 말하는 사회세력은 문화, 신앙, 풍습, 여론, 민심의 동향 등과 관련해서 형성되며 정치세력은 정부체계 혹은 정부 이외의 정치단체들 속에서 형성될 수 있으며, 이러한 세력 간의 상호작용은 제도의 형성과 변화에 영향을 미친다. 특히 최근 한국의 기초의회의원 선거에서 '정당공천제도의 존폐논의'는 커다란 이슈가 되고 있으며 여성의 의회진출향상에 영향을 미칠 수 있기 때문에 이와 관련하여 선거구제도, 공천제도, 정당 정치에 관해 중점적으로 다루게 된다. 넷째, 어떤 국가에 존재하는 기존 제도 혹은 새 제도는 기타 국가의 기존 혹은 새 제도에 영향을 미칠 수 있으며 그 과정에서 본래 제도의 특성과 작용에 변화를 가져올 수 있다. 특히 여성의 의회참여에 관한 훌륭한 제도의 사례들은 타 국가의 여성의 정치참여 증진과 제도 형성에 영향을 미치게 된다. 그러므로 다음 장 에서는 각 국가에서 시행하고 있는 독특한 제도와 여성의 의회진출에 대해 고찰해본다.

3. 외국의 선거제도와 여성의 의회참여

1) 프랑스의 남녀동수 의회구성 제도와 여성의원의 참여

실비안느 아가젠스키(Sylviane Agacinski)는 저서 『성의 정치』에서 '남녀동수 의회구성'을 주장했다. 남녀동수참여는 법 앞에서의 평등- 즉 형식적 평등과 실질적 평등에서- 법규에 명시된 것은 형식적 평등이기 때문에 이를 타개하기 위해서는 실질적 평등을 주장한다. 그녀는 성(性)적으로 특정화 되지 않은 선험적 개인들의 추상적 평등은 여성들이 사회생활과 정치생활에서 실질적으로 배제되어있는 상태를 완화해주지 못하며, 반대로 그 같은 상태를 은폐한다고 강조하고 오직 남자들만의 정치사에서 유래하는 기존 불평등을 바꿔놓기 위해서는 '혼성민주주의'에 대해 반드시 고려해야한다고 주장한다. 즉, 민주주의의 고전적 개념은, 투표권이 여성에게 까지 확장된 이후에도, 당선자 수에 여성당선자들의 비율 규정의 필요성을 내포하지 않고 있다. 그러므로 권리평등의 개념도 민주주의 개념도 국회가 실질적으로 혼성이어야 한다는 것은 규정하지 않으며, 권력의 동등하고 공평한 분배는 더더욱 아니기 때문에 남녀동수참여의 개념만이 이 분배의 요구를 포함 한다는 것이다. 이런 이유에서 '남녀동수 의회참여'는 민주주의의 실천과 원칙 고찰에 있어서 완전히 새롭고 독창적인 것이다(실비안느 아가젠스키 Sylviane Agacinski 지음, 유정애 옮김, 2004). 그러면 구체적이고 실제적인 방안은 어떻게 적용할 수 있는가? 그는 선거기능에서 남녀동수참여는 두 방식으로 실현될 수 있다고 강조한다. 그 첫 번째는 남녀동수의 당선자들을 구성하는 것이고, 두 번째는 남녀동수의 후보자를 공천하는 것이다(실비안느 아가젠스키(Sylviane Agacinski)지음, 유정애 옮김, 2004). 남녀동수의 취지는 전체적으로 혼성인 국민을 표상하기 위해서는 '국민의 대표'가 전체적으로 혼성이어야 한다는데 있다. 그러나 그는 국민의 대표, 곧 국회가 의무적으로 절반은 남성, 절반은 여성으로 구성하게 되어 입법부가 혼성이 될 경우, 각각 즉, 절반의 남성국회의원과 절반의 여성국회의원은 각기 남성 국민들과 여성 국민들을 대표할 것이라고는 생각하지 않는다고 강조한다. 이러한 아가젠스키의 이념과 주장은 프랑스의 여성과 남성이 동수로 의회에 진출하는데 직간접의 영향을 미쳤다고 보여진다.

프랑스의 '남녀동등의석수 제정' 사례를 좀 더 구체적으로 살펴보자. 프랑스는 1999년에 '의회에 남녀동등 의석수 구성'의 헌법을 개정함으로서 33년 만에 양성정치평등에 커다란 변화를 가져왔다. 실제로 세계 많은 국가 중에서 프랑스는 비교적 늦게 여성들에게 선거권과 피선거권을 부여 하였고 여성의원비율은 1966년에 고작 5%였다. 그러나 1999년 6월28일 투표결과 헌법에 명시하기를, "헌법은 선거에 의한 권한위임과 선출직 공무원에 남성들과 여성들이 동등하게 접근하는 것을 장려 한다."(실비안느 아가젠스키(Sylviane Agacinski) 지음, 유정애 옮김, 2004) 라는 남녀동수원칙이 적용되어 놀랄만한 결과를 가져왔다. 동년 12월에 통과된 법률에 따르면, 인구2만5천명 이상의 지역선거에서 각 정당은 입후보자 명단을 남녀동수(50/50)으로 하되 전체 입후보자를 6명 단위로 끊어서 각 단위에 남녀가 동수로 섞여야한다. 특히 각 정당이 이 같은 동등 대표성의 원칙을 위배할 경우 벌금을 물림으로써 의회선거에서 남녀동등수를 적용하도록 조정한다(김은희, 2005)는 것이다. 이러한 영향은 2001년의 선거에서 여성들이 의회참여가 대폭 증가하였다. 즉, 주민 1만5000명 이상의 시의회에서 여성비율이 22%에서 47.5%로 급증하였고 여성시장도 11명이 증가하였다.[1]

2) 스웨덴의 남녀동등의석제도와 여성의원의 참여

스웨덴의 양성평등 정치는 "두 명당 한 명 꼴로 여성을" 이라는 내용을 담고 있는 국가보고서인 '바르안난 다메르나스(Varannan damernas)'로 대표된다. 이 보고서는 스웨덴 양성평등 정책의 상징으로 1970년 대 까지 구축된 복지제도를 기조로 한 '가정 내에서의 양성 평등적 구조'를 정치 및 사회 전반에 파격적으로 영향을 미칠 수 있도록 다양한 정책 목표를 제시하고 있다(김형준, 2012). '바르안난 다메르나스'는 1990년대 들어 세계에서 가장 앞서가는 양성평등 국가를 지향하는 스웨덴에서 정책분야에 필수적으로 적용되고 있다. 이를 구체적으로 살펴보자.

(1) 스웨덴의 양성평등정치의 발전과정

<표 1>에서 알 수 있는 바와 같이, 1990년대 이후 최근까지의 양성평등정치의 발전과정을 통해 스웨덴은 중앙선거 및 모든 선거에서 남녀동등의석 제도를 시행하고 있음을 볼 수 있다. 1991년 '양

---

1) 여성시장은 33명에서 44명으로 늘었다. 실비안느 아가젠스키(Sylviane Agacinski)지음, 유정애 옮김, 『성의 정치』 (서울 :일신사, 2004), pp. 7-8.

성 평등부'가 신설되었고 이후 양성평등정치가 주류정치로 자리매김하였으며 1994년에는 정부조직체계에서 고정된 틀로 정착되었다. 1995년에는 국내적으로는 광역자치단체에 양성평등국장을 임명한다. 국제적으로는 1995년 북경에서 개최된 세계 제 4차 여성대회에서 양성평등정책의 시행- 모든 국가의 여성정책에서 '주류정치'로 자리매김 하도록 한 스웨덴의 양성평등정책은 바로 '바르안난 다메르나스' 남녀 동등의석 제도에 기인하고 있으며 이는 실로 세계의 정치가와 여성들에게 대단히 주목할 만한 제도로 자리매김하고 있다고 하겠다. 왜냐하면 한국은 이러한 영향으로 '여성발전기금법'이 통과되었으며, 이 발전기금은 여러 가지로 열악한 상황에 있던 한국의 NGO와 여성NGO 단체가 활동할 수 있는 단초를 마련하였다. 또한 여성의원들의 중앙 및 지방 정치참여도 비록 스웨덴에는 비할 바가 못 되지만 점차 향상되는 계기를 마련하였다고 하겠다.

〈표 1〉 스웨덴의 1990년대 이후 최근까지의 남녀동수제도의 발전과정

연도	주요 내용
1990	· 팔매수상 하에서 1985년 임명되었던 국가조사연구위원회가 제출한 보고서 '스웨덴 민주주의와 권력'(SOU 1990:44)의 제 3장은 스웨덴의 양성평등관계를 새롭게 조명하는 중요한 아젠다로 많은 영향력을 미침.
1991	· 빌트(Carl Bildt) 우익정권 집권. 사회부와 함께 '양성 평등부' 신설.
1993	· 국가연구보고서 (SOU 1993/1994: 147) 제출 · 균형의 권력-균형의 책임 · 양성 평등정치가 주류정치(Main Streaming)으로 자리잡음 · 모든 정책분야에서 양성 평등적 시각 적용.
1994	· 사민당 집권. 양성평등부 장관 계속유지. · 국가지침서를 각 지방자치단체에 보내 양성평등정치가 구현될 수 있도록 계도하고 감독. · 양성 평등부는 정부조직체계에서 고정된 틀로 정착.
1995 (국내)	· 전국 광역자치단체에 양성평등 국장 임명. · 양성평등 정책연구에 새로운 지원.

1995 (국제)	· 1995년 '세계 제4차 유엔여성회의 및 NGO 세계대회' 중국북경에서 개최됨. 이 대회에서 양성평등정책이 '주류정치의 장'으로 등장함. · 각 국가의 정부와 정치행위자들은 양성 평등적 시각을 모든 정책프로그램에 주류정치로 편입시키는 적극적인 조치를 취해야하며 정책결정 이전에 양성 평등적 시각에서 분석하고 양성에 미치는 영향평가를 반드시 할 것을 권고함. 북경행동강령 12개 항목 확정 · 베이징 프로세스(Beijing Process)로 불리 우는 여성의원 비율 30%를 목표로 설정. · 북경대회에서 스웨덴이 양성평등정책에서 가장 앞선 국가로 인정받음.
1998	· 1998년 9월 선거에서 페미니스트적 시각을 가진 쉬만(Gudrun Schyman)이 이끄는 좌익당의 약진. 좌익당의 약진과 함께 정당차원에서 여성문제가 가장 중요한 정치적 이슈로 자리 잡음. · 2000년대의 화두는 양성평등정치가 지속적 경제발전의 중요한 정치적 이슈로 자리 잡음.
2004	· 여성당 창당(Feminist Initiative)
2006	· 상장기업 이사회에 여성 40%할당비율을 2010년까지 의무화하는 '기업양성평등법' 제정을 기획하였으나 사민당이 9월 총선패배로 법안 미제출.

자료출처 : 김형준, 『젠더 폴리시스』(서울: 인디, 2012), p.44 참고 및 필자 부분보충.

(2) 여성의 의회진출과 정당의 역할 및 정당공천 과정

스웨덴의 여성정치참여 비율은 많은 국가와 마찬가지로 1950년대는 평균 5%수준에 머물렀다. 1960년 대 까지 여성의원 비율은 10%에 머물렀고 1970년대에 이르러 20% 수준으로 접어들었다. 그러다가 1980년대 30%수준으로 향상 되었고 다시 1988년 선거에서는 38%로 상승하였다. 이 비율은 특히 정당이 여성의원 공천비율을 높임으로써 향상되었다. 예를 들면, 2005년 선거에서 사민당과 좌익당의 여성공천 비율이 각각 50%, 48%를 기록함으로써 여성의원 비율은 41%까지 올랐다. 2006년에는 여성의원비율이 47.3%까지 올라가는 등 평균 45% 내외를 유지하고 있다(김형준, 2012). 이처럼 여성의원비율이 획기적으로 증가 하게 된 성공적 배경에는 정당의 역할과 상관관계에 있다. 민주정치는 정당정치이며 정당을 통한 정치충원이 이루어지기 때문에 정당의 공천과정이 개방 되지 않으면 여성

의 의회진출을 원활히 추진할 수가 없는 것이다. '<표 2> 스웨덴정
당에서의 여성할당제를 채택하고 있는 현황을 보면, 녹색당이 1981
에 당기관의 50%를 여성할당제를 시행하고 1987년에 전당대회에서
50%이상 여성할당제를, 좌익당이 1987년에, 그리고 사민당이 1993
년부터 남성, 여성후보자를 교차순위제로 50%씩 공천하고 있다. 그
러나 국민당은 1972년 이후 당기관내 여성할당비율 40%를 확정 실
시하고 1984년 선거에서부터 40%여성비율을 확보할 것을 권고하고
있다. 기독민주당은 1987년부터 40%를, 보수당은 1993년부터 50%,
중앙당은 1996년부터 50%를 여성비율확보의 목표를 설정하고 있다.

〈표 2〉 스웨덴 정당의 여성공천 관련 규정 및 내용

정당	내 용
국민당	1972년이후 당내기관의 여성할당 비율 40% 확정실시 1984년 선거에서부터 40% 여성비율 확보할 것을 권고
기독민주당	1987년 전당대회에서 최소 50% 여성할당 결정
보수당	1993년부터 50% 여성비율 확보목표 설정
중앙당	1996년부터 50% 여성비율 확보목표 설정
사민당	1993년 전당대회에서 남성, 여성후보자를 교차순위재로 50% 씩 공천
좌익당	1987년 전당대회에서 최소 50% 여성할당 결정
녹색당	1987년 전당대회에서 50%이상 여성 할당 1981년부터 당기관의 50% 여성할당제 채택

자료출처 : 김형준, 『젠더 폴리시스』(서울: 인디, 2012), p.52 참고 및 필자 재구성

스웨덴이 2006년 선거에서 거의 50%육박하는 여성의원비율을 기
록하게 된 과정을 보면 여성공천비율이 얼마나 중요한 역할을 하는
지 이해할 수 있다. 1973년 정당의 여성공천비율은 26%에 이르고
여성의원의 당선율은 그보다 약간 낮은 21%를 기록하고 있다. 1976
년 선거에서는 여성 공천율이 30%대로 올라서면서 여성당선율도
동시에 24%로 상승하였으며 1985년 선거에서는 40%에 약간 못 미

치는 여성 공천율에 힘입어 여성 당선율은 30%을 넘게 되었고, 정당들의 여성 공천율이 43%를 상회하면서 자연스럽게 여성당선율도 40%선을 넘게 되었다(김형준, 2012, pp.47-48). 김형준 교수는 또한 스웨덴의 여성후보 공천비율을 분석한 후 전통적으로 우익계열 정당보다는 좌익계열 정당들이 양성 평등적 정책을 선호하고 여성공천의 실천에 있어서도 적극적으로 나서고 있다는 연구결과를 제시하였다. 이는 대만의 선거제도 추진과정에서도 여당인 국민당(國民黨)보다 야당인 민진당(民進黨)이 적극적으로 추진하였던 것과 같은 맥락이다. 즉 1/4성별비례원칙제도가 이루어진 이면에는 펑완루(彭媛如) 민진당 여성주임의 적극적이고 꾸준한 투쟁과 희생을 통해 민진당이 먼저 이 제도를 승인하였고 그 후에 국민당에서 이를 추진한 사례를 들 수 있다.

과거에 세계의 수많은 국가들은 여성의 의회참여가 대단히 저조하였다. 특히 동양권에서는 일본, 한국이 수 십 년 동안 국회차원에서의 여성의원비율은 한 자리 숫자에 불과하였다. 그러나 대만여성의 의회진출은 동북아 국가에서 으뜸이 되었는데 이는 독특한 선거제도를 채택했기 때문이다. 이를 구체적으로 고찰해보자.

3) 대만의 여성관련 독특한 선거제도

오늘날 대만에서 여성의 의회 진출은 주목할 만하다. 대만의 현·시(縣·市)의회 선거와 국회의원 선거에서 점점 더 많은 여성들이 진출하고 있는 현상은 여성의 역량 신장이라는 측면에서 크게 바람직한 현상으로 이해되고 있다. 이러한 대만 여성들의 정계진출 향상은 바로 대만에서 실행되고 있는 선거제도의 변화와 밀접한 관련이 있다. 따라서 이 장에서는 대만 여성들의 의정진출 기회를 향상시키기 위해 도입된 여성당선할당제와 성별비례원칙제도에 대하여 논의해 본다.

(1) 초기헌법에 명시된 여성당선할당제도(婦女當選名額保障制度)

여성과 남성이 동등하게 선거에 참여할 경우 여성은 조직, 자금, 경력 면에서 대체로 불리하다. 이러한 현실을 감안하여 대만은 일찍이 헌법에 여성에 대한 당선할당제 조항을 규정하였다. 즉, 중화민국 헌법 제134조는 "각종 선거에서 반드시 여성당선정수를 규정하고 그 방법은 법률로 정한다(各種選擧, 應規定婦女當選保障名額, 其辦法以法律定之)"라고 명시하고 있다. 이 모법에 기초하여 대만은 각종 선거법규에 이 규정을 명문화 하고 있다. 예를 들면, 대만성 각 현·시 의회조직규정(臺灣省 各 縣·市 議會組織規定) 제2조 2항은 "지역선거의 각 선거구에서 반드시 선출될 당선자 수를 정하고, 매 10명 중 최소한 반드시 여성의원 1명을 둔다. 남은 수가 5명 이상 혹은 그 숫자가 10명 미만 5명이상일 때 모두 최소한 반드시 여성1명을 둔다(區域選擧各選擧區應選出之名額, 每滿10名至少應有婦女1名, 餘數在5名以上 或名額未滿10名而達5名以上者, 均至少應有婦女1名)."라고 명시하고 있다. 즉, 여성의 의회참여를 촉진하기 위하여 민의기구 구성을 위한 선거에서 최소한 10% 내지 20%를 여성이 당선될 수 있도록 명문화하고 있는 것이다. 이 제도를 제의할 당시에 여성의원 당선 정수를 20%로 요청하였는데 그 이유는 당시에 전국적으로 고등교육을 받은 자 중에 여성이 약 100분의 20 즉, 20%를 차지하고 있었기 때문이다(梁雙蓮, 1978).

대만에서 이러한 당선할당제가 도입될 수 있었던 것은 당시에 활동한 많은 인물들의 공헌 때문이었다. 예를 들면, 일찍이 쑨중산(孫中山)은 남녀평등권을 주장하였고 송메이링(宋美玲), 우즈메이(吳智梅), 류순이(劉純一) 의원 등 여성 지도자의 실천이 뒤따랐다. 쑨중산은 1924년 4월 4일 광둥(廣東) 여자사범학교에서 행한 강연 중에 다음과 같이 피력하였다:

> 혁명 후에 남녀평등권을 실행에 옮기려고 한다. ... 제군들은 근래 외국의 여성들이 참정권을 쟁취하는데 있어 얼마나 많은 노력을 소모하고 얼마나 많은 희생을 겪었으며 그럼에도 불구하고 많은 국가에서 그 뜻을 이루지 못했음을 알 것이다. 중국의 혁명 후에는 여성들이 쟁취하지 않더라도 참정권을 줄 것이니 의회 내에 여성의원을 선출할 것이다." (河暎愛, 1989)

또한 현역 여성 국회의원들 중 특히 우즈메이, 류순이 의원 등은 여성 당선자 수 할당에 관련하여 연대서명을 받아 그 명부를 제출했는데 우즈메이 의원은 '모든 선거에서 여성 당선자 수를 법률로 규정하는 안'에 대해 457명의 서명을 받았고, 류순이 의원은 '전민 정치실현을 위해 여성의 당선 정수가 10분의 3보다 적어서는 안 된다'(하영애, 2008)라는 그 당시로서는 대단히 진보적인 의안을 제출하였었다. 송메이링은 "당선정수가 100분의 20이어야 한다"고 주장하였는데 이 안은 407명의 서명을 받는 등 총 1, 221명의 지지자 명단이 제출되었다. 이처럼 대만의 대표적인 여성 지도자들은 여성당선할당제를 헌법에 삽입하는 개정헌법을 통과시키기 위해 혼연일치된 노력과 투쟁을 전개했었다. 당시 이러한 의견에 반대한 사람으로는 대만성(省) 성 주석 천청(陳誠), 후스(胡適) 등이 있었는데 후스의 학생 루어징지엔(羅靜建)은 각종 연회장에까지 찾아가 후스를 설득하여 여성당선할당제를 담은 헌법초안을 심의할 때 찬성도 반대도 하지 않도록 하는데 성공했다. 이렇게 각 방면에 협조를 구하고 설득하였으며 반대자들까지 함구무언하게 함으로써 드디어 1946년 중화민국 헌법에 '각종 선거에서 여성의원의 당선 정수를 반드시 규정하고 그 방법은 법률로 정 한다'라는 조항이 삽입될 수 있었다. 그러나 헌법에 여성당선 할당 조항을 삽입하기 위해 노력하는 과정에서 많은 사람들의 희생이 있기도 하였는데 그 한 예로 류순이 의원이 이와 관련한 연일의 심야토론에서 과로로 숨을 거둔 일도 있었다(하영애, 2008, pp.142-145).

일단 어떤 제도가 도입되었다 할지라도 그 제도가 지속될 것인가 아니면 폐지될 것인가 여부는 국민 대중이 그 제도를 어떻게 받아들이느냐에 달려있게 된다. 이 제도의 존폐여부에 대해 1980년대[2] 그리고 최근에 연구조사가 있었는데 그 결과 이 제도가 여전히 필요하다는 의견이 지배적이었으며, 심지어 지속적으로 강화, 발전시켜야 한다는 주장도 강하게 나타났다.[3] 그러므로 대만은 이제 '여성당선할당제'를 넘어 양성평등정치의 실현을 위한 '성별비례원칙제도'라는 진일보한 제도 도입을 추구하게 되었다.

(2) 1/4성별비례원칙제의 쟁취

1990년대 중엽 여성학자들과 여성단체들은 약50년 간 실행되어온 '초기의 여성당선할당제'가 새로운 시대의 정치현실상황과 제대로

---

2) 1980년대의 한 설문조사에서 학자, 정치가, 기자 등 존속을 견지하는 의견이 많았는데 특히 국립 대만대학교의 웬송시(袁頌書) 교수는 여성의 정치참여기회 향상을 위해 이 제도의 존속이 바람직하다는 의견을 강력히 피력하였다. 河暎愛, 『臺灣省縣市長及縣市議員選擧制度之硏究』, p. 492.

3) 최근의 자료로서 許翠谷, '影響我國女性政治參與之因素分析-以第4代女性立法委員爲例', etd.lib.nsysu.edu.tw/ETD-db/ETD_search_c/view_etd?URN=etd_0723102_095125(검색일: 2012. 11. 23.)

부합되지 못한다는(黃長玲, 2001)데 의견을 모으고 1995년 국민당 중앙부녀회(婦公會)가 발표한 '부녀정책백서'의 실시방안을 건의하게 되었다. 여기에서 여성 지도자들은 여성당선할당 비율을 100분의 40으로 높이고 유럽 여러 국가들의 사례처럼 주요 정당들의 당내 후보자 공천 방안에서도 여성당선할당 정수의 비례를 도입하자고 주장하였다. 그러나 당시 집권 여당이었던 국민당의 '부녀정책백서'는 새로운 여성정책을 마련하는데 그다지 영향을 미치지 못했다. 그러다가 1996년 말 오랫동안 민진당 내에서 '1/4성별비례제'를 주장해오던 부녀부 주임 펑완루가 까오슝(高雄)에서 피습을 당하자 이를 계기로 하여 여성단체들은 그의 뜻을 유지 계승하는 차원에서 적극적인 운동을 전개하여 '1/4부녀당선정수보장안(婦女當選定數保障案)'을 가까스로 '헌법수정안'에 넣을 수 있었다. 그러나 해당 항목의 조문은 최종 단계에서 '국민 대표대회'(약칭 꿔따(國大)를 지배하는 다수 남성의원들의 반대로 인하여 통과되지 못하였다(黃長玲, 2001). 1999년 헌법 수정 논의가 재개되었을 때, '1/4부녀당선정수보장안'은 다시 각 정당의 소수자보호 정책과 관련된 공유 의제 중의 하나가 되었다. 여성단체들 역시 '1/3성별비례원칙'을 '1/4부녀당선 할당제'의 관점으로 대신하였다. 그러나 꿔따 제도의 폐지에 따라 대만 헌법에 '1/4부녀당선 할당제'의 조항을 삽입하는 데 실패하였다.

대만의 정치에 있어서 '여성당선 할당제도'를 채택하든지 아니면 '성별비례원칙제도'를 채택하든지 간에 여성의 의회참여와 정계진출에 관한 제도적 실행은 몇 가지 영역에서 이루어진다고 할 수 있다. 그 중 현행 헌법 규정의 적용을 받는 경우는 민의대표를 선출하는 선거에서 당선되는 것이고 나머지 영역에서 여성이 참정의 기회를 얻을 수 있는 경우는 정당공천의 확보와 선거법의 적용을 통해서이

다. 이 문제와 관련하여 <표 3> '여성정계진출 영역 중 여성당선할당
제와 성별비례원칙 적용상황'은 보다 종합적인 고찰을 가능하게 한다.[4]

첫째, 민의기관 대표로서의 당선 부분은 앞서 논의한 바와 같이
이미 헌법에 규정되어 있었고 그에 따라 최초의 모든 선거에서 여성
의원 후보자에게 반드시 최소한 10% 비율로 당선을 할당함으로써
자연적으로 여성들의 의회참여에 중요한 영향을 미쳤다.

비록 보다 많은 여성들이 정치에 진출, 참여할 수 있도록 하기 위
한 여성단체들의 헌법수정 노력은 좌절되었지만 내정부(내무부)가
제정한 지방제도 법령은 좀 더 구체적인 성과를 가져온 것이 사실이
다(彭雯, 2000). 즉, 여성단체는 예진풍(葉金鳳)이 내정부장관으로 있
을 때 그를 방문하여 '지방제도 법' 수정 시 지방민의대표의 선거와
관련하여 여성당선 할당보장을 1/4의 비율로 높여줄 것을 요청하였
는데 내정부는 이를 받아들였던 것이다. 1988년 3월 통과된 이 지방
제도법의 제33조 3항 규정은 다음과 같다: "각 선거구에서 선출하는
직할시의원, 縣(市)의원, 鄕(鎭·市)민 대표의 당선 정수가 4명일 때
반드시 여성 당선 정수 1명을 둔다. 4명을 초과할 때는 매 4명 증가
시 1명의 여성 당선 정수가 증가 한다."

〈표 3〉 여성정계진출 영역 중 여성당선할당제와 성별비례원칙제의 적용상황

적용 범위		현재 여성참여 비율	여성당선할당제/성별비례원칙 적용 유무	관련 법규 혹은 기타 근거
민의 대표의 당선	타이뻬이(臺北) 시. 까오슝(高雄)시	타이뻬이 시: 약 1/3 까오슝 시: 약 1/9	현재: 1/7여성당선 할당제 미래: 1/4여성당선 할당제	지방제도 법

---

4) 당선할당제와 1/4성별비례원칙제도 모두를 폭넓게 '여성당선할당제' 속에 포함시킬 수 있다. 그
러나 구체적인 이해를 위해 <표 3>을 참고할 필요가 있다.

			현재: 1/10 여성당선 할당제 미래: 1/4 여성당선 할당제	지방제도 법
	·현·시 의원 (縣·市議員)	약 1/6	현재: 1/10 여성당선 할당제 미래: 1/4 여성당선 할당제	지방제도 법
	향·진시민대표 (鄕·鎭 市民代表)	약 1/6	현재: 1/10여성당선 할당제 미래: 1/4여성당선 할당제	지방제도 법
선거에서 정당공천	국민당 (國民黨)		1/4 전국구 입법위원 당선할당	국민당 국회의원 공천방법
	민진당 (民進黨)		1/4 성별비례원칙	민진당 공직인원 공천방법
	신당(新黨)		무	
	친민당(親民黨)		무	
정당 당직	국민당		1/4 여성당선할당제	국민당 당규
	민진당		1/4 성별비례원칙	민진당 당규
	신당		무	
	친민당		무	

자료출처: 黃長玲, "從婦女保障名額到性別比例原則-兩性共治的理論與實踐," p. 76.

둘째, 여성의 의회참여기회 향상을 위한 제도적 개혁 노력은 정당의 공천 부문에서 찾아볼 수 있다. 이러한 면에 있어서 민진당은 집권당으로 있을 때 먼저 선례를 남겼다. 민진당은 공직인원 후보자의 공천방법으로 전체의 1/4성별비례원칙제도를 적용하도록 하였다. 민진당이 1/4성별비례원칙을 적극적으로 적용한 배경에는 민진당의 전 부녀부 주임 펑완루의 헌신과 희생이 자리하고 있었다(黃長玲, 2001). 펑완루는 조 프리먼(Joe Freeman)의 영향[5]으로 "1/4성별비례원칙 조항"을 추진하기 시작했으며 1996년 5월 민진당 당장연구소조(黨章硏究小組)는 당직과 공직인원 모두의 공천에 대해 1/4성별비

---

5) 펑완루는 대만 여성운동단체 중 가장 활발했던 푸뉘신쯔(婦女新知) 출신으로 1994년 민진당에 입당하여 민진당 부녀 발전위원회(후일 부녀부로 개칭)의 주임이 되었는데 그는 처음 푸뉘신쯔의 '부녀참정 병영생활' 프로그램에 참석한 미국의 여성운동가 조 프리먼과 토론할 때 그녀가 미국의 경험을 근거로 '만약 여성이 한 단체 인원수의 1/4이 된다면 성별균형의 힘이 점점 크게 확장 된다'는 설명에 크게 감동을 받게 되었다고 한다.

례원칙의 적용을 명문화하였다(聯合報, 1996). 그러나 이 당장(黨章) 수정안은 민진당 집행부 회의에서 의결을 얻지 못하고 1/4과 1/10 두 개의 안으로 되어 민진당 전국당대회의 심의, 의결절차로 넘겨졌 다.(黃長玲, 2012) 12월1일 개회된 민진당 전국대표대회는 펑완루가 이미 변고를 당한 상황6)에서 그녀가 열정적으로 주창해 왔던 당내 공직후보자 공천 시 1/4성별비례원칙의 안을 채택, 통과시켰다. 1998 년 1월 현·시의원 선거에서 민진당은 처음으로 이 1/4성별비례원칙 제도를 적용하여 후보 공천을 하였다. 선거 결과 민진당은 현·시의원 중 총 18석을 차지했는데 그 중 15석을 여성이 차지함으로써 여성 의 의회참여 효과가 크게 나타났다. 그럼에도 불구하고 1/4성별비례 원칙 조항을 포함하는 헌법 수정안이 상정되었지만 아직 여성을 경 시하는 분위기가 강하게 남아있는 상황에서 부결되고 말았다(中國時 報, 1998). 그 후 신당(新黨)은 1998년의 국회의원 선거 시 1/3여성당 선보장 정수를 채택, 적용하였다. 그러나 이것은 다만 그 선거구에 한하여 적용, 유효하였으며 좀 더 확실하게 법규화 되지는 못했다. 한편 국민당은 이 선거에서 패배한 후 2000년 6월의 임시 당대표대 회에서 당 규정을 개정하여 전국구 국회의원의 후보 공천 시 1/4의 비율에 대한 여성당선보장정수안을 채택하였다.

셋째, 정당당직자 임명 시의 성별비례제 채택에 대해서 민진당은 1997년 9월 민진당 전국당대표대회에서 당내 직무자에 대하여 1/4 성별비례원칙을 적용하기로 하였고 국민당은 1/4 여성당선할당제를 국민당 당규에 명문화 하였다.

대만여성의 의회진출을 위한 독특한 선거제도인 여성당선할당제

---

6) 1996년 12월 민진당이 까오슝에서 임시 당대표대회를 개최하기로 하였을 때 펑완루는 회의 개 회 전에 내려가 당대표들에게 성별비례원칙제도에 대하여 강력하게 호소할 예정이었으나 그녀 는 11월 30일 밤에 실종되고 말았다.

도와 1/4성별비례제도는 그냥 주어진 것이 아니다. 앞에서 언급하였듯이 이 제도의 도입과정에는 많은 사람의 다양한 노력을 통해 이루어졌다. 여성평등권사상을 주창한 쑨중산, 쟝제스의 영부인 송메이링의 적극적인 지지와 현역 국회의원 우즈메이, 그리고 여성단체의 노력과 특히 야당이었던 민진당의 여성부 주임 펑완루와 류순이 의원의 노력과 희생을 통해 획득할 수 있었다.

그러면 한국의 지방의회여성의원의 참여는 어떠한가? 본 연구에서는 기초의회에 여성의원의 참여와 현재 이슈화 되고 있는 정당공천제도의 논쟁에 대해 고찰해본다.

4. 한국의 기초의회 여성의원 참여와 정당공천제도 존폐의 논쟁

1) 한국의 역대 기초의회 여성의원참여 현황

한국의 기초의회에서 선거제도는 어떠하며 여성은 어떻게 의원으로 당선될 수 있는가? 공직인원선거법에 따르면, 기초의회 의원후보자는 하나의 자치구·시·군의원지역구에서 선출할 지역구자치구·시·군 의원정수는 2인 이상 4인 이하로 하며 그 자치구·시·군의원지역구의 명칭·구역 및 의원정수는 시·도 조례로 정한다. <개정 2005.8.4>(26조2항 선거구의원정수), ③비례대표자치구·시·군의원정수는 자치구·시·군 의원 정수의 100분의 10으로 한다. 이 경우 단수는 1로 본다. 또한 자치구·시·군의회의 최소정수는 7인

으로 한다(23조2항)고 규정되어있다. 예를 들면 서울특별시 자치구
의원 정수현황은 총 정수 419명으로 지역구 의원 366명과 비례대표
53명이다. 각 조례에 의거 구별 의회의원 정수는 최하 8명(중구)-최
고23명(송파구)으로 구성되어있으며, 비교적 많은 19명의원의 구의
회는 3곳이다(성북구, 노원구, 용산구). 한국의 지방의회는 법규만
있고 지방선거를 오랫동안 시행하지 않다가 1991년 겨우 지방선거
가 시작되었다. '<표 4> 역대 지방의회의 여성후보자 및 여성당선
자 현황'을 고찰해보자.

〈표 4〉 역대 지방의회의 여성후보자 및 여성당선자 현황 (단위 : 명)

구 분			여성후보자수 (총 후보자수)	여성후보비율	여성당선자수 (총 당선자수)	여성비율
1991	기초의회의원		123(10.159)	1.20%	40(4,303)	0.90%
1995	기초의회의원		206(11,970)	1.72%	72(4.541)	1.58
1998	기초의회의원		140(7,754)	1.80%	56(3,490)	1.60%
2002	기초의회의원		222(7,450)	2.9%	77(2,485)	2.2%
2006	기초의회의원	지역구	391(7,995)	4.9%	110(2,512)	4.4%
		비례대표	750(1.025)	73.2%	327(375)	87.2%
	기초의회 합계		1141(9,020)	12.6%	437(2,888)	15.1%
2010	기초의회 의원	지역구	552(5,822)	9.5%	274(2,512)	10.9%
		비례대표	727(910)	79.9%	352(376)	93.6%
	기초의회 합계		1279(6.732)	19.0%	626(2,888)	21.7%

자료출처 : 중앙선거 관리위원회 홈페이지(www.nec.go.kr)선거정보조회시스템 통계자료

앞서 고찰 했듯이 의회의 여성정치참여 향상을 위해서는 후보자
가 많아야 당선자가 많다. 그러나 30여년 만에 부활한 1991년의 지
방선거에서 전체후보자 10,159명중 여성후보는 123명으로 1.2%에
그쳤으며 당선자는 총4,302명[7]중 여성당선자는 40명으로서 0.9%였

---

7) 1991년 3월 16일 실시된 기초의원선거에서 당선자 수는 4,303명이 아니고 1명이 적은 4,302명

다. 10여년 후인 2002년에 후보자와 당선자는 각각 2.9%, 2.2%로써 여전히 낮은 비율을 나타내고 있음을 알 수 있다. 이후 많은 변화과 정을 거쳐 지난 2006년부터 기초지방선거에서 정당공천제도가 채택 되었는데 정당정치의 책임과 활성화를 위해서 시행되었다. 한국의 국회의원선거와 지방의원선거는 국내 여성단체, 학자, 전문가들의 세미나, 토론회, 각 정당에 편지쓰기, 여성단체들의 연대활동 등 다 양한 활동을 통해 각 국가의 선거제도도입을 주장하였고, 이러한 요 구에 부응하면서 대만의 헌법에 명시된 독특한 '여성당선할당제도' 는 당시 김현자 여성 국회의원 등을 통해 제도 도입의 필요성이 강 하게 대두되었다. (김현자, 1987). 또한 지방의회에서 비례대표제가 시행되면서 기초의회여성의원 수가 증가되었다. 즉 2006년 기초의 회의원 비례대표에 여성후보자수는 1,025명 중 75명으로 73.2%를, 여성당선자는 375명 중 327명이 당선되어 87.2%를 기록하였다. 2010년에는 총 후보자 910명중 여성후보자가 727명으로 79.9%를, 총 당선자 376명중 352명이 당선되어 93.6%를 기록함으로써 2006 년보다 기초의회 비례대표의 여성은 후보자와 당선자는 각각 6.7% 와 8.3% 상승하였다. 비례대표는 '여성 몫 이다'라는 등식이 성립될 상황이다. 여성의 의회진출은 무엇보다도 당선자가 많아야 하지만 그것을 가능하게 하는 것은 후보자가 많아야 한다는 실비안느 아가 젠스키의 논리는 시사하는 바가 크다고 하겠다.

지역구 기초의회의원의 분포 중에 여성의원은 어느 정도 참여하 고 있는가? 2006년 기초의회지역구의원 후보자 총 7,995명중 여성

이다. 왜냐하면, 경북 구미시 선주동(善州洞)에 입후보한 박봉월(朴奉月)과 김판수(金判守)는 선 거 전에 협상하여 김 후보가 박 후보에게 1억 원을 줄테니 사퇴하라고 하고 선금 3천 만 원을 건넸으며 박 후보는 사퇴하였다. 그 후 이 사실이 알려지자 김 후보도 사퇴하여 결국 선주동은 그 당시에 전국에서 "의원 없는 선거구"로 낙인찍히게 되었다. 하영애, "한국 지방 자치선거에 대하여", 『대만지방자치선거제도』, (삼영사, 1991), p.329.

후보자는 391명으로서 4.9%이며 당선자는 총 2,512명중 여성은 110명으로서 4.4%였다. 2010년 선거에서 후보자 총수2,512명중 여성은 274명으로서 9.5%였으며, 당선자 총수 2,512명중 여성은 274명으로 10.9%였다. 지역구 의원 역시 여성 후보자와 당선자는 2006년에 비해 각각 4.6%, 6.5%로 상승하였다. 즉 2010년 지방의회의원선거에서 여성의원 후보자와 당선자는 각각 19.6%, 21.7%이다. 이 수치는 프랑스나 스웨덴의 모든 선거에서남녀동수의석(50/50)비율과 대만의 1/4성별비례원칙과 비교 했을 때 너무도 열악한 차이를 볼 수 있다. 이는 한국여성들의 교육수준, 경제대국 지위향상, 무엇보다도 남녀의 인구분포와 비교 했을 때 정치적 양성평등에 있어서 또한 풀뿌리 민주정치의 지방의회를 지속적으로 발전시킬 수 있는 여성의 역할 강화를 위해서 적극적이고 실제적인 조치가 필요하다고 하겠다.

그러나 현재 한국의 지방선거제도에서 가장 큰 문제점은 기초의회의원선거에서 정당공천제도에 관한 사항이다. 지방의회선거에서 정당공천은 겨우 2회 실시했는데 이 제도를 폐지해야할 상황이다. 이에 대한 논쟁을 살펴보자.

2) 현행 기초지방의회 정당공천제도 존폐에 관한 쟁점

정당공천제 폐지의 발단은 2012년 대통령 선거 시에 각 정당의 후보자가 공약으로 내세웠기 때문이다. 집권여당의 박근혜 후보는 '기초지방의회 정당공천제 폐지'를 공약했고 민주당의 문재인 후보와 무소속의 안철수 후보가 공동으로 제시한 '새 정치개혁안'에서 '기초의회 정당공천을 폐지한다.' 고 제시하였다. 그 이유는 기초의회에서 정당공천이 시행된 이후 기초단체장 및 기초의회의원에게 정당정치를 강요하면서 지방정치가 중앙정치에 예속되는 현상이 발생하였다. 게다가 공천 잡음, 고비용 선거구조, 특히 국회의원은 지방의회 의원의 공천권한을 갖고 있었고 이것은 기초의회의원의 실제적인 정치생명과 밀접한 관계에 있기 때문에 그 지역 국회의원에 대한 줄서기 문제는 심각한 정치문제로 야기되었다. 이에 대한 논쟁을 살펴보자.

(1) 지방의회 정당공천제도의 폐지를 주장하는 의견

지방자치차원에서 행정학자들은 정당공천제 폐지에 찬성하는 입장이 강하다. 그러나 정치학자들은 공천제를 유지하는 것에 더욱 찬성하는 입장이다[8]. 주요정당의 입장을 보면, 민주당은 당원들의 의결을 통해 기초의회정당공천 제도 폐지를 결정하였다. 새누리당은 12년간 3차례 지방선거에서 기초선거 정당공천제를 한시적으로 폐지하는 일몰법을 제시하였다. 새누리당의 민현주 대변인은 브리핑에서 "민주당의 폐지결정에 환영을 표 한다"면서 "기초단체장과 기초의원에 대한 정당공천은 순기능보다는 역기능이 더 많이 나타난 것이 사실"이라고 말했다. 하지만 야당과 마찬가지로 여성의원을 비롯해 당내 반발이 만만치 않은 상황이어서 당론을 결정하기까지는 난항이 예상된다. 특히 제도 도입에 따른 부작용과 현 정당 및 의원들의 기득권 논리도 작용하고 있다. 한국행정학회의 '기초지방선거 정당공천제 폐지 논거와 대안'보고서에 따르면 정당공천제 폐지여부를 묻는 질문에 기초단체장의 86.1%, 기초의원의 71.0%가 '폐지 찬성'이라고 답했다. 전문가 집단은 무려 83.8%가 폐지를 지지했다.

---

8) 최장집 교수는 정당공천폐지에 대해 부정적 입장을 밝혔으며 (동아일보, 8. 13), 김형준 교수 등은 강력하게 반대를 주장했다. 반대로 육동일 교수 등은 정당공천폐지에 긍정적입장이다. 한국여성단체협의회 주최, 『2014 지방자치 여성의 힘으로』 발제문, 2013. 7. 17.

그러나 국회의원은 45.6%만 폐지에 찬성한다고 밝혀 정당공천제 유지에 대한 의견이 높았다. 이번 조사에는 기초단체장 227명, 기초의회의 의장과 부의장 등 454명, 국회의원 300명, 학계 등 전문가 400명이 참여했다. 정당공천제 폐지 논거에 대해 기초단체장 집단은 '시·군·구 지방행정의 비정치성'(51.7%)을 가장 많이 꼽았다. 그러나 기초의원(50.8%)과 전문가(50.0%), 국회의원(47.9%)은 모두 '지방자치의 중앙정치 예속'을 폐지 이유로 답한 경우가 많았다. 행정학회는 이 같은 인식 차이에 대해 "단체장들은 정당공천제를 지방자치의 문제로 접근하고 있지만, 기초의원과 전문가, 국회의원은 같은 사안을 정치적문제로 인식하고 있다"고 설명했다.[9]

(2) 지방의회 정당공천제도의 존립을 주장하는 의견

각 정당의 여성위원장들은 기초의회의 정당공천제도에 대해 적극적으로 유지하기를 강조한다. 김을동 새누리당 중앙여성위원장은 "여성들의 참패는 말할 것도 없고 위헌이 통과되는 순간 반드시 위헌소송이 붙거질 것"[10]이라고 강조 하였으며 그는 또한 '민주국가에서 공천제도 없이는 후보자가 난립할 수 있는 큰 문제이다'[11]라고 공천제도 폐지를 강력히 반대하였다. 유승희 민주당 전국여성위원장은 관련부서에 정당공천제도 존폐에 대한 질의서를 보냈다. 그리고 그 결과에 대해 한 세미나에서 "정당공천제 폐지는 한국선거학회, 한국정치학회에서 이미 위헌 입장을 내놨다. 대통령 공약이라도 잘못됐으면 수정하는 용기가 필요하다"[12]고 강력히 주장하였다. 이에

---

9) 서울신문, 2013. 8.11.
10) http;//www.womennews.co.kr/news/59861 (검색일 : 2013, 8. 19)
11) 2013년 8월 20일 17시 서초동 필자와의 인터뷰에서
12) http;//www.womennews.co.kr/news/59861 (검색일 : 2013, 8. 19)

대해 김은희가 발표한 '<표 5> 정당별 지방선거 제도개선 입장'은 현재 논의되고 있는 각 정당의 추진상황과 의사를 잘 정리하고 있다.

〈표 5〉 정당별 지방선거 제도개선 입장

구 분	공천여부	선거구제	여성참여		지역정치
새누리당정치쇄신특위	한시적 폐지 (12년 후 일몰검토)	언급 없음 (국회의원은 지역 소선거구제 유지) 선거구획정 위 독립	기존비례 30% (지역: 비례 2:1, 권역별 정당명부) 남녀교호순번제	의원정수 유지	정당설립요건 삭제 (지역정당 허용) 국회 지방분권특위 신설
민주당 찬반검토위	정당공천 폐지 정당표방 허용 기호추첨제	언급 없음	기초의석 20%를 개방형여성명부 (당헌:광역지역구 30%의무공천)	의원정수 언급 없음	
통합진보당	정당공천유지	중선거구제 4인선거구분할금지. 선거구획정 위 독립	선출직 30%의무화 광역기초 비례의석 30%로 확대	의원정수 증원 (비례 확대인원)	비례대표 봉쇄조항 3%로 하양조정 지구당 허용
정의당	정당공천 유지	(국회 정당명부재)			
노동당	정당공천 유지	중선거구제 (실질화/분할금지)	기초비례의석 50%로 확대	기초의원 증원 (유급제이전)	정당설립요건 삭제/완화, 지역정당허용 지구당 허용

자료출처 : 김은희, "지방선거 여성참여확대를 위한 제도개선 방안 모색", 국회여성가족위원회 주최, 『지방선거 여성정치참여 확대방안 토론회』 발제논문, 2013. 8. 21. p. 12.

<표 5>에 따르면, 새누리당은 정당공천의 한시적 폐지를 들고 있으며, 민주당은 이미 당원들의 투표를 통해 기초의회에서의 정당공천제를 폐지하기로 결정하였고 정당표방을 허용하는 방침이다. 군소정당인 정의당, 노동당 등은 정당공천유지를 주장한다.

현재 한국의 지방정치와 관련하여 가장 중요한 이슈인 정당공천제도에 대해서 현역 기초의원들은 어떠한 의견을 가지고 있을까? 민족의 대명절인 중추절을 앞두고 있는 시간관계로 부분 광진구 구의

원들을 직접 인터뷰 하였다. 여러 가지 질의 중 정당공천제도의 찬 반유무와 남녀동석의석제도에 관해 인터뷰한 내용들을 제시해본다. 즉 "현재 큰 이슈가 되고 있는 기초의회 정당공천제에 대해 어떻게 생각하십니까?"라는 질의에 대해 유성희 광진구의원(새누리당 초선 의원)은 "유지하는 것이 바람직하다, 현역의원은 프리미엄이 어렵다, 정당공천을 폐지하고 무 공천 했을 때 신인발굴이 어려운 점이 있 다."13)라는 의견을 피력하였으며, 공영묵(새누리당, 초선)구의원은 "장단점이 있다는 것은 사실이고 시·구의원은 당과 무관한 점이 많 다. 그러나 정당공천을 선호 한다." 남옥희(새누리당, 비례대표)구의 원은 새마을운동을 통해 30여 년간 일해 왔기 때문에 추천을 받아 당선되었으며 정당공천에 별다른 의견을 제시하지 않았다. 안문환 (새누리당, 초선)은 "정당공천은 국회의원과의 종속관계에 있는 것 이기 때문에 정당공천을 배제해도 소속감이 없을 수 없다. 특히 소 속정당이 없으면 '정보단절'이 된다. 현재 광진구는 새누리당의 시의 원- 구청장- 국회의원이 없는 상황이다. 그러므로 국회의원들이 구 의원들까지 지역편중(민주당은 전라도 출신위주, 새누리 당은 경상 도)으로 몰아넣지 않는다면 정당공천은 여전히 필요하다."14)고 강조 하였다. 박삼례(민주당, 재선의원)은 정당공천에 대해 "찬성한다. 왜 냐하면, (공천이 없으면)유권자의 판단이 어렵고 정당 공천을 받지 않는다면 후보자가 검증되지 않기 때문에 최소한의 검증을 받을 수 있기 위해서는 정당공천을 받아야한다. 그러므로 최소한 정당에서 자격을 걸러 줘야 한다고 생각 한다."15) 고 자신의 의견을 강하게

---

13) 공영묵 광진구 구의원의 인터뷰 중에서, 2013. 9.19. 오전11시-11:50 공영묵 구의원사무실: 남 옥희 광진구 구의원과의 인터뷰 중에서, 2013. 9.19. 오후 3시-4시 남옥희 구의원실: 유성희 광 진구 구의원과의 인터뷰 중에서, 2013. 9.19. 오후 5시-6시30분 복지 위원장실.

14) 안문환 광진구의원과의 방문 인터뷰 중에서. 2013. 9. 17. 09:00-10:30.

15) 박삼례 광진구의원과의 방문인터뷰 중에서. 2013. 9. 17. 오후 2시-3시. 구의원실.

제시하였다. 이와 같이 광진구 의원들 중 설문에 응한 의원들은 대부분 정당공천을 선호 하고 있음을 알 수 있다. 그러나 안문환의원의 의견처럼 구의원들에 대한 '지역편중'의 공천이 되지 않도록 다양한 합리적 추천방법이 필요하다고 하겠다.

물론 여성단체와 양 정당의 여성위원장들은 강력하게 반대하였다. 기초의회선거에서 정당공천이 폐지될 경우 여성들의 의회참여가 줄어드는 것은 사실이기 때문이다. 이와 관련하여 '한국여성단체협의회'를 선두로 '국회여성가족위원회', '한국 여성 정책원'에서 정당폐지논쟁과 2014년 여성의원참여확대에 대한 세미나가 개최되어 심도 있게 논의되었다.[16] 그러나 포괄적인 의견들이 많이 언급되었고 기초의회에 국한한 심도 있고 구체적인 방안은 부족했다고 보여 진다. 과연 2014년 기초의회여성의원확대방안은 어떻게 해야 할 것인가? 이론과 실제적 방안을 중심으로 아래와 같이 제의한다.

5. 기초의회선거에서 여성의원의 진출확대 방안

선거는 정부의 정책결정에 필요한 인재를 양성하게 되며, 동시에 정치가들로 하여금 국민의 염원이 무엇인지 파악하여 그들의 민의를 정책에 반영하게끔 하고, 또한 부단한 민주주의의 선거에 의해 통치기구와 통치 권력이 새롭게 태어나는 역할을 한다. 그러므로 선거는 민주정치에서 뺄 수 없는 필수조건이며 반드시 거쳐야 할 과정이다(하영애, 2005). 기초의회의원 선거에서 정당공천제도는 지속되

---

16) '한국여성단체협의회'는 2013. 7. 22. '국회여성가족위원회'는 2013. 8. 21, "지방선거 여성정치참여 확대 방안 토론회"를 개최하였고 '한국 여성 정책원'은 2013. 9. 4 각각 학자 전문가를 초청하여 발표와 토론을 진행 하였다.

어야 하며 여성의 의회진출을 위해서 '남녀동석 당선제도'를 제의한다. 구체적인 방안에 대해 아래 다섯 가지로 설명 할 수 있겠다.

1) 정당정치와 정당공천은 민주국가의 초석

영국과 미국 등 선진 국가들의 정치의 핵심은 지방의회나 연방정치를 통해 정치권력이 분권화 되어 지역주민들 스스로 참여하는 지방자치가 토착화되었다는 점이다. 그리고 정당의 공천은 그 중심에 있다. 정당의 존립목적은 정치적 권력을 획득하는데 있다. 즉 선거를 통하여 유권자들의 권익을 대변할 수 있어야 하며 그 정당이 계속 집권하느냐의 여부는 바로 임기가 끝날 때 또다시 주민들과 국민들의 심판을 받게 되는데 그것은 집권기간의 업적을 평가 받아서 결정 된다. 즉 국민들은 그 정당을 보고 정당에 투표하는 경우가 점차 많아지고 있으며 이는 오늘날 선진 민주국가의 정당의 본질과 중요성으로 귀결될 수 있다. 또한 집권정당으로 하여금 국민의 대리자로써 지방과 국가의 업무를 효율적으로 집행하고 특히 지방은 생활정치로서 주민들의 실제생활과 직접 관련 있기 때문에 더욱 그러하다.

민주정치에서 지방정치의 사무는 그 지역주민 자신이 결정하고 처리하여야한다. 그러나 사실상 일반주민들은 자기의 지식과 능력에 한계가 있기 때문에 혹은 자신의 생활과 출로를 위하여 실지로 직접 정치에 대해 물을 수 없기 때문에 소수인을 선택해서 지방공공사무의 결정이나 입법과 집행을 전문적으로 책임지게 하지 않을 수 없다. 그러므로 후보자가 난립하지 않고 정당을 통해 보다 능력 있고 보다 검증된 사람들을 유권자가 선택할 수 있도록 하기 위해서는 기초의회 지방선거에서 정당공천을 지속적으로 시행해야한다. 지금 기초의회에서 정당 공천은 1991년 시행이후 22년 기간에 겨우 2회밖에 실천해보지 못했다. 이 8년 기간의 시행이후 정당공천제도 자체를 바꾼다는 것은 정당정치의 가치를 훼손하는 결과를 가져올 수 있다. 박근혜대통령을 비롯한 대선후보자들의 공약사항이긴 하나 심도 있게 다시 한 번 검토해볼 필요가 있으며 이 사안은 이미 헌재의 위헌소지가 있었음을 간과해서는 안된다. 그러므로 정당공천존폐의 이슈 중에 가장 근본적인 문제들, 예를 들면 당협 의장이나 국회의원들의 지방의원후보자 공천에서 자신들이 지지하는 소위 '충성도' 중심으로 후보자를 공천하거나 지나친 '지역편중' 등의 폐단을 해결할 방안들을 모색하여 바람직한 방안들을 개선하는 것이 필요하다고 하겠다. 현행 한국의 정당공천 제도를 유지하되 그 단점들을 보완할 필요가 있다.

2) 기존 중선거구 제도의 활용 및 보완

여성의원의 비율이 높은 국가들은 한 선거구에서 1인을 선출하는 소선거구보다 2인 이상을 선출하는 중・대 선거구 제도를 채택[17]하고 있기 때문에 여성의원의 의회진출이 대단히 높은 비율이다. 특히 대만은 2004년 8월에 '전국구 입법위원(立法委員: 한국의 국회의원선거에 해당) 1/2공천제도'의 헌법 수정안이 통과되면서 전국구의원 중 1/2은 여성의원을 공천해야한다는 규정에 따라 2012년의 국회의원 선거에서 대만의 여성 국회의원 비율은 33.6%로상승 함으로서 대만 선거사상 가장 높은 비율을 가져오게 되었다(하영애・오영달, 2013). 이 비율은 한・중・일 여성 국회의원 중 으뜸이며 동시에 동

---

17) 대만은 모든 선거에서 중대선거구제도를 채택하고 있다. 하영애, 『대만 현시의원 선거제도의 연구』(삼영사 : 1991) 참고.

북아 여성정치참여에 1위를 달리고 있다.

많은 연구자는 여성의원의 의회진출확대를 위하여 선거구 제도를 소선거구에서 중대선거구로의 개혁을 주장 한다. 왜냐하면 소선거구 제하에서는 상대적으로 남성후보자에 비하여 유능한 여성정치인 확보가 어렵고, 선거의 과열로 당선가능성이 낮기 때문에 정당이 여성 후보 공천을 기피하려는 경향이 있기 때문이다(송우현·전상근, 2010). 그러나 우리나라의 현행 지방선거법에 따르면, 하나의 자치구·시·군의원지역구에서 선출할 지역구자치구·시·군 의원 정수는 2인 이상 4인 이하로 하며, 그 자치구·시·군의원지역구의 명칭·구역 및 의원정수는 시·도 조례로 정한다. <개정 2005. 8. 4>라고 규정되어있다. 실제로 제5회 전국지방선거에서 지역구 기초의원 선거구 수 대 의원정수 비율을 보면, 선거구 수는 1,039이며 의원정수는 2,512명으로서 평균 2.4대 1의 비율을 보인다. 즉, 광역의회의원과는 달리 기초의회의원선거에서는 2인 이상 4명을 뽑고 있기 때문에 이미 중·대 선거구 제도를 채택하고 있음으로 이 제도를 활용만 하면 되는 요건을 갖추고 있다. 중선거구제는 소선거구제에 비해 비례성이 높고 사표를 줄이며 다양한 배경의 당선자가 배출될 수 있으며 선거구 규모가 커질수록 비례성이 증가된다(Cox, 1997). 중선거구제는 소선거구에 비해 이념정당이나 소수정당, 신생정당은 물론 무소속의 의회진입이 더 쉬워지는 경향이 있다. 반면에 정당이 난립하면서 다당화 됨으로써 정당체제의 유동성(Volatility)이 증가할 우려가 있다. 한국에서 중선거구제가 주목을 끄는 이유는 지역주의 완화효과에 대한 기대 때문이다(이준한, 2011). 2010년에는 4년 전 보다 중선거구제의 '성숙효과'가 확인되었다. 지역주의가 강한 부산, 대구, 전북, 전남, 경북, 경남에서 당선된 현직 기초의원은 전체 무소속 당선자의 81.2%이다. 이는 중선거구제임에도 불구하고 기초선거 정당 공천폐지가 정당 독식으로 인한 폐해를 지적하며 공천폐지를 주장하는 입장에서 소선거구 환원을 주장하는 것은 타당하지 않다고 할 수 있다. 이제 시행 2회 차에 불과하고 제대로 시행해 보지도 못한 중선거구제를 폐지하기보다는 실질적으로 중선거구제가 작동될 수 있도록 하는 방안이 우선되어야 한다. 예를 들면, 4인선거구 분할을 허용한 단서조항을 삭제하고, 4인 선거구의 비등을 늘릴 필요가 있다.

3) 비례대표수의 증가 요구

각 국가는 다양한 비례대표제를 도입하여 여성, 소수의 약자, 기능인을 정부정책에 참여시키고 있다. 특히 주민의 절반인 여성의 의회참여를 위해서는 당선할당제, 쿼터 제도, 비례대표제, 정당명부제 등의 제도를 채택하고 있다. 한국은 국회를 비롯하여 지방의회에 여성의 의회참여가 초기 0.5%(국회의원 200명 중 여성의원1명), 지방의회 각각 0.9%(광역의회, 기초의회)로서 동북아국가의 최하위수준이었으며 수년간 학자, 여성단체가 정치인과 각 정당을 방문하여 제도도입을 설명하고 다양한 세미나를 개최하여 수많은 여성들과 시민들에게 이해시켰으며 특히 신낙균 국회의원의 대표발의를 통해 여성당선할당제가 채택됨으로서(하영애, 2010), 한국여성정치사에는 새로운 물꼬가 트여지게 되는 계기를 마련하였다. 따라서 오늘날의 국회의원 15.7%(제19대 국회의원 300명 중 여성의원 47명)과 지방의회에서는 광역의회 14.8% (2010년 지역구여성의원 8.1% 비례대표 71.6%), 기초의회의원 21.7%(2010년 지역구 10.9%, 비례대표 93.6%)겨우 유지되고 있는 것이다. 이러한 여성의원들의 15.7%,

14.8%, 21.7%는 앞서 논의한 프랑스와 스웨덴의 남녀비례동석 50%와 비교하면 실로 엄청난 차이를 나타낸다고 하겠다. 주민의 생활과 직접 관련되어있는 생활정치의 현장인 기초의회의원선거에서 여성들에게 비례의석을 기존의 지역구 의석의 10%에서 50%로 늘리는 방안 혹은 최소한 30%로 늘림으로써 성인지적 정책에 도움을 줄 수 있을 것이며 또한 기존의 남성중심의 부정적 관행을 극복하는 데에도 큰 도움을 줄 수 있을 것이다(이현출, 2013).

4) 후보자와 당선자 증가를 위한 프로그램 강화

의회의 여성의석을 남녀동수의석제도를 시행하고 있는 국가들뿐만 아니라 많은 국가들의 정치참여를 보면 후보자가 많아야 당선자가 많게 된다는 것은 절대적인 현상이라고 하겠다. 기초지방의회에 여성의원이 많아져 지역주민들의 생활을 보다 편하게 하고 나아가 지방자치발전을 활성화하기 위하여 여성후보자가 많이 참여할 수 있도록 해야 한다. 앞서 역대 지방의회의 여성후보자 및 여성당선자 현황에서도 확인 되었듯이 여성으로 하여금 남성무대인 정치일선에 참여할 수 있도록 하기 위해서는 '후보자 증가'를 위한 실질적인 프로그램이 마련되어야한다고 본다.

첫째. 여성후보들은 조직과 경제면에서 비교적으로 열세하기 때문에 정치자금 확보를 위한 후보자신의 계획이 강화되어야 하고 생활정치를 위한 후보자들의 적극적인 준비가 필요하다. 또한 선관위는 여성추천 보조금을 확대해야하며(김원홍, 2013) 개인적으로나 정당 차원에서의 조직력 강화도 필수적이라고 할 수 있다. 둘째, 새누리당과 민주당 등 각 정당의 당규에 명시된 규정을 규정자체에 두지 말고 실행에 옮길 수 있도록 해야 한다. 후보자 추천위원회의 경우 100명 이상 당 내외 인사 중에서 여성을 40%이상 포함하도록 하는 규정이라든지, 공직후보자 중에 당 기여도가 높은 여성을 우선적으로 추천한다고는 하지만 전체 당원 중 여성당원이 많음에도 불구하고 고위직에는 여성이 턱없이 부족한 현실이다. 이는 선언적 규정이기 때문에 여성후보자 우대조항으로써의 역할을 하지 못하는 것이며(송우현·전상근, 2010, 254) 선거 때 마다 여성 인재(후보자)가 없다고 하면서 평상시 정당차원에서 인재를 양성하지 않는 점도 개선해야할 점이다. 셋째, '여성정치학교의 건립 및 상설화'가 필요하다. 기초의회여성의원들이 초선의원으로 시작하여 재선의원으로 진출하거나 한 단계 더 높은 광역의회의원으로 혹은 국회의원으로 도약하기 위해서는 다양한 교육을 통해 시야를 넓히고 경륜과 경험을 쌓을 필요가 있다. 그렇게 하기 위해서는 '여성정치학교 건립 및 상설화'를 통해 지속적인 여성정치후보자를 양성할 필요가 있다. 또한 대학이나 대학부설기관에 '여성정치교육'을 위한 과목이 개설(전경옥, 1999)되어야하고 한국여성정치연구소, 한국여성정치문화연구소, 한국여성유권자 연맹 등에서 실시해온 '차세대 여성 지도자 교육'이 지속적으로 실시되도록 해야 한다. 보다 거국적인 차원에서 세계를 리드할 여성정치인재를 양성하기 위해서는 일본의 마쯔시다 정경숙[18] 같이 전문적인 교육기관의 제도를 도입할 필요가 있을 것이다. 또한 여성의원들의 참정실태를 직접보고 느낄 수 있는 타 국가의 의회방문은 글로벌 시대가 요구하는 여성의원들의 견문을 넓히는 좋은 계기가 될 수 있다고 본다. 한 구의원은 노르웨이와 스웨덴의회

---

18) 마쯔시다 정경숙은 일본의 정치지도자를 양성할 목적으로 설립되었으며 교육기간 중에 장래 본인이 출마할 지역에서 예비정치인으로서 정견발표를 해보는 등 이론보다 실전에 더 중점을 두고 있다. 일본은 마쯔시다 정경숙을 통해 많은 정치인을 배출해내고 있다. 2003년 7월 8일 필자와 대학원생들의 마쯔시다 정경숙 방문 중 브리핑 중에서.

방문을 통해 티코를 타는 여성장관의 소탈함과 겸허함에 감회가 깊었으며 생활정치제도의 장점은 본받을 바가 많다고 술회하였다.19)

5) 한국의 기초의회 남녀동석당선제도 도입과 실행제의

한국은 헌법과 각 종 법규에 남녀는 모두 평등하다는 형식적 평등은 갖추고 있으나 실질적 평등은 요원하다. 여성들이 사회생활과 정치생활에서 실질적으로 유래하는 기존 불평등을 바꿔놓기 위해서는 혼성민주주의를 주장한다. 그리고 그 방법은 선거기능에서 남녀동수 참여를 통해 이루어질 수 있다. 남녀동수의 취지는 전체적으로 혼성인 국민을 표상하기 위해서는 '국민의 대표'가 전체적으로 혼성이어야 한다는데 있다. 이처럼 한국의 중앙의회기구인 국회에서 남녀동수가 이루어지는 것은 이상적 민주정치이겠지만, 먼저 기초지방의회에서 이를 위한 '남녀동석당선제도'는 이미 부분적으로 체제적 기반(예를 들면 중선거구)이 이루어져 있기 때문에 실질적 평등을 실천할 의지를 가지고 약간의 법규수정만으로도 가능하다고 하겠다. 이 세상은 여성과 남성, 두 성으로 이루어져있다. '남녀동석당선제도'가 여성만을 위한 제도가 아니라 동수를 통한 진정한 평등(equity by parity)을 이루어야한다. 다행히 <표 6>에서 보는바와 같이 유승희 국회의원 등 13명이 제19대 국회에서 남녀동석당선제도를 상정 해놓고 있는 것은 그만큼 지방의회제도에 여성의원들의 참여가 요구되고 있음을 반영하는 것이며 이 제도의 제안은 시의적절하다고 하겠다. 특히 제146조 제3항 "자치구·시·군 의원선거에서 남성후보자 및 여성후보자마다 1인 1표의 투표를 하도록 하고, 남성후보자·

---

19) 박삼례 광진구 구의원과의 인터뷰 중에서, 2013. 9. 19. 오후2시-3시 박삼례 구의원실.

여성후보자 별로 각각 후보자의 기호와 성명을 표시하도록 함'(안 제146조제3항)을 신설하여 구체화 한 것은 상당히 돋보이는 부분이다. 다만 이 법안이 제 17대 국회에 이어 제 19대에서도 또다시 부결 되지 않도록 하기 위해서는 동료의원수를 좀 더 확보한다던지 보다 적극적인 방안이 필요하다고 하겠다.

〈표 6〉 유승희 의원 등이 19대 국회에 제안한 '기초의회 남녀동수법안' 개요

법 안 명	공직선거법 일부개정 법률안		
상임위 회부일	2013-08-09	의안번호	6324
대표발의	유승희 국회의원	처리결과	안전행정위원회2013.8.12.회부

[제안이유]
2002년 지방선거 당시 여성 당선자가 3.2%였으나, 2006년 지방선거에서 13.7%로 확대된 것은 중선거구제, 기초의회 정당공천제, 비례대표제 도입이라는 제도적 기반이 있었기 때문임. 또한 2010년 지방선거에서는「공직선거법」개정을 통해 지방의회 의원 선거에 한해 여성의 무공천제를 도입함으로써 여성 당선자가 19.1%로 확대되었으나, 아직도 여성의 지방의회 참여율이 현저히 낮아 자치구·시·군의회의 주민대표성이 왜곡되고 있는 실정임. 이에 여성의 지방의회 및 국회 참여비율을 제도적으로 제고함으로써 명실 공히 양성평등의 정치참여 제도를 실현하려는 것임.

[주요내용]
가. 하나의 자치구·시·군 지역구에서 선출할 자치구·시·군의 지방의회 의원정수는 남성과 여성을 합하여 2인 이상 4인 이하로 함(안 제26조제2항).
나. 임기만료에 따른 지역구 국회의원선거 및 지역시구·도의원선거에서 전국지역구총수의 100분의30 이상을 여성으로 추천하도록 의무화하고, 비례대표지방의회의원 선거뿐만 아니라 비례대표국회의원선거에 있어서도 후보 중 100분의 50 이상을 여성으로 추천하지 아니한 경우 등록신청을 수리할 수 없도록 하며, 차후 발견된 때에는 등록무효 사유로 함(안 제47조제4항, 제49조제8항 및 제52조제1항 제2호).
다. 자치구·시·군 의원선거에서 남성후보자 및 여성후보자마다 1인 1표의 투표를 하도록 하고, 남성후보자·여성후보자 별로 각각 후보자의 기호와 성명을 표시하도록 함(안 제146조제3항 신설 및 제150조제1항).
라. 자치구·시·군의원선거의 당선인은 남성후보자 또는 여성후보자 별로 유효투표의 다수를 얻은 자 순으로 의원정수에 이르는 자로 결정하고, 보권선거의 경우 궐원 또는 궐위된 자의 성별에 따라 실시하도록 함(안 제190조제1항 및 제200조제1항).

자료 출처: 국회의안 정보 시스템 (http://likms assembly.go.kr/bill/jsp/BillDetail.jsp?)(검색일 : 2013. 8. 20)

필자는 기초의회 선거에 '남녀동석당선제도'를 주장한다. 구체적

으로 가능한 중요한 이유는 한국은 이미 2-4명을 선출하는 중선거구제도가 기초지방의회의원선거에는 시행되고 있기 때문이다. 다만 일정비율이상 여성이 선출되도록 법제화하는 것이다. 구체적인 방안을 제시하면, 한 선거구에 2명 선출 시 남녀 각각 1명씩을 선출하는 것이다. 남성후보자·여성후보자 별로 각각 후보자의 기호와 성명을 표시하도록 하고 유권자는 남성후보자와 여성후보자에게 각 각 1인 1표의 투표를 하도록 하며, 다수득표자를 각각 당선시키는 것이다. 한 선거구에 3명을 선출할 때에는 여성1명을 선출하는 방안도 무방할 것이며, 4명을 선출할 경우 남녀 각각 2명씩을 선출하면 된다. 그러나 '남녀동석당선제도'에 대한 반발을 최소화 하고 타협의 가능성을 높이기 위해서는 여성후보가 없는 선거구에는 남성 2명을 선출하는 방안도 무방할 것이다(김은주, 2013, 88). 이에 대한 광진구의 회의원들의 의견을 살펴보자.

"기초의회에 여성동등 의석제도를 채택하는데 대해 어떻게 생각하십니까?"라는 제도적 측면에 대한 질문에서 박삼례 의원은: "찬성한다. 왜냐하면 여성의원의 의정활동이 남성과 뒤지지 않는다. 노르웨이와 스웨덴을 방문하였는데 여성정치참여가 높음을 보고 놀랐다. 또한 그들의 생활을 보고 놀랐는데 장관이 티코를 타고 다녔으며 주 5일간의 근무가 끝나고는 정치인이 아닌 '자연인'으로 자신의 취미를 즐기고 다시 월요일부터 근무하는 것이 인상적이었다."[20] 안문환 의원은: "여성의원들이 섬세함, 정직성의 장점이 있다. 그러나 민생현장에 남성의 힘(수방관련)이 필요하다. 광진구는 이미 여성의원들이 40%를 차지하고 있음으로 인위적인 여성동등의석제도는 아직은 시기상조이다. 그러나 전공분야별로 교육, 노인복지, 회계 등에 여성

---

20) 박삼례 광진구 구의원과의 인터뷰 중에서, 2013. 9.19. 오후2시-3시 박삼례 구의원실.

들을 뽑는 방법을 제의 한다."[21]고 다소 부정적인 의견을 피력했다. 공영묵의원과 남옥희 의원은 여성동등의석제도를 찬성한다는 의견이었으며, 유성희 의원은 "지금은 일시적으로 이 제도가 필요하다."[22] 라는 의견을 피력하였다. 한국여성단체협의회 김정숙 회장은 "만약 정당공천제가 폐지된다면 여성이 당선을 확실하게 보장받도록 지방의원 의석의 30%를 여성에게 할당하는 '의석할당제'나 '남녀동반 선출제' 같은 제도를 도입해야한다"[23]고 제안했으며, 특히 한국여성정치연구소 소장 김은주는 '남녀동반 선출제' 는 남녀동수가치의 실현에 있어서 기회의 평등을 넘어 결과의 평등을 추구하는 점에서 어느 제도보다도 강력하다고 주장하였다. (김은주, 2013, 86-88)

이미 앞에서 논의하였듯이 프랑스의 남녀동수 의석제도나 스웨덴의 '두 명 당 한 명 꼴'의 50% 여성 동수는 여성과 남성을 진정한 양성평등의 정치로 자리매김하는 가장 바람직한 제도라고 하겠다. 중앙정치가 아닌 풀뿌리 지방자치의 발전을 위해 한국 여성의 실질적 평등은 2014년의 기초의회선거부터 '남녀동석당선제도'를 반드시 도입하고 시행해야 할 것이다.

6. 결론

양성평등은 정치에서 남녀의 평등이 이루어져야 가능하다. 한국에서 여성대통령이 선출되었다고 해서 양성평등이 이루어졌다는 성

---

21) 안문환 광진구 구의원과의 인터뷰 중에서, 2013. 9.19. 오전9시-10시 안문환 구의원실.
22) 공영묵 광진구 구의원의 인터뷰 중에서, 2013. 9.19. 오전11시-11:50 공영묵 구의원사무실: 남옥희 광진구 구의원과의 인터뷰 중에서, 2013. 9.19. 오후 3시-4시 남옥희 구의원실: 유성희 광진구 구의원과의 인터뷰 중에서, 2013. 9.19. 오후 5시-6시30분 복지 위원장 실.
23) dongA.com(검색일 : 2013. 7. 16.)

급한 생각을 해서는 안된다. 현재 박근혜 정부는 역대정권의 내각에서보다 여성장관비율이 현저히 낮은 것이 사실이다. 프랑스는 대통령만 남성이고 내각도 남녀동수내각이며 지방의회역시 남녀동수의회이다.

본 논문은 외국의 선거제도와 여성의원의 의회진출향상의 논거를 가지고 프랑스, 스웨덴의 남녀동수의석제도와 대만의 여성당선할당제 및 1/4성별비례원칙제도를 고찰하였다. 프랑스는 1999년 '남녀동수의석 법'를 헌법에서 통과시킨 후 여성들의 시의회참여가 22%에서 47.5%로 급증하였고 여성시장도 33명에서 44명으로 증가하였다. 그리고 금년 1월에는 '남녀평등최고회의'를 발족하였다. 혹자는 이를 여유 있는 자들의 여유로운 선택이라고 생각할지 모른다. 그러나 이것은 프랑스가 여성의 참정권을 비교적 늦게 획득하였고 주변국에 비해 터무니없이 낮았던 여성의 지위, 출산율, 고령화 등으로 인한 사회보장제도의 위기가 어떤 나라보다도 강하게 불어 닥친 난제를 극복하기 위한 창의의 산물이다. 앞서가는 선택이 아닌 전례 없는 변화에 적응하기 위한 위기대응의 산물에 가깝다(김은경, 2013). 프랑스는 이제 인구 1000명의 지역에도 이 제도를 적용하고자 제의해놓은 상태이다. 스웨덴은 특히 정당공천에 있어서 남성과 여성을 50% 추천하고 있으며 이러한 영향으로 2005년 선거에서 사민당과 좌익당의 여성공천 비율이 각각 50%, 48%를 기록함으로써 여성의원 비율은 41%까지 올랐다. 2006년에는 여성의원비율이 47.3%까지 올라가는 등 평균 45% 내외를 유지하고 있다. 대만은 초기 여성당선할당제도에 의해 모든 선거에서 여성은 최소 10%비율을 유지하였으나 그 후 1/4 성별비례원칙에 의해 여성의원비율이 향상되고 있으며 타이페이 시(臺北市) 시의원의 경우, 2002년 선거 시 32.54%에서 2006년 선거에서는 36.54%의 비율로 나타났고, 까오슝 시(高雄市) 시의원은 2002년에 22.73%였으나 2006년 선거에는 36.36%로서 14%가 크게 향상되어 주목을 받고 있다. 최근의 2010년 향진시민대표 선거에서 후보자 수 총3,818명중 여성후보자는 806명으로서 21.11%비율을 나타내고 있으며 당선자는 총 2,322명 중 여성후보자는 527명으로서 22.7%를 기록하고 있다.[24] 후보자 숫자의 증가와 더불어 당선자도 높게 나타나고 있다.

본 연구를 통해 우리는 프랑스, 스웨덴의회의 남녀동등의석, 대만의 여성당선할당제도 및 성별비례원칙제도가 하루아침에 이루어진 것이 아니라 오랜 기간 다양한 과정을 거치면서 이루어진 것을 알 수 있었다. 그리고 이 제도와 밀접한 관계에 있는 사상가들을 비롯하여 많은 여성 지도자들, 여성단체, 학자들, 여성정치가들을 통해 제도는 형성되고 또한 그 나라 국민들이 관련 제도를 받아들임으로서 점차 변화 발전되어 왔음을 고찰하였다. 그리고 이러한 제도를 채택하는 국가들의 여성참여는 타 국가와 비교하여 당선자와 후보자수가 크게 향상하고 있음을 알 수 있었다.

본 연구의 결과 기초의회에 '남녀동수 의석 당선제도'를 주장한다. 그 이유는 첫째, 진정한 양성평등은 남성과 여성이 정치에서부터 동수를 이루어야 한다는 것이다. 이는 인류의 양성성에 대한 이론적 실제적 성찰이다. 둘째, 중·대선거구제도는 한 선거구에서 1명을 선출하는 소선거구제도보다 여성들의 의회참여 향상에 큰 도움을 준다. 이미 한국은 기초의회에 중·대선거구 제도를 시행하고 있기 때문에 그 방안은 구체성을 보완하기만 하면 된다. 셋째, 기초의회는 교육, 복지, 육아, 지역문화 등 생활중심정치로써 여성들의

---

24) 출처: http://eppm.shu.edu.tw/file/da100_c.pdf(검색일 : 2013. 9. 20)

섬세하고 깨끗한 모성 경험을 바탕으로 주민들의 삶의 질 향상과 지역사회 및 지방발전에 기여할 수 있기 때문이다. 넷째, 기초의회의 의정활동에서부터 '남녀동수 의석 당선제도'를 채택함으로써 국정의 중추가 되는 국회의원선거에서도 이 제도를 추진할 수 있는 단초를 마련할 수 있는 점이다.

3장_성(性)중심적 사회의 와해—조화를 지향하는 양성평등 공동체 추구

* 미래는 여성적이다
  - 근대성과 페미니즘-에서
* 한손엔 막강한 권력이 쥐어져있고 다른 한손엔 때로는 '자아'를 잃어버린 채 행해야 하는 의무들이 산더미처럼 쌓여 있는 게 우리 나라 남성들의 현실이다
  남성연구-때론 밉지만 함께 가야할 반쪽에 대한 보고서-에서
* 다가오는 동아시아 시대는 동양의 아름다운 정신문화와 서양의 물질문명이 조화된 종합문명 사회가 되어야 한다
  조영식-오토피아-에서

1. 서론

오랜 옛날에 인류가 무리를 지어 공동의 생활을 시작 했었다. 이때는 앎이 모자라 대자연에 대한 두려움은 있었으나 최소한 남성과 여성, 여성과 남성사이에는 오늘날과 같은 반목, 불평등, 비인간적인

관계보다는 서로가 가족과 무리공동체를 위해 역할구분 없이 평안한 생활을 하였다고 여겨진다. 그러나 오늘날 우리의 생활은 과거보다 더 편리해지고 더욱 풍요롭고 더욱 과학과 되어 왔는데도 행복하거나 평화롭지 못하며 오히려 불평등한 생활을 하고 있다. 여권론자들은 모권제 사회의 존재에 대해 강한 주장을 하고 있다. 모권제의 짧은 기간에 비해 남성중심의 새로운 부권제사회는 오래도록 현대사회를 유지 발전시켜왔으나 가부장제라는 제도에 의해 많은 여성들은 억압, 불평등, 비인간적인 생활을 하여왔다. 학문분야에서도 여권론자들은 남녀불평등, 여성해방운동을 중심주제로 연구를 거듭하여 남녀평등문제에 적지 않는 변화를 가져 온 것도 사실이다. 그러나 현대사회에서도 형식적 평등은 있으나 여러 가지 실질적 평등은 아직도 요원하며, 여성관련 불평등은 여전히 커다란 사회문제로 제기 되고 있다. 이러한 불평등의 원인은 가부장제도에 기인하며 가부장제는 정치, 사회, 교육은 물론 모든 분야에 만연해 있기 때문에 이에 대한 논의는 대단히 중요한 과제라고 할 수 있다.

그러나 한편 남성들 역시 갖가지 어려움을 안고 있다. 특히 한국사회는 '남성다워야' 하는 고정 관념들이 '여성다워야' 하는 고정관념 못지않게 사회에 팽배하고 있어서 남성 자신들이 본연의 의도와는 다르게 행동하는 경우도 없지 않거니와 현실적으로 위기에 직면하고 있다. 뿐만 아니라 IMF 영향으로 고개 숙인 가장들, 가정기피 증후군 현상, 심지어 황혼이혼 등 남성들이 느끼는 심리적 사회적 역차별, 역 평등 또한 적지 않아서 남성사회도 점차 와해되어 가고 있는 실정이다. 따라서 본 연구는 성(性) 중심적 사회의 와해-조화를 지향하는 공동체라는 주제로 다루어 보고자 한다. 본문에서 여성 중심적이란 구체적으로 고대사회의 모권제를 중점적으로 다루며 남성

중심적 사회란 가부장제를 지칭한다. 모권제사회의 와해와 위기에 처해있는 가부장제의 와해에 대한 연구를 통해 21세기 대안문명으로 조화를 지향하는 공동체를 추구해본다.

무엇을 조화라 하는가? 한자에 계집 '女'와 아들 '子'가 함께 복합되어 좋을 好를 구성하며 중국어로는 '하오'好 로 발음 한다. 뜻은 좋다, 멋있다, 동의한다, 훌륭하다는 의미로서 중국에서 가장 많이 쓰이는 용어의 하나이다. 여성과 남성, 남성과 여성은 함께 있기만 해도 그 자체로서 좋고 어느 한쪽이 없는 경우 삭막하고 쓸쓸하고 빈 것 같이 모양새가 없다. 가정도, 작은 모임도, 사회조직체도 세계 각 국도 마찬 가지 일 것이다. 이와는 반대로 남녀가 함께 어울림은 아름다움의 극치이다. 한 예로 얼마 전 중국 산동성에서 개최한 국제대회에서 남녀노인으로 구성된 개막행사는 조화의 극치였다. 60세-80세로 이루어진 이들 혼성의 16명의 율동은 저 나이에도 저렇게 아름다울 수가 있구나 하는 감탄과 함께 조화의 의미를 새삼 일깨워줬다. 조화는 한글사전에 따르면, 충돌이나 모순됨이 없이 서로 적당하게 잘 어울림. 고르게 하여 알맞게 맞춤으로 설명하고 있다. 영문에서의 harmony 는 조화, 화합, 일치를 나타내고 있어 더욱 함축성이 있으면서도 이해를 돕고 있다.

현대사회는 여성중심의 모권제 시대도 와해되었고 남성중심의 가부장제 역시 흔들리거나 와해되고 있다. 왜 모권제와 가부장제는 와해되었는가? 남녀의 진정한 조화를 지향하는 공동체는 불가능한가? 본 연구는 인간이 사회생활을 추구하는데 있어 화합, 평등, 행복 등 인간적인 인간을 추구하는 바람직한 남녀의 조화지향 공동체를 모색하는데 있다. 이를 위하여 우선 공동체 관련 주요개념에 대해서 살펴보자.

2. 공동체 관련 주요 개념

우리 인간이 살아가는 목적은 여러 가지 가 있을 수 있으나 궁극적으로는 생존을 위한 욕구충족과 자아실현을 위한 가치추구에 있다고 하겠다. 이는 또한 공동체의 이상과도 무관하지 않는다고 하겠다. 공동체의 개념을 한마디로 요약하기는 쉽지 않다. 퇴니스는 그의 저서 『게마인샤프트와 게젤샤프트』에서 게마인샤프트는 공동체의 여러 가지 속성들을 내포하고 있다고 보았다. 그는 사회적 실체와 인간의 의지를 연관시키고 본질의지에서 나타나는 어떤 사회적 실체를 게마인샤프트(공동사회, 공동체)라고 부르며 반면에 선택의지에서 나타나는 부분적 사회관계를 게젤샤프트(이익사회)라고 불렀다.[1] 또한 그는 게마인샤프트를 물리적인 공간이나 사회관계의 형식보다 행위의 동기와 가치 측면에서 기술하려 했다. 그러나 퇴니스가 게마인샤프트가 혈통, 장소, 정신적 차원으로 구성된다는 것을 강조함으로써 다차원적 속성을 가지고 있다고 보았다. 그의 이런 다차원적 요소는 힐러리(Hillery, 1955)의 공동체의 세 차원-지리적 공간, 상호작용, 공동의 연대-에서 체계화 되었다. 그 외에도 공동체가 무엇인가에 대한 다양한 견해를 찾아 볼 수 있다. 사회학자 조지 허버트 미드는 공동체를 '인간 간의 상호 교환망'으로 보았다. 그는 사회 과정이 인간들의 단순한 신체적 욕구충족을 위한 방편이 아니라 자아형성의 과정이며 이상추구의 불가피한 조건으로 보았다. 미드는 인간의 존재를 타인과의 관계, 즉 '상호작용interaction'으로 보며 이러

---

1) 퇴니스의 공동사회란 취향, 습관, 또는 신념에서 의지된 형성체를 말한다. 예를 들면 부모와 자식간의 관계, 형제간과 촌락 공동체내에서의 이웃간의 관계, 자율적인 폴리스police, 그리고 신조협동체 산앙 단체 등을 들 구 있다. 『퇴니스. 공동사회와 이익사회, 황성모 역, 만하임, 이데올르기와 유토피아, 황성모 역』 삼성출판사 ; 1982. 11. pp. 17-18.

한 관계를 통하여 자신과 타자가 함께 사회적 존재로 발전해 간다고 보았다.[2] 헌터(Hunter, 1975)에 의하면 공동체는 ①생계욕구를 충족시키기 위한 기능적 공간적 단위이며, ②유형화된 사회적 상호작용의 단위인 동시에, ③집합적 정체성을 가지는 문화적·상징적 단위이다. 그래서 공동체는 대인관계에만 국한되지 않고 경제적 생산, 소비, 분배와 같은 집합현상이며 사회화나 정치적, 행정적 기능들을 포함한다.[3] 무엇보다도 공동체는 다차원적 개념으로 지리적 영역과 특정 집단에 대한 소속감, 그리고 공동의 목적을 가진 정신적 연대의 전일적(holistic) 실체를 말한다. 그러나 공동체 개념은 유동적이며 그 말이 적용되는 구체적인 대상이나, 그 말을 쓰는 사람에 따라서 그 뜻이 달리 이해될 수 있다.[4]

그리고 마즐리쉬(Mazlish, 1989:167)는 퇴니스가 상호작용을 두 측면에서 설명하고 있음을 지적했다. 그 하나는 생계활동의 망 web of relations이며 다른 하나는 인간관계의 망 net of relations이라 하여 상호작용이 인간의 기본적인 두 욕구-생존과 자아실현-에 기초하고 있음을 보여주었다. 그러나 퇴니스가 가장 큰 관심을 가졌던 게마인샤프트의 속성은 자본주의적 이해타산에 물들지 않은 본연적 인간의 상부상조였다.[5] 무엇보다 다양한 개념규정들을 총체적으로 분석한 사람은 조지 힐러리다. 그는 1900년대 초부터 1950년대 초 사이에 이루어진 공동체 문헌을 분석한 결과 공동체가 지리적 영역 geographic area, 사회적 상호작용social interaction, 공동의 연대 common ties의 세 차원으로 구성되어 있음을 발견하였다.[6] 이들 세 차원의

---

2) 강대기, 『현대사회에서 공동체는 가능 한가』, 아카넷, 2004, 2. p. 49. 재인용
3) 강대기, 『현대사회에서 공동체는 가능 한가』 p. 93. 재인용
4) 김남선·김만희. "지역공동체와 사회자본과의 관계에 관한 연구," 『지역사회개발 학술지』Vol.10, No.2., 2000. p. 4.
5) 강대기, "패러다임 변화와 공동체의 통합개념 구축", 숭실대 농촌사회학, pp. 5-7.

특성을 살펴보면 다음과 같다.

첫째, 지리적 영역은 사회현상의 시공간차원의 속성으로서 사회적 활동이 이루어지는 구체적인 장소이며 사회적 상호작용을 가능케 하는 상황조건이 된다. 또한 지리적 단위로서의 공동체는 경험적 차원의 위치뿐만 아니라 사회적 단위로서의 지속성과 변화에 대한 정보를 제공한다. 또한 하비는 인간의 현상인식과 행위가 시간과 공간개념에 기초로 하고 있기 때문에 시간과 공간을 인간의 기본범주라고 했다.[7] 또한 르네상스 문명원 출범의 국제학술회의 '21세기 대안문명을 말한다' 의 기조연설에서 정화열 교수는 횡단성(transversity)이란 개념으로 시간에 대해 더욱 큰 의미를 부여하고 있다.[8] 조영식 박사는 그의 저서 오토피아에서 시간에 대해 '시간은 영속성을 가지고 처음과 끝이 없으며, 과거와 현재와 미래를 무한히 꿰뚫는 가운데서 사물의 변화와 생멸을 성립케 하며 유한(有限)에서 무한(無限)으로 흐른다고 제시하며 시간과 함께 공간, 환류, 실체의 4기체의 개념을 정리한 바 있다.[9] 시간이란 이를테면 통신기술이 발달하여 공간개념에 변화가 오면 그 공간에 관련된 모든 현상인식에 변화가 오기 때문에 기술발전에 의한 시공간질서의 변화는 현대사회의 구조를 변화시키는 근본요인이 된다는 것이다. 따라서 강대기 교수는 시간과 공간은 절대적 대상이 아니라 '추상화' 될 수 있는 상대적 대상이라고 제시한다.[10]

---

6) 강대기, "패러다임 변화와 공동체의 통합개념 구축", 숭실대 농촌사회학, pp. 6-7;

7) 하비, 1994:250, 강대기, 현대사회에서 공동체는 가능한가, p.283. 재인용.

8) Hwa Yol Jung, "On Humanity in Transition : The Past, Present, and Future", International Commemoration of the 24th Anniversary of the UN international Day of Peace, After Ideology : The 21st Century Talks, Keynote Speech., pp. 7-9.

9) 조영식 박사는 오토피아에서 주의 생성론을 원리론으로 전승화 이론을 작용론, 기능론으로 발견하고 이 4기체를 전승화 이론의 개념으로 제시 하고 있다.

10) 강대기, "패러다임 변화와 공동체의 통합개념 구축", 숭실대 농촌사회학, p. 6.

둘째, 상호작용은 인간은 대인관계를 통해서만 생물학적 욕구를 충족시킬 수 있을 뿐만 아니라 사회적 자아의 실현이 가능하다. 이러한 면에서 미드의 상호작용은 불가피하게 공동체적이라는 것을 말한다. 상호작용은 사회조직을 설명하는 기본개념으로 공동체의 시작이라 할 수 있다. 사회적 상호작용은 인간관계의 망과 조직, 그리고 사회체계 및 제도를 포괄하는 일반적 개념으로 공동체가 형성되고 유지되는 과정이며 잠정적인 구조를 말한다.

셋째, 공동의 연대는 상호작용의 결과로 나타나는 심리적, 상징적, 문화적 현상을 말한다. 이런 현상 가운데 가장 중요한 것은 구성원 간의 일치감과 협동정신이다.

강대기 교수는『현대사회에서 공동체는 가능 한가』라는 저서에서 공동체에 관한 폭넓은 연구를 통해 공동체의 개념은 이 세 가지 속성을 벗어날 수 없다고 강조한다. 즉, 농경사회에서의 공동체는 지리적 여건, 사회적 상호작용, 공동적 연대의 세 가지가 하나로 통합된 실체로 파악 되었고, 산업화 이후 교통과 통신의 발달에 따라 해체되는 과정을 겪어왔으나 공동체의 기본적인 이 속성은 변하지 않았다.[11] 그러므로 공동체는 인간들의 의지를 실현하려는 활동무대, 타인과 더불어 살아가는 '삶의 장 life field' 라고 할 수 있다. '삶의 장'이란 인간이 육체적 생존과 이상추구를 위해 타인과 작용하는 물리적 사회문화적 범주를 말한다.

비록 공동체가 하나의 사회조직 형태를 취하지만 본 연구에서는 분석의 편의상 그 속성을 세 차원-물리적 차원으로서의 지리적 영역, 사회적 차원으로서의 상호작용, 문화적 차원으로서의 공통의 연대-으로 나누어 살펴보도록 한다. 그리고 이 연구의 초점은 근대사

---

11) 강대기, 현대사회에서 공동체는 가능한가, pp. 282-286.

회에서 갈등관계를 유지해 온 성 역할관계가 어떻게 조화를 이루어 하나의 공동체를 이룩할 수 있는가에 맞추어져 있다. 즉 여성과 남성이 삶의 장인 공동체에서 인간적인 삶을 추구하기 위해 어떻게 상호작용을 통해 상부상조하여 평등사회, 화합사회, 협동사회를 구현할 수 있는가 하는 것이 이 연구의 궁극적인 목표이다. 이러한 목표를 달성하기 위해 본 연구는 공동체의 출발점인 상호작용이 어떠한 성역할 관계로 이루어져 왔으며 또한 그러한 상호작용이 어떠한 물리적, 사회 문화적 상황과 관련되어 있었는가를 시계열적으로 살펴보려고 한다. 그러면 먼저 상호작용이 어떻게 사회적 제도를 형성하게 되는가를 간략히 살펴보도록 한다.

1) 상호작용

공동체는 개인들 간의 상호작용에서 시작된다. 상부상조하는 사회체계나 공동체문화는 반복되는 대인관계를 통하여 형성되는 것이다. 따라서 공동체의 유형이나 특성은 그 공동체성원들이 어떠한 내용과 형태의 상호작용을 하는가에 달려 있다. 상호작용은 개인 또는 집단 간의 사회관계를 가리키지만, 일반적으로 집단보다는 개인 간의 사회관계를 의미 한다. 이러한 상호작용은 두 차원의 역학적 관계로 이루어지는데 하나는 행위의 주체자인 자아 또는 개인이며 다른 하나의 요소는 행위자가 처한 상황조건이다. 그러나 행위자는 단순한 구성요소이기 보다는 행위체계로 이해하는 것이 바람직하다. 즉 행위자는 신체적 개체가 아니라 사회화된 행위자로서 상호작용의 중심을 이룬다.

파슨스는 인간사이의 사회적 상호작용을 분석하기위해 단위행위라는 개념체계를 개발했다. 단위행위는 상호작용의 주체자인 행위자 actor, 행위자가 처한 물리적, 사회 문화적 상황조건 (situational condition), 행위자가 지향하는 행위의 목표 goal, 그리고 이러한 목표를 이루기 위하여 행위자가 처한 물리적, 사회문화적 상호조건 가운데서 동원하는 수단들(means)로 구성된다. 또한 나아가 이러한 단위행위에서 가장 중요한 요소가 행위자인데 그는 행위자를 인격체계로 보았다. 인간에게는 이 인격체계가 있기 때문에 자아의 상황판단 능력과 사회적 상황을 평가하는 능력도 갖추고 있다고 보는 것이다.[12] 따라서 공동체 연구에 있어서 그 출발점이 되는 인간관계, 즉 사회적 상호작용에서 개인의 동기도 중요 하지만 상호작용의 상황조건[13]도 공동체의 제반현상을 이해하는데 중요하다고 하겠다.

본문의 사회적 상호작용은 인간관계의 망과 조직, 그리고 사회체계 및 제도를 구성하는 사회과정(social process)으로서 공동체를 형성 유지 시키는 과정으로 잠정적인 구조를 갖게 된다.

2) 제도/제도화

파슨스는 사회적 상호작용의 유형화 과정을 제도화(institutionalization)라 하였다.

사회관계는 거의 모든 제도화된 행위유형에 따라 이루어진다. 물

---

12) 강대기, 현대사회에서 공동체는 가능 한가 pp. 171-172. 재인용.
13) 자아의 행위 동기는 거의 전적으로 주어진 상황조건에 의해 강화되거나 약화된다.
하나의 실례를 들면, 상황조건 즉 시공간적 영향으로 인해 혹은 행위자(남성이나 시어머니) 사회에서 차츰 변화되고 있는 시대적 상황에 의해 좋게 받아들이고 그대로 답습 및 사회화 하고 있다고 볼 수 있다. 구체적으로 살펴보면 시어머니가 며느리를 위해 가사를 분담하거나 손주들을 돌보아준다거나 계속적으로 학업에 증진하게 하며 심지어 며느리를 유학시키는 사례도 적지 않게 보아온다. 물론 이 경우 시어머니는 경제적 요인에 의해 행동할 수 도 있으나 이는 과거생활에서는 도저히 찾아볼 수 없는 일로서 현대사회에서 이미 시어머니들이 변화하고 새로운 시대관습을 받아들이고 제도화 되어가는 한 측면이라고 할 수 있겠다.

질이나 추상적인 가치에 대한 교환, 상호간의 느낌이나 정서의 공유, 대상에 대한 심미적 판단의 일치, 다양한 상호작용의 내용이 유형화 된다. 그리고 제도화된 행위양식은 주관적 상황정의에 의해 끈임 없이 수정 보완 된다. 조선시대 초기의 남녀공동재산의 분배, 딸에게도 동등한 비율의 토지와 노비를 분배하는 제도, 남편의 처가살이[14] 등은 남성중심의 지배사회에서 남성이나 일반사회대중 들에게 무의식적으로 일상화되었으며 오랜 세월동안 가부장제도의 악습으로 자리 잡아서 남녀불평등 사회를 지속시켰다고 하겠다.

공동체 성원들의 상호작용이 '습관화(habitualization)' 되는 과정을 '제도화'라 한다. 인간은 행위가 발동하기 위해서는 많은 규범들 중하나를 택하게 되는데 습관화된 규범체계는 전통이나 전례라는 일반화된 행위원칙으로 정당화 된다.[15] 왜 여성들은 과거의 억압, 불평등, 관습, 인습의 제도에서 벗어나지 못 하였는가? 예를 들면 열녀, 순절, 전족 등은 사회가 이들에게 표창하고 3대에 이르기 까지 열녀 효녀들을 칭송함으로서 여성들은 자기목숨이나 희생함으로서 가문에 영광을 가져오는 이 악법적인 제도를 받아들이고 심지어는 기꺼이 죽음을 다투어 택하기도 하였다.[16] 이와 같이 어떠한 심리적 부담 없이, 때로는 무의식적으로 같은 습관을 계속하게 되고, 다양한 습관적 행위가 행위자들 간에 호혜적 관계로 정착되면 사회제도로 정착 된다.[17] 가부장제도는 이러한 습관이 동시대 여성들에게 받아들여지고 찬미되어짐으로서 더욱 굳건한 자리를 지켜나갔다고 하겠다.

---

14) KBS 역사 스페셜, 조선시대여성은 어떻게 살았는가, 2002. 9. 20.
15) 강대기, 현대사회에서 공동체는 가능한가, p. 235. 재인용.
16) 하영애, "5.4 운동 시기 중국여성운동의 연구", 한국정치학회, 하계학술회의 발표논문, 2005.8.10. p. 9.
17) Berger and Luckmann, 1967, p. 154 ; 강대기, 현대사회에서 공동체는 가능한가, p.235. 재인용.

제도는 어떻게 변화 하는가? 제도화의 과정을 통하여 형성된 공동체는 구성원들이 당연시하는 습관으로 물화 된다. 물화(reification)란 오랫동안 관습화되어 온 공동체의 제도들은 외적 환경변이에도 안정을 유지하는 자율성을 갖게 된다. 따라서 공동체의 전반적인 변화는 혁명적인 외적 충격 없이 쉽게 일어나지 않는다. 공동체인 기틀인 제도가 상호작용을 통하여 형성되었기 때문에 공동체의 제도변화는 상호작용을 통한 제도화 과정을 통해서만 근본적으로 수정, 보완될 수 있다.

본 논문의 제도에 대해 말하면 여성문제와 관련한 각종 제도여하에 따라 당시대 여성들은 억압 받기도 하고 여성의 권한을 발휘하기도 하였다. 한국의 조선시대 중기-후기의 여성차별과 여성이 받아야 했던 각종 사회제도는 봉건시대의 폐쇄적인 수절, 정절 강요로 관습화되어 비인간적인 억압제도들을 양성케 하였으며, 또한 참정권제도, 모성보호제도, 남녀 차별 철폐제도, 호주제도 폐지 등은 여성들이 권한을 발휘하고 의식변화와 시대정신에 입각하여 꾸준한 노력한 결과로 이루어진 양호한 제도라 하겠다. 그러나 이러한 제도는 또한 시대의 변화와 환경의 변화에 따라 존재하기도 하고 폐지되기도 한다. 또한 하나의 기존제도 혹은 신제도는 기타 기존제도 혹은 신제도에 영향을 끼칠 수 있으며 그 제도로 하여금 본래의 성질과 작용에 변화를 일으키게 할 수 있다.[18] 특수한 제도라 할 수 있는 모권제와 부권제(가부장제)에 관해서 공동체와의 변화차원에서 논의해보자

---

18) 제도는 조직구조에 있어서 중요할 뿐만 아니라 하나의 제도는 사회대중의 반응여부(베도를 배척하느냐, 받아 들이느냐)에 따라 폐지되기도 하고 채택되기도 한다, 하영애, 『대만지방차지선거제도 에 관한 연구』, 삼영사, 1991. 제1장.

3. 모권제, 부권제와 여성 억압

인류는 대체로 오스트랄로피테쿠스에서 시작하여 호모사피엔스, 호모사피엔스사피엔스 단계를 거쳐 진화해왔던 것으로 보고 있다. 한반도에서도 평양 역포구 대현동 동굴에서 호모 에릭투스에 속하는 역포인 에서부터 호모사피엔스(네안데르탈인)에 속하는 덕천인과 호모사피엔스 사피엔스계인 승리산인에 이르기까지 인류 진화 단계를 보여주는 화석인골 들이 발견되었다.[19] 공동체는 개인들 간의 상호작용에서 시작된다. 인류사회의 초기생활은 성역할이 분화되지 않은 공동생활을 했으며 앎이 모자라 넉넉하지는 않았지만 협력하며 공동으로 가정생활을 영위해 나갔다. 흔히 우리는 "이전에는 여성이 지배하는 모권제 사회가 있었다."라고 알고 있으며 지난 몇 년 사이에 우리사회에서는 "모권제 사회"를 둘러싼 논쟁이 있었다. 이 모권제 사회의 존재에 대해 살펴보는 것은 하늘의 절반의 성에 대한 이해 차원에서 필요하다고 할 것이다. 모권사회가 어떻게 출현이 가능한가는 여성과 남성 간의 상호작용을 통한 모권제의 제도화로 가정된다. 그리고 이러한 제도화 과정은 전통적인 사회관습과 수렵과 채집 및 농경의 생태학적 상황과 밀접한 관련이 있는 것으로 추정된다.

1) 모권제 논의

19세기 경에 인류는 모계에서 부계제로 진화되었다고 하며, 진화론적 발전단계로 설명되고 있다 1861년경 바호펜(Bachofen) 모권론

---

19) 김선주, "고교자료를 통해 본 원시·고대의 여성, 한국여성연구소 여성사 연구실 지음, 『우리 여성의 역사』, 도서출판 청년사: 2004. 9. p. 32.

연구에서 인류초기 구속 없는 성생활을 함으로서 자녀들이 아버지를 모르기 때문에 혈통적으로 모계만을 따지게 되고, 그 결과 여성이 확인할 수 있는 유일한 어버이로서 존경받게 되어 여성 통치의 모권사회를 이루게 되었다고 주장하였다. 모르간(Morgan)은『고대사회』에서 고대 아메리카 인디언인 이로코이 족의 실태조사를 바탕으로 한 저서에서, 일반적으로 모계적 혈통이 부계적 혈통에 선행했으며 모계에서 부계제로의 변화는 재산이 증가하고 또 아버지를 확실히 인지할 수 있게 되면서 가능해졌다고 제시 한다. 또한 인류는 야만-미개-문명의 3단계를 거쳐 진화했으며 혼인의 형태도 사회의 진화에 따라 난혼- 푸날루아혼- 대우혼-일부일처제의 단혼으로 변하게 되었다고 설명한다. 또한 엥겔스Engels 는 1891년『가족, 사유재산, 그리고 국가의 기원』에서 이러한 학설을 계승하여 야만시대 인류는 집단혼으로 모계사회만이 확인 가능했기 때문에 모계사회를 이루었고, 미개사회가 되면서 고정되는 대우혼으로 대체되었지만, 모계 씨족사회로서 재산은 남자의 여자형제 후계자에게로 상속되었다. 그러나 문명사회에 이르러 사유재산과 함께 결혼제도도 일부일처제로 바뀌면서 부계제가 확정되고 여성은 자녀생산의 도구로 전락했다는 것이다[20] 이해를 돕기 위해 가족형태에 대해 알아보자.[21]

---

20) 김선주, "고고 자료를 통해 본 원시 . 고대의 여성", pp. 30-31.
21) 가족의 단계는 몇 가지로 구분할 수 있다. 첫째 혈연제 가족형태이다. 이 가족 형태에서는 부모의 세대와 자식의 세대간의 성교는 금지되며 동일한 세대에 속한 성원은 상호간의 남편이자 아내이다. 둘째, 푸날루아 가족에서는 남매간의 성교가 금지되고 특히 모계에 속하는 남녀간의 결혼이 금지 되었다. 혈연가족에서 푸날루아 가족으로의 발전은 우생학적인 자연도태 법칙에 기인하는 것이었다. 이 가족은 가까운 촌수의 자매들이 한 가정의 핵을 구성하고 이들은 그 가정에 속한 남자들(형제가 아닌 남자들)을 공동 소유했다. 이러한 남편들은 서로를 치밀한 동반자, 혹은 배우자라는 의미에서 '푸날루아(Punalua)'라고 불려졌다. 남자 형제들 역시 마찬가지로 자신의 자매들을 제외한 다수의 여성을 공동의 아내로 가지고 있었으며, 아내들끼리 '푸날루아'라고 불렀다. 이 푸날루아 가족의 특성은 일정한 가족 범주 내에서의 아내와 남편들의 공유이다. 셋째, 가족 형태는 대우혼 가족이다. 부족이 발달하고, 금혼의 대상인 '형제' '자매'의 계층이 불어남에 따라 각각의 남성과 각각의 여성은 많은 여자와 많은 남자 중에서 본처와 본부를 택하게 된다. 이 관계는 남녀 어느 쪽에서건 결혼 관계가 쉽게 끊어 질 수 있으며, 별거 후에도

백남운 역시 1973년 <조선사회경제사>에서 신석기 시대의 무계급 씨족사회에서 혈연가족(군혼)- 푸날루아혼-대우혼 가족으로 가족형태가 바뀌는 것을 주장했다. 북한에서도 구석기는 원시무리사회, 신석기를 모계사회로 청동기는 부계 씨족사회로 파악하였다. 김선주는 "고고자료를 통해서 본 원시, 고대의 여성"에서 신석기 문명혁명의 주인공을 여성으로 평가내리고 있다. 그는 "1만 2천 년 전 쯤 신석기 시대 농경은 식량채집 단계에서 식량생산 단계의 질적 변화를 가져와 인류최초의 혁명인 신석기혁명을 일으켰다. 그런데 농경의 실마리는 구석기 시대여성들이 담당했던 채집활동에서 시작 된 것으로 여겨지고 있는 만큼 인류최초의 혁명의 주인공은 여성이라고 할 수 있다." 라고 주장하고 고고자료를 통해 분석한 결과 유물에서 나온 뼈, 바늘, 바늘통 및 토기, 의류 등 이 원시고대의 여성의 것으로 확인하였다.

또한 많은 자료에 의하면 여성은 '지모신'으로 숭상되었는데 이는 중국 요녕성 여러 곳에서 출토한 여성상과 일본 죠몽 시대 출토한 여성 토우상 등을 근거로 임신과 출산담당자로서의 여성이 생산과 번식의 신비한 능력을 가진 상징적 존재로 부각되었다고 제시한다. 흥미

자녀는 이전처럼 여전히 어머니에게만 속한다. 그러나 대우형 가족은 약하고 불안정한 것이어서 독립가족은 필요불가결한, 혹은 바람직한 형태로 만들 수 없었고 결코 이전부터 내려온 공동체적 가족을 파괴 시킬 수도 없었다. 공동체적 가족이 여전히 파괴되지 않았다는 것은 가정 내에서의 여성의 우세를 의미하는 것이었다. 부친은 여전히 확실히 인정될 수 없었으므로 모친이 대신 존경받게 되는 것이다.
그러나 사유재산이 발전하면서 이 공동체적 가족은 일부일처제로 변화되었다. 즉 가축의 사육과 노예제도가 이전에는 생각지 못한 부의 원천이 되었으며, 그것은 가족의 소유물로 변화되었다. 이러한 부가 가족의 사적 소유로 전환되고 증대하기 시작하면서 대우혼과 모권제 부족에 기초한 사회에 일격을 가 하였다. 가축의 소유자인 남성이 죽으면 그의 가축들은 우성적으로 그의 형제와 자매, 그리고 그의 자매의 자녀, 혹은 그의 이모들의 자녀들에게 상속되곤 하였다. 그의 친 자녀들은 상속받지 못하였다. 그러나 사적 소유의 발전은 이와 같은 과도기적 상황을 타파하지 않을 수 없었다. 결국 부계중심의 일부일처제가 이루어졌다. 심정인, "여성운동의 방향정립을 위한 이론적 고찰", 여성 1, 허위의식과 여성의 현실, 창작과 비평사,1985. 12. 15. pp. 209-210;정현백, "새로 쓰는 여성의 역사 원시. 고대편 -모권제 논의를 중심으로, 여성 1. 변혁기의 여성들, 창작과 비평사, 1990. 4. 재판, pp. 256-257.

로운 것은 현대에는 여성의 평균연령이 남성보다 높게 나타나지만, 당시 구석기 시대에 사람의 수명은 40세를 넘기지를 못했으며 남성은 약 40세, 여성은 약 33세를 나타내어 여성보다 남성의 수명이 더 길었다. 신장은 성인 남성이 약 155센치인 반면, 성인 여성의 신장은 약 144센치 로서 남성과 여성의 신장차이는 약 11 센치로 구석기 시대부터 성별에 따른 신체적 차이가 나타났음을 알수있다.[22]

신라시대에서는 여왕들이 탄생하였고 남성보다 더 우위적인 신분을 가지고 있었으며 이러한 여왕시대는 단지 선덕여왕(632-647)으로만 끝난 것이 아니라 진덕 여왕(647-654)대를 이어 240여년 뒤인 진성여왕(887-897)의 시대로 까지 이어졌다. 뿐만 아니라 신라시대의 최대의 왕릉인 98호분 표고형쌍분(票瓠形雙墳)의 기록을 보면 국왕보다 왕비의 묘가 규모나 장식 모든 면에서 더 화려하고 성대히 장례한 것을 볼 수 있는데 이는 여성우위와 여성의 제사장적(祭司長)적 왕자의 신분을 설명할 수 있다.[23] 이와 같이 신라여왕들이 한 국가의 최고 통치권자로서 지위를 부여 받을 수 있었던 배경은 역시 신라만이 가질 수 있었던 여성과 남성의 평등문화에 기인한다고 하겠다.[24]

근대사회에 접어들면서 가장 큰 변화는 자본주의적 산업구조의 확산과 교통기술의 발달이었다. 18세기 서구에서 시작된 산업혁명은 19세기 초에 절정을 이루면서 범세계적 근대화 과정으로 나타났다.

---

22) 김선주, "고고 자료를 통해 본 원시·고대의 여성", p. 34.
23) KBS 역사스페셜, 왜 신라에만 여왕이 있었나, 2002. 8.20
24) 신라여왕들이 탄생할 수 있었던 배경에는 물론 전임 왕 들의 슬하에 아들이 없기도 했으나 여왕들의 통치력 또한 남성 국왕에 뒤지지 않은 용맹과 과단성을 엿볼 수 있다. 예를 들면, 선덕여왕의 후임 진덕여왕은 자신의 여왕즉위에 대한 '반란'이 있었음에도 불구하고 진덕여왕은 이를 진압하고 당당히 왕위계승을 하였다. 또한 진덕은 외교에서도 통치력을 발휘하여 군주로서의 면모를 갖추는가 하면 중국과의 '라·당 외교'를 구축하여 당나라에 청병(병력을 요청)하여 백제를 물리치는 등 남자 왕 이상의 통치력을 발휘하여 신라를 빛낸 인물로 기록 되고 있다. 하영애, "신라시대 여왕들의 통치스타일 비교분석", 『밝은사회운동과 여성』, 범한서적 출판: 2005. 2. pp. 308-309.

이런 시공간의 변화는 공동체의 개념에 중요한 지리적 영역이 모호해 진다. 모권제사회는 점차 와해되면서 남성중심의 사회로 힘이 쏠리게 되었다. 앞에서 설명한 자료를 통해 우리는 여성이 고대 사회, 신석기 시대 혹은 신라시대를 통해 남성우위에서 여성의 역할을 발휘해 온 것을 알 수 있었다. 그러나 왜 여성들은 모권제를 계속유지하지 못하고 부권제 사회로 넘기게 되었는가? 심정인은 부권제사회의 출현은 노동과 관련되어있다고 제시한다. 그는 여성종속의 기원에서 다음과 같은 구절을 중시하며 '모권의 전복은 여성의 세계사적 패배'라고 주장한다. 그녀는 말하기를;

> "부의 증대에 비례하여 한편으로는 가족 내에서 남성의 지위가 여성보다 더욱 중요하게 되었고, 다른 한편으로는 그의 자녀들을 위하여 상속의 전통적인 질서를 타도하기 위해서 이 강화된 지위를 이용하려는 충동이 생겨났다. 그러나 이것은 모권에 따른 가계(家系)가 인정되는 한에서는 불가능한 것이므로 모권은 타도 되어야 하고 또 타도되었다. ----이런 혁명은 한 부족의 전 구성원 중 어느 누구하나 침해 하지 않고도 일어날 수 있었기 때문이다. 남자성원의 자식들은 그들의 아버지 부족에 양도되어 있음으로 그녀의 부족에서 제외 되어야 한다는 단지 하나의 법령으로 족했다. 그리하여 여성혈통에 의한 가계승인과 상속의 모권적 법령은 타도되고 남성혈통에 의한 상속의 부권적 법령이 이를 대신 하였다. 이러한 혁명이 문명인들 사이에서 언제, 어떻게 일어났는지는 우리가 알지 못하지만 그것은 완전히 역사 이전의 시대에 속한다. 그러나 그것이 일어났다는 것은 지금까지 수집된 수많은 모권의 흔적들로서 증명되고 남는다---모권의 전복은 '여성의 세계사적 패배'였다." 25)

다른 하나는 사유재산과 일부일처제 가족과의 관계에서 부권제로 바뀌었다는 주장이다.

---

25) 심정인, "여성운동의 방향 정립을 위한 이론적 고찰", 『여성』1,허위의식과 여성의 현실 창작과 비평사, 1985. p. 207.

부의 증대(사유재산의 발전)와 더불어 역사의 어느 순간엔가 모권 혹은 모권제의 전복이 일어나고 여성의 종속이 시작되었다는 것. 그와 더불어 그 가족 형태는 일부일처제의 형태를 지니게 되었다는 것, 또한 계급의 발생과 일부일처제 가족의 발생(여성종족의 발생)과정은 완전히 일치하는 것이다. 이를 좀 더 자세히 살펴보면 사유재산의 발생은 계급의 발생을 가져왔으며 이는 한편 일부일처제 가족을 발생하였다. 일부일처제적 가족과 사유재산과는 어떤 관계가 있을까? 사유재산이 발생하기 이전에는 인간 노동력은 그 노동력의 소유자 본인 아닌 다른 누구의 지배도 받지 않았지만 사유재산제 발생과 더불어 이제 인간의 노동력은 더 이상 노동력의 소유자 자신의 것이 아니게 되었다. 결국 사유재산제의 발생과 더불어 인간의 노동력을 재생산하는 여성의 노동 역시 타인의 지배 하에서 이루어졌다. 즉 상속자의 확보와 피지배계급의 노동력을 계속적으로 확보하기 위한 메카니즘이 일부일처제적 가부장제 가족제도였다.

혈연가족에서 대우혼까지의 발전이 우생학적 경로였다면 대우혼에서 일부일처제로의 전환은 사유재산의 발전에 따른 사회제도인 것이었다. 따라서 여성이 종속적 상황을 상징하는 가부장제적 일부일처제의 출현을 보게 되었다. 무엇보다도 남성에게 일부일처제가 필요했던 이유는 자신의 재산을 상속받는 자신의 확실한 자식이 필요했기 때문이다. 이를 위해서 여성의 정절이 강요되었으며 여성은 마치 노예와 같이 남성에게 예속되었다. 결국 사유재산의 발생과정은 계급의 발생과정인 동시에 가부장제적 가족제도의 발생 과정이기도 했던 것이다.[26] 모권제는 생산력 증가와 사회변화에서 남성에게 권력을 이양하게 되었고 금속무기를 사용한 전쟁 등을 통해 무력

---

26) 심정인, "여성운동의 방향정립을 위한 이론적 고찰", 여성 1, 허위의식과 여성의 현실, 창작과 비평사,1985. 12. 15. p. 210.

적인 힘에 대한 가치가 부각 되면서 여성들의 사회적 지위에 변화를 가져왔다고 하겠다.

현대사회에서는 사회, 국가의 핵심 분야에서 경제적 활동가, 권력가는 남성중심으로 이루어져 왔다. 그러나 고대사회에서는 지금까지 알려져 왔던 것과는 다르게 생산에 있어서 여성이 더욱 중추적 역할을 해왔다는 연구결과가 제기 되고 있다. 조혜정은 『한국의 여성과 남성』에서 "식량 획득의 70-80%는 여성의 채집과 작은 짐승 수렵에 의해서 충당되며 남성이 가끔 가져오는 식량(고기)은 '귀한' 음식물로 취급되나 그것이 없다고 사회의 존속에 위험이 온다고 보기는 힘들다"고[27] 제시하였으며 이러한 사회는 분화가 적고 전문적 정치지도자 등의 역할도 없으며 남녀가 모두 각자의 자율성을 상당히 누린 사회이었다.

또한 김선주는 '여성이 담당했던 채집은 사냥(수렵)에 비해 오히려 안전된 식량을 제공했으며, 또한 채집은 일정한 경험과 지식의 축적을 요구해 도구 발명 등 인류문명을 발생시키는 계기가 되었다. 인류최초의 혁명의 주인공은 여성이다 [28] 고 제시함으로서 '남자는 위대한 사냥꾼', '여자는 조용한 채집가'[29]에서 혁명의 주역을 여성으로, 그리고 여성의 채집식량의 중요성을 새롭게 제기했다. 이는 공동체가 추구하는 목적이며 인간이 살아가는 두 가지 목적 중의 하나인 생존을 위한 욕구충족의 실권을 여성이 가지고 있었다고 하는 측면에서 새롭게 조명되고 있다.

---

27) 조혜정은 Slocum. S.(1975), "Women the Gatherer : Male Bias in Anthropologist," Toward an Anthropology of Women, ed. R. Reither, New York : Monthly Review Press 와 Martin, M.K. and B. Voorhies (1975), Femail of the Species, New York: Cloumbia University Press. 의 참고자료를 인용제시하였다. 조혜정, 『한국의 여성과 남성』, 문학과 지성사: 1988, p. 235.
28) 김선주, "고고 자료를 통해 본 원시·고대의 여성" p. 29.
29) "인간 진화에 있어서의 성" 마가렛 L. 앤더슨, 이동원, 김미숙 등 역, 『성과 사회학』 pp. 66-70.

강대기 교수는 현대사회의 공동체는 전통적인 공동체의 관점에서 설명 될 수 없는 새로운 측면들을 많이 가지고 있는데 이러한 상황을 '공동체 패러다임의 변화'로 분석하고 있으며 힐러리의 공동체의 세 차원을 다시 분화시켜 시공간차원의 변화, 사회적 차원의 변화, 문화적 차원의 변화로 제시 하고 있다. 무엇보다도 후기 산업사회의 패러다임의 변화는 단순한 기술발전에서 초래되기 보다는 기술발전을 가능케 하는 사회, 문화적 요소들과의 상호작용의 결과로 보아야 한다. 사회적 상호작용은 특정 시간과 공간 속에서 이루어지기 때문에 최근까지 대부분의 공동체적 활동들은 지리적 영역 속에서 이루어졌다. 주어진 교통수단은 공간의 범위를 개념화하는 변수가 되고 개념화된 공간의 범주는 상호작용의 기본적인 상황조건이 된다. 이런 면에서 전통적 공동체 개념에 가장 큰 변화는 시공간질서의 변화에서 비롯되었다고 하겠다.

시공간차원의 변화란 물리적 공간 확대로 설명 될 수 있는데 이는 좁은 촌락에 머물러 있던 농경사회의 공동체가 거대도시 공동체로 성장하면서 행정, 교육 및 문화는 각기 다른 지리적 영역으로 나타난다. 또한 이들 기능들은 교통시설의 확충으로 그 영역을 날로 확대하였다. 이러한 변화는 공동체의 개념에 가장 중요한 지리적 영역이 모호해지는 동시에 상대적으로 사회적 상호작용과 공동의 연대 차원이 공동체의 정체성 확인에 중요하게 되었다. 문명사에서 가장 극복하기 어려웠던 시간과 공간의 극복은 공동체구조 전반에 근본적인 변화를 초래하였다.[30]

하비는 교통과 통신기술의 발전에 의한 시간단축은 곧 공간의 축소를 의미한다고 했다. 그의 시공간 압축 (time-space compression) 개

---

30) 강대기, 현대사회에서 공동체는 가능한가, p. 10.

념은 시간과 공간의 객관적 성질들이 통신기술에 의해 급진적으로 변하여 생활세계의 표현방법을 근본적으로 바꾸는 과정을 말하며 '지구촌의 축소'에 대해 말한다.[31]

공동체 구성의 근간을 이루는 신뢰[32]는 특정 장소에서 반복된 오랜 시간의 상호작용의 결과이다. 시공간 압축은 바로 공동체 구성원 간의 신뢰체계를 붕괴시킨다는 면에서 통신기술의 발달은 공동체 변화에 근본적인 변화를 가져오는 원동력이 된다. 시공간은 압축될 뿐만 아니라 서로 분리된 상태로 사회조직에 영향을 미친다. 이런 시공간의 분리 중 가장 극적인 변화는 사이버 공간의 출현이다. 사이버공동체에 대해서는 주목적이 아니므로 설명을 줄이기로 한다

2) 부권제, 가부장제와 여성억압

고대사회에서의 가축과 채집이 남성과 여성의 중요한 업무와 역할로 구분되어 왔던 여성중심의 모계사회는 알려진 바와 같이 여성이 70-80%의 생필품을 전담하게 되었고 생존이라는 차원에서 볼 때 여성은 자질구레하나 실제적인 일을 많이 담당하였고 나름대로의 힘을(권한)을 발휘하였을 것이라고 추측할 수가 있다. 그러나 교통, 통신시설의 발전과 시공간의 압축으로 산업사회가 근대사회의 생활세계로 바뀌면서 점차 남성중심의 사회로 변하게 되었다. 그러나 이는 단순히 사회의 행위 주체가 여성에서 남성으로 바뀌었다는 주체의 변화뿐만 아니라 사회의 전 생활조직체계에서 남성은 힘(육체적인 힘, 권리)을 강화하여 남성 중심사회를 정착시키고 가부장제라는

---

31) 강대기, "패러다임 변화와 공동체의 통합개념 구축", 숭실대 농촌사회학, p. 5.
32) B. Misztal, Trust in Modern Societies : The Search for the Bases of Social Order, Cambridge UK: Polity Press : 1996, pp. 67-69.

새 제도로 고착 시켰다.

다양한 여성문제의 개념을 가부장제라는 틀로 묶은 것은 케이트 밀레트의 '성의 정치학'(1971)을 통해서였다. 밀레트는 여성을 억압하는 힘이 가부장제에서 온다고 정리하면서 가부장제는 모든 사회 관계에 내재 되어있다고 주장했다. 그는 가부장제는 카스트와 계급, 봉건제와 관료제 등 어떤 형식을 막론하고 정치, 경제, 사회 전 영역을 포괄한다. 물론 역사적 시기와 장소에 따라 유형은 다르지만 원리는 같다.[33] 마르크스 혹은 사회주의 여권론은 여성억압의 원인은 자본주의의 구조 및 가부장 제도에서 비롯된다고 가정한다. 급진주의 여권론자들 역시 가부장제 그 자체를 여성억압이 성립될 수 있는 일차적 원인으로 설정하고 있다.

가부장제란 무엇인가? 가부장제란 남성에 의한 여성 지배를 뜻한다. 그 지배의 양상은 단순한 동물 세계에서의 지배현상과는 달라서 사회제도와 문화적 차원의 기제를 매개로 한다.[34] 우리나라의 가부장제에 대해서는 두 가지의 상반된 의견이 대립되어 주목을 끌어왔다. 하나는 "한국여성들의 권한은 이미 너무 세어서 여권신장을 할 필요가 없다"는 주장인데 이런 주장을 하는 여성들은 전통적으로 모권이 강했다는 점, 여성이 결혼 후에도 성(姓)을 남편의 성으로 갈지 않았다는 점, 그리고 현대에 와서도 여성이 경제권(소비권)을 쥐고 있다는 것을 강조하고 있다. 이와는 반대로 "한국 여성들은 극히 억압적인 가부장 사회에서 비인간적인 대우를 받아왔다"는 주장을 하는 이들은 전통적인 칠거지악, 재가 금지법, 정절의 규범과 호주제

---

33) 이정옥, "1,2,3 차로 진보 거듭하는 여성의 '존재선언", 현대사상 키워드 60-지성인으로 거듭나기, 신동아 2004년 신년호 특별부록, pp. 188-189.: 쥴리에트 미첼, "여성의 지위", P. 스트럴/A.재거 편저, 신인령 역, 여성해방의 이론체계, 풀빛, 1983. pp. 242-243
34) 조혜정, 한국의 여성과 남성, p. 58.

의 존속(50여년간 요구 후 최근에 폐지되었지만)을 강조 해 왔다. 이 두 가지 견해는 나름대로 각 각 어느 정도의 타당성을 지닌 것으로 받아들여야 할 것이다. 이는 그 만큼 한국 사회의 가부장제가 안고 있는 문제가 단순하지 않다는 것이다.

한국의 가부장제는 통일신라 때부터 제기 되고 있지만 여기에서는 조선시대를 중점으로 다루기로 한다. 여성의 행동상의 규제가 수절과 정절을 중심으로 비인간적인 관습으로 발전되는 현상은 여러 연구에서 알 수가 있다. 정절의 핵을 이루는 과부의 재가금지의 관습은 1474년 경국대전에 법규화 되어 정절 이데올르기를 강화시켰다. '몰락한 양반층에서는 열녀가 난다는 것이 가문을 일으키는 길이 되기도 하였고, 천인층에서는 신분상승의 기회가 될 수 있었다는 것이다. 이로써 열녀의 행태는 더욱 과격해지고 남편이 죽으면 자살을 하거니와 외간 남자에게 손을 잡혔다고 투신자살하는 일이 일어나게 되었다. 이렇게 여성으로 하여금 살신케 하는 정절 이데올르기는 한편 여성억압의 극단적인 지표이면서 또 한편으로는 당시의 여성의 역할이 사회적으로 매우 중요하였음을 알려준다. "아들을 낳으면 충신, 딸을 낳으면 열녀"라는 속어에서 열녀가 사회적으로 크게 칭송되었다는 사실을 알 수 있다.

당시의 여성적 삶의 사회적 조건은 '칠거지악'이라는 처벌의 조항에서 여실히 나타난다. "여자의 일곱 가지 내쫓김이 있으니 부모에게 순종하지 않으면 내쫓으며 아들을 낳지 못하면 내쫓으며 음란하거나 질투하거든 내쫓으며---" 문장의 의미대로 당시 여성의 목표는 시집에서 쫓겨나지 않고 견디는 길밖에 없었다. 그러나 이런 고달프고 억압된 여성의 생활이 시집살이의 연륜이 경과되면서 점차 자식들로부터 응분의 보상을 받게 되는데 이는 자궁가족을 통해서 가능했다. 울프(wolf)는 한국과 비슷한 유교적 전통을 가진 중국을 연구한 후, 중국여성의 삶에 성취적. 획득적인 성격이 두드러진다는 점을 강조하면서 '자궁 가족(uterine family)'의 개념을 소개했다. 남편의 집에 시집온 젊은 여성은 점차 자신이 낳은 핏줄을 집안에 더해가면서 그들을 통해 자신의 세력을 구축해간다. 자궁가족 내에는 자신이 낳은 자녀들과 며느리가 포함되며 남편은 별로 중요한 자리를 차지하지 못한다. 주목할 점은 이 자궁가족은 구성원에게 공식적 가족 못지않게 구속성을 갖는다는 점이다. 울프는 유교적 가부장제가 여성을 상당히 흡수할 수 있었던 근거는 바로 자궁가족이 있었기 때문이며 여성의 노후의 이러한 보상은 여성으로 하여금 억압을 자발적으로 받아들이게 만들었다고 보았다. 즉, 세대간의 차별이 성적 차별을 상쇄시킬 수 있었던 것이다. 조혜정 교수는 한국가부장제의 유형을 (표1 참조)구조적 특성, 성역할, 지배의 기제, 권위의 특성, 인성의 특성으로 분석하고 있으며 조선중기, 조선조말-1960년대 그리고 1960년대 이후와 후기산업사회로 분류하여 제시하고 있다. 지면 관계로 구체적 설명을 부연하지 못하지만 이 표는 한국사회의 가부장제도를 이해하는데 함축적인 묘사를 하고 있으며 중요한 메시지를 담고 있다고 하겠다.

1960년대 이후 새로운 가부장적제는 남성이 경제적 활동을 독점하고 여성은 가정에 머물면서 정서적 역할을 담당하게 된다.

서구 가부장제의 자본주의적 변형을 경제적 기반의 변화와 이데올로기적 차원의 변화로 나누어 살펴본 해밀톤은 이를 잘 분석 하고 있다. 경제적 차원에서 살펴보면, 봉건제의 물질적인 기반이 무너지고 공장제 생산이 이루어짐에 따라 남성의 노동은 사회적인 임금노동으로, 여성의 노동은 무보수 가사노동으로 이분화 되고, 노동시장에 참여하지 않아도 되는 중산층 여성들은 부와 지위의 상징적인 지표이자 정서적인 인간관계의 전문가로서 '가정전담주부'라는 특수한 삶을 영위하게 된다. 즉, 전문직 직업 활동에 집중하게 된 남편을 쉬게 하고 자녀를 양육하는 일에 전념하는 가정의 관리자인 주부중심의 핵가족이 현대의 이상적 가족으로 대두되었다.

일제시기를 거쳐 현대사회에 형성된 '현모양처' 이데올르기는 낭만적 사랑을 강조한 '성공하는 남편, 사랑받는 아내'형태로 발전 된다. 최근 30여 년간 급속한 경제성장은 이러한 핵가족주의 사회를 상당히 보편화시켰으며 그 존속의 기제도 전통적인 유형이라기보다는 현대적인 특징을 두드러지게 띠게 되었다.

조선조 가부장제는 공식적 제도와 이데올르기를 통해 여성을 극도로 억압해 왔으나 다른 한편 다수의 여성은 가부장의 어머니로서 막강한 권력을 행사해 왔다. 이러한 전통적 가부장제는 일제시대를 전후한 역사적 혼란기를 통하여 변화하였다. 공식적 영역은 축소되고 남성적 영역이 줄어들고 어머니의 실질적 권한이 확대된다. 모중심의 가족의 성격은 두드러지나 이념상으로는 여전히 삼종지도의 규범과 아버지의 상징적 권위가 강조되어왔다.

〈표1〉 한국가부장제의 유형

	조선중기	조선조말~1960년대	1960년대 이후	후기산업사회
구조적특성	· 농경사회; 소규모 경영 · 유교적 혈연, 가족주의; 직계가족이 이상형 · 남존여비 이념; 사랑채/안채의 구분	· 외세에 의한 공업 자본주의화 · 부계적 가족주의; 소규모가족 단위의 생존 · 자유주의 이념; 교육·취업상의 기회 균등 원리도입	· 대규모 공장제생산/ 자본주의 및 경제 우선적 사회 · 부부중심의 핵가족 선호 · 남녀평등 이념과 일터/가정 분리	· 정보, 서비스사회. Soft 지식사회, 여성사회 · 민주적 가족, 다양한 형태의 가족과 비 혈연 공동체

성 역 할	남성-공식적 대표권, 토지·제사 상속권, 양반; 관료·선비·상민; 경제 생산 남성-혈통계승자 출산, 경제 생산(살림 일으키기) 봉제사·접빈객(열녀) 남성 세계보완	남성-유학, 독립 운동, 임금 노동으로 부재·공허한 가장권 여성-여 가장, 생존의 책임, 지위 재생산과 자녀 양육 및 교육전달	남성-경제 생산·사회적 대표권 여성-정서적 역할, 자녀교육, 가사노동, 가계관리(알뜰주부, 복부인, 치맛바람)	·각자의 선택과 합의에 따름. ·성 역할 고정관념의 극복
지 배 의 기 제	·법제적 규제와 성 역할 분담 ·부계 혈연주의; 부덕, 삼종지도, 출가외인 의식 ·여성들의 안채문화;본처/첩 ·모성 강조	·비인간적인 제도 (축첩제, 재가금지 등) 폐기 ·자유주의 여성운동의 좌절 ·신복고주의-현모양처, 모성찬양	·남성에 의한 경제 영역의 독점 ·남성다움, 여성다움 신화; 낭만적 사랑과 부부애 중심의 고립된 가족	·모든 종류의 일방적 통제와 기제는 쌍방적 상호작용 형태로 바꿈. ·의사 소통력 강조
권 위 의 특 성	·친족조직중심의 가부장권, 부권 ·모권(자궁가족과 효, 연장자로서의 예우)-안채의 주인/권좌 배후의 권력자로서의 여성	·부의 권위는 상징화 됨;공허한 대표권 ·모중심가족 여성 자신들에 의한 가부장제의 유지 (아들에 집착)	·여성의 고립, 남성 간의 유대 ·부(夫)권의 강화 ·엄마주의 momism; 감정적 자원 중심, 과잉보호	·분산된 권력과 권위 ·공/사 개념의 재규정
인 성 적 특 성	남성-명분적·정서적·의존적 여성-실리적·도구적·독립적(고된 시집살이)	남성-나약한 지식인, 실향민 여성-실리적 생존인, '센 한국여성'(가족집단의 생존을 책임짐)	'성공하는 남편 사랑받는 아내 상' 남성-도구적·독립적 강조 여성=정서적·의존적 강조	·양성성 ·개성

자료출처 : 조혜정, 한국의 여성과 남성, p.149 참조 후 필자 재구성.

　조선조의 가부장제는 공식적 제도와 이데올르기를 통해 여성을 극도로 억압해 왔으나 다른 한편 대다수의 여성은 '가부장의 어머니'로서의 막강한 권력을 행사해왔다. 안채의 주인으로서, 정승을 낳은 어머니(최정승 과 어머니) 그리고 명분사회를 뒷받침한 주요 행위자로서 여성은 사회의 공식적 비공식적 인정을 받아왔던 것이다.
　모계사회에서는 '여성 중심적 사회'가 형성되어 남성보다 여성이 우위에 있었다. 그러나 인류사회는 짧은 모계사회의 쇄락을 거쳐 긴

세월을 '남성 중심적'사회인 가부장제도가 지배하여왔다. 삼라만상은 우주의 섭리에 의해 변화하고 영원불변한 것은 아무것도 없다는 오토피아의 저자 조영식 박사의 대명제와 같이 짧은 모계사회를 가졌던 여성 중심적 시대를 거쳐 남성 중심적 시대의 장구한 역사는 모든 영역에서 가부장제에 의한 여성억압이 있었다.

여성은 가부장주의의 남성 중심적 사회에서 봉건주의의 병폐가 갖고 있는 관습과 인습으로부터 수많은 억압을 받았고, 각종 성차별을 비롯하여, 형식적 평등과 실질적 평등에서 야기 되는 갖가지 정치적, 법률적 사회적 제도로부터 억압과 차별을 받아왔다.[35]

이상의 여러 설명에서 알 수 있는 바와 같이 여성억압의 근본적인 문제가 가부장제와 관련되어있기 때문에 어떻게 남녀가 함께 평등하고 화합하고 협력하는 조화로운 공동체로서 역할을 모색 해야할지 새로운 가치를 정립해야 할 것이다.

가부장제도와 관련한 여성의 억압관련 사례는 너무 많아서 일일이 열거하기에는 지면이 부족함으로 몇 가지 사례만을 예시하고자 한다. 원시사회에 이어 고대사회 신라시대까지의 여성은 상당한 위치에 있었으나 통일신라시대부터 여성에 대한 유교관습이 강화되었고 조선시대 중기부터 여성은 인격체적 인간으로서 살아갈 수가 없었다. 효부, 열녀제도 등의 기제들이 유교적 사회풍습과 더불어 여성들의 삶을 더욱 비참하게 만들었다. 가문을 빛내기 위한 여성들의 순고한 죽음은 인습-지속적인 습관-제도화로 강화되면서 국가에서는 표창으로 까지 고착화 시키니 폐쇄주의 국가에서 여성의 삶은 비인간적인 것이었다. 이러한 관습이나 상황들은 타 국가에서도 대동소

---

35) 하영애, "권력구조에서 여성의 정치참여 확대 방안", 김정숙 편, 여성과 정치,한국여성정치문화연구소 1, 1992 : 河暎愛, "當代韓國女性參與政治與社會活動的 研究", 北京大學中外婦女問題研究中心・香港珠海書院亞洲研究中心 공동주최, <亞洲婦女問題的檢視與展望>, 國際學術研討會, 2004. 12.17- 12.20. 참고

이하였다. 일본에서 여성은 '주인님'으로 호칭하며 남편의 노예로서 생활하였고,[36] 중국에서도 절부, 삼종사덕(三從四德)의 제도,[37] 봉건 사회의 전족 등 여성생활은 모두 인간적인 대우, 인격적인 대우와는 거리가 먼 생활이었다. 그러면 당시 이러한 여성들의 억압이나 불평 등한 생활은 왜 바뀌지 못 하였는가? 이는 아이러니 하게도 그 당시 의 제도, 자궁가족(uterine family), 정절 이데올르기 등이 중년 여성 들로 하여금 남성의 허물을 덮어주고 심지어 축첩을 일삼는 남편을 두둔해 주는 상황조건으로 문화적 사회적 차원의 변화를 이끌어 내 지 못했다고 하겠다.

다시말하면 여성은 당시 사회풍조인 시대사조에 따라 여성의 삶 은 제도개선을 통해 변화할 수 있었음에도 불구하고 오히려 더욱 더 억압받는 상황이 전개되어 여성과 남성의 조화 공동체생활은 점차 와해 되어가기 시작했다고 하겠다.

4. 공동체의 변화와 성중심적 사회의 와해

교통통신의 발달과 공동체의 문화적 사회적 차원으로의 전환은 여성들로 하여금 의식개혁, 의식혁명을 통해 여성의 삶에 변신적 변 화를 가져오게 하였으며 개인차원을 넘어 여성운동으로 이어졌으며 이러한 여성들의 의식변화는 현대 가부장제도의 와해에 직간접적으

---

36) 가이 후사노, "가족과 사회에서의 평화를 위한 여성NGO 들의 연대", 밝은사회 한국본부 여성 클럽, 한. 중 여성 교류협회 공동주최, '99 서울NGO 세계대회 여성분과 워크샵, 가정평화와 밝은사회를 위한 여성NGO의 역할과 연대, 1999, 10, 12, p.60.

37) 중국여성은 한국여성과 동일한 3 從之德 외에 4가지 여성이 지켜야할 덕목을 명시하였으니 婦德, 婦容, 婦功, 婦言이 있으며 또한 "女子無才便是德"이라 하여 여자는 지식 교양 사리판단력, 문제해결능력, 능력이 없어야 德이 있다고 인식 하고 있다, 하영애 "5.4 운동 시기 중국여성운 동의 연구", 한국정치학회 하계학술회의 발표논문, 2005. 8. 10.

로 영향을 가져오고 있다고 하겠다. 이에 관해 몇 가지로 논의하고
자 한다.

첫째 여성의 의식변화는 내재적 외재적 영향을 받았다고 하겠다.
외재적 영향으로는 세계여성대회, 동아시아 여성포럼, '99 서울
NGO 세계대회의 영향을 받았다고 할 수 있으며, 내재적 영향으로
는 각 국 GO와 여성NGO들이 각 국가에서 '북경행동강령 12개 항
목'[38] 등 제반활동에 대한 이행과, 여성운동의 새로운 방향설정, 각
종 NGO의 활동과 학계, 여성단체, 사회대중의 여론을 끌어냄으로
서 각 국가에서 여성들의 의식개혁이 긍정적으로 이루어지게 된 산
물이라고 하겠다.

둘째, 교육을 통한 의식개혁, 문화교류 및 연대활동과 제도개선의
영향.

교육만큼 인간의 인식과 의식을 바꾸는데 중요한 기제는 없다. 여
성들이 오늘의 발전이 있기까지는 앞에서 살펴본 대외적 영향 외에
교육, 각종세미나 참여 등을 통한 의식혁명은 더욱 직간접적으로 여
성들의 의지작용을 불러일으켜 가정 내는 물론 각 분야에서 여성들
의 목소리를 내고 자신들의 권리를 쟁취하였다. 동북아 여성들은 국
제세미나, 국제포럼, 또는 각종 교류활동을 통해 의견을 수렴하고
자료를 교환하며 세 나라 여성들의 문제를 함께 논의하고 공동으로

---

38) 북경행동강령은 총6장 361항으로 구성되어있다. 제1장은 임무의 기술, 제2장 세계적 구도, 제3
장 주요관심분야, 제4장 전략목표와 행동, 제5장 제도적 조치, 제6장 재정적 조치이다. 12개
관심분야는 1.여성과 빈곤, 2.여성의 교육과 훈련, 3.여성과 보건, 4.여성에 대한 폭력, 5. 여성
과 무력분쟁, 6. 여성과 경제, 7. 권력 및 의사결정과 여성 8. 여성향상을 위한 제도적 장치, 9.
여성의 인권, 10. 여성과 미디어, 11. 여성과 환경, 12. 여아.
유엔 여성지위 위원회 50년과 한국 활동 10년, 한국여성개발원발행, 1997. 12. pp. 185-191 ; 정
책자료 95-7, 유엔 제4차 세계여성회의 참가보고서(1995.9.4-15, 북경), 정무장관 (제2)실 발행.

정보를 교환하며 경험을 공유하는 등 여성들의 의식개혁, 의식혁명을 통한 자아발견에 많은 영향을 끼쳤다고 하겠다. 중국 북경대학 부녀연구중심과 이화여대, 숙명여대가 공동으로 매년 서울과 북경에서 번갈아 학술활동과 세미나를 개최하며 최근에는 교환교수 제도를 실시하고 있다. 북경대학에서 개최한 개교 100주년 기념 [21세기 여성발전 국제학술회의], ['99 서울NGO 세계대회 여성분과 워크 샵], 한국여성부가 개최한 [한중일 여성지도자 회의], [한·중 여성국제세미나], [아태지역의 여성과 정치], [한·일 양국여성지도자교류세미나]를 비롯하여 최근에 [한중일 여성교류대회] 등의 연대활동 속에서 각종 세미나, 워크샵, 포럼 등을 통해 동북아 여성들은 가까우면서도 멀었던 동북아 각 국가들과 여성관련 각 분야에 대해 폭넓게 이해하며 서로가 많은 공통점을 발견하였다. 또한 학술교류 및 문화탐방을 통해 여성들의 사고의 전환과 각 국의 역사 문화에 대한 이해를 높이고 여성들만이 갖는 장점은 계승 발전시켰으며, 단점은 상호 보완 내지 개선하는 정보교환을 하게 되었다. 무엇보다도 이러한 각종 정보교류, 문화탐방, 방문활동 등의 상호작용을 통해 여성은 자아발전과 새로운 경험을 갖게 되고 타인과 타 국가의 다양한 경험을 공유함으로서 단순히 한 가정의 주부로서 뿐만 아니라 사회의 일원으로서 나아가 동북아 지역의 공동체로서 여성도 일익을 담당해야 된다는 새로운 주체의식을 갖게 되었다.

뿐만 아니라 제도개선을 통한 여성의 의식변화는 여성들에게 연대의식을 심고 연대활동을 가지게 하였다. 연대라는 가치는 자유와 평등보다도 더욱 중요한 가치로 인식되고 있다. 지구적 차원에서 연대가 가능한 것은 인간 삶의 공통성에 기인 한다. 인간으로서 공동 체험을 통해 서로가 서로를 이해하고 연민을 느끼고 연대를 이룰 수가 있는 것이다. 그리고 그것은 강력한 인간적 연대(strong human bond)가 되어야 한다. 동북아 여성들에게 정치참여와 여성지위향상에 가장 큰 성취를 갖게 하였는데 예를 들면 '여성당선할당제도'는 대만여성들로 하여금 정치권력에 10명의 장관을 발탁케 하여 여성 정치참여에 있어 동북아의 '신기원'을 낳게 하였으며, 한국에도 [여성당선 할당제 연대]를 구성하고 학계, 여성계, 사회각 분야의 협의를 이끌어 내어 여성당선 할당 제도를 시행하였고 정치참여자들에 대한 후원 회비를 모아주는 등 정당법에 비례대표제 30%를 도입하여 여성 국회의원 의석을 5.9%로 끌어 올리는 쾌거를 가져왔다.[39] 이러한 제도의 영향과 여성들의 부단한 노력으로 2016년 현재 한국 여성국회의원 수는 전체 국회의원 300명 중 17%를 이루었다.

셋째 여성의 경제사회의 참여와 남여의 역할 변동

다른 한편 가부장제도의 와해는 한정된 공간에서 교통, 통신과 과학기술의 발달로 인한 남녀의 역할 변동에서 설명되어질 수 있다. 남성들이 IMF의 영향으로 실업율 증가, 자아반 타아반의 조기퇴직제도, 가정해체에서 오는 심리적 위축, 가부장의 권위하락 등 사회적 상황현상이 나타나는가 하면 이와는 다르게 여성들은 정규학교 교육에서의 높은 교육수준의 증가, 각종 사회교육의 참여와 수혜의 증가를 비롯하여 각 분야에서 전문직 여성들의 수도 점차 늘어가는 사회의 변화상황을 겪게되어 여성지위가 변화하게 되었다. 특히 여성

---

39) "동북아 최초의 여성부통령 : 대만 총통선거와 여성정치참여의 신기원", 하영애, 밝은사회 운동과 여성, 2005, 2. 제17장 참고; 여성당선할당제도란 중화민국 헌법 134조에 명시되어있는 세계 유일의 제도로서 모든 선거에서 일정한 비율의 당선정수를 여성들에게 할당하는 제도이다. 다시 말하면, 여성과 남성이 각종 공직의 경선에 있어서 입후보 하여 똑같이 투표에 참여하고, 득표결과를 계산할 때 여성은 여성끼리 비교하여 최다득표자를 뽑는데 이 경우 여성에게 일정한 당선숫자를 법률적으로 보장하는 것이다. 하영애, 대만지방자치선거제도, 삼영사, 1991.3. 제2장, 補論 -한국지방자치선거에 대하여 참고.

들의 경제활동참여는 두드러지게 나타나고 있는 현상이라고 하겠다.

한국여성의 경제활동참여 증가율 추이에 따르면, 한국여성의 경제참여율은 1985년에 41.9%였는데 10년 후인 1995년에는 48.3%에 달함으로 6.4% 증가하였다. 반대로 같은 시기에 남성의 경제활동참여의 비율은 10년 사이 겨우 4.2%가 증가하였다. 그러나 2001년과 2003년도에는 이보다 3-4% 현저히 줄어들고 있는 현상이 실제적으로 나타나고 있는 반면에 여성은 0.1%가 낮아졌을 뿐이다.[40] 여성의 이러한 양호한 취업증가율은 여성노동력의 고학력과 연관 지어 설명할 수 있으며 분리할 수 가없다. 경제활동인구의 학력을 비교해 보면 1980년-1995년 기간 중등이하의 학력은 81.7%에서 48.4%까지 줄어들었다. 고등학교학력자는 15.7%에서 큰 폭인 38.6% 상승하였고 대학졸업학력자도 2.6%에서 13.0% 높아졌다.[41] 고학력자가 많아짐과 더불어 여성들의 능력향상과 무엇이라도 할 수 있다는 자신감, 여성의식의 변화, 가족부양자로서의 여성의 참여 등 갖가지 상황여건은 여성들로 하여금 본격적으로 경제일선에 참여하는 경향으로 이어진다. MBC 보도에 따르면, 여성의 한 달 수입이 8,000만원, 1억원 등을 올리고 있는가 하면 어느 젊은 여성은 매월 4억 5천 만원의 수입을 얻고 있다.[42] 이는 보편적인 화이트칼라는 상상할 수 없는 도저히 따라 잡을 수 없는 액수이다. 이 두 여사장은 모두 남편의 실직으로 본인들이 생활전선에 뛰어든 것이 계기가 되었으나 지

---

40) 통계청, 경제활동 인구 년 보, 1995년. 한국여성의 경제활동참여 증가율 추이 참조.

41) 통계청, 경제활동인구 년 보 1995년. 여성의 경제활동참여와 학력 구성비교표 참조.

42) 각 분야에서 전문직 여성들의 수는 점차 늘어나는 사회적 변화를 겪어 면서 특히 여성들의 경제활동참여는 두드러지게 나타나는 현상이다. 보도에 따르면 머리의 부분가발의 판매를 맡은 여사장은 바빠서 들고뛰면서 월 8천 만원에 대한 기쁨을 나타내었고, '인터넷 주문을 받는 팻션 구두' 주인인 여사장은 자신이 직접 도매 시장 등을 돌아보면서 직접 신어보고 사와서 자신이 모델이 되어 사진을 찍어 인터넷에 올린 뒤 인터넷으로 판매하고 있는데 물건이 모자라서 못 파는 실정이라며 즐거운 비명을 질렀고, 얼마 전 진실게임에서는 20대 사장이 의류판매를 역시 인터넷으로 하고 있는데 월4억 5천만원 을 벌어들이고 있었다.

금은 자신의 취향을 살리고 사회적 안목도 생겨서 사업이 더욱 활성화 되고 있는 경우이고 진실게임의 주인공은 20대의 미혼이라 더욱 미래지향적이다.

넷째, 지나친 권위주의와 남성 성역할 고정관념의 집착에 의한 자아상실

부권제(父權制)에서 부권제(夫權制)로 이양되었다고 할 수 있는 현대사회의 가부장 제도의 와해는 비단 여성들에게만 요인이 있는 것이 아니라 남성들에게서도 기인한다고 볼 수 있다. 즉 남성자신들의 권위주의적이고 융통성 없는 전통적인 고정관념에 집착하고 있는 점을 들 수 있다. 이는 남성다움에서 벗어나게 될 때 자아상실에 빠져 생활인으로서 의지를 잃어버리는 것 또한 가부장제의 와해의 한 요인으로 간주할 수 있다. 남자는 '남자다워야 한 다' 고 사람들은 말한다. '남자답다' 라는 말은 무엇인가 그것은 한 마디로 '능력 있고 용감하며 모든 면에 있어서 뛰어나야 하는 것'으로 표현 될 수 있다. 그래서 남자는 가정에서는 절대적인 권위를 유지하며 가족들을 먹여 살려야 한다. 그리고 그 한사람 한사람의 가장이 모여 만든 사회 속에서 맡겨진 일을 남자답게 완수하며 책임과 의무를 다해야 한다는 전통적인 성역할 고정관념에서 사회화된다. 특히 경상도 지역에서는 '남자가 부엌에 들어오면 출세를 못 한다' 라든가 '암닭이 울면 나라가 망 한다' 등등 의 우리사회의 속담은 여성과 남성은 어렸을 적부터 이러한 환경과 사회화 과정에서 무의식적으로 학습하게 되었으며, 현대사회에서 남녀는 정도차이는 있으나 이러한 통념을 여전히 많이 가지고 있다.

한편 남성은 가족부양자로서의 전통 관념에서 벗어나지 못하여

갖가지 상황조건으로 실직하거나 심한 자아상실에서 벗어나지 못하여 생활인으로서 움츠러지게 되며 심지어 한국노인층의 자살은 10%가 되고 있다. "가족 부양자 윤리"가 붕괴되어가는 가운데 남녀관계는 불안정한 대립적 관계에서 크게 벗어나지 못한 상태로 지금에 이른 것은 사실이며 이 와중에 많은 남성들은 외로움과 불안, 자아상실을 경험하고 있는 것[43]으로 나타나고 있다. 남성의 경제적 불안정과 맞물려 여성의 사회적 노동에의 진출은 남성이 지금까지 누려온 권위적 지위를 잃어버리게 하였다. 이것은 가장으로서의 책임을 다하지 못함은 곧 가장으로서의 권위상실을 뜻하고 남성을 옭아매는 위기감으로 다가오기 십상이다.

5. 결론 : 양성평등사회를 지향하며

여성중심, 남성중심 사회의 진행을 공동체의 속성인 세 차원, 시공간차원의 지리적 영역, 사회적 차원의 사회적 상호작용, 문화적 차원의 공동의 연대의 틀로 파악하고 이 틀에서 여성과 남성의 갈등관계를 한국의 모권제와 가부장제의 변화과정을 통해 살펴보았다.

모권제에서 여성들이 생활에서 중심적 역할을 할 수 있었던 것은 혼인형태에서 알 수 있는 것과 같이 인류초기 구속 없는 성생활을 함으로서 혈통적으로 모계만을 인식할 수 있었음으로 어머니의 위치가 존경받을 수 있었다. 그러나 이러한 모권시대에서 채집의 70-80%를 여성들이 식량을 담당하고 있었으며 '식량채집'단계에서 '식량생산' 단계로 발전 할 수 있었던 업적으로서 채집은 일정한 지식의 축

---

43) 조혜정, 한국의 여성과 남성, p. 259.

적을 요구해 도구발명 등 인류문명을 발생시키는 계기를 만듦으로써 여성이 신석기 혁명의 주역이었다. 그러나 이러한 모계사회의 여성의 위치는 시대적 상황변화에 따라 남성의 재산이 증가하고 부계를 인지하게 되면서 부권중심사회로 고착되어갔다.

가부장제의 대표적 예로서 조선시대 중기에서는, 조선시대여성의 관습이며 고정관념인 여성이 시집가서는 시댁에서 쫓겨나지 않고 살아가는 것이 목표였던 당시 봉건적이고 폐쇄적인 사회에서 여성들은 삼종지도, 열녀, 정절, 수절, 칠거지악 등의 습관화된 제도에 의해 비인간적 생활을 하였다. 그러나 이러한 조선조 가부장제는 공식적 제도와 이데오르기를 통해 여성을 극도로 억압해 왔으나 다른 한편 다수의 여성은 자궁가족, 안채의 주인 등 '가부장의 어머니'로서 막강한 권한을 행사해 왔다. 그러나 남성중심의 가부장제는 각 분야에서 비록 형식적인 평등은 있으나 실질적 평등에서 여전히 여성억압의 기제로서 존속하였다.

교통통신의 발달과 시공간 차원, 문화적 차원의 변화와 사회적 상황들은 여성들로 하여금 의식개혁과 의지작용을 가지고 인간적인 인격체로서의 삶을 살아가게 만들었으며 부단히 노력한 결과를 얻어냈다. 당시 여성들의 의식변화는 대외적 영향을 받았는데 95북경여성대회, 99서울NGO 세계대회, 동아시아 여성포럼 등 국제세미나와 상호방문교류를 비롯하여 대내적으로 각국의 GO와 NGO여성단체들의 다양한 교육, 전국여성대회, 각종 사회교육, 회원단합을 위한 워크샵 에의 참여를 통하여 여성들의 인식의 변화를 가져왔으며 여성관련 각종 제도들에 대한 캠페인, 공청회 개최, 연대활동 구축의 실제행동으로 표출되기도 하였다. 이러한 여성들의 의지는 여성운동과 더불어, 상호작용을 통한 상부상조로 여성들의 의식개혁, 자아발견, 인간적인 삶의 질 향상으로 이어졌다. 이외에도 둘째, 교육을 통한 의식개혁, 문화교유 및 연대활동과 제도개선의 영향. 셋째, 여성의 경제사회의 참여와 남녀의 역할변동. 넷째, 지나친 권위주위와 남녀성역할 고정관념의 집착에 의한 자아상실이다. 이러한 과정 중에 가장 실제적인 효과를 가져왔다고 할 수 있는 것은 여성들의 연대활동의 성과들로서 이루어낸 '제도의 개선'이라고 하겠다. 제도개선의 대표적 사례는 가족법과 남녀고용평등법, 성폭력법 제정을 이루어 내었고 '여성발전기금법'을 통과시켜 여성들의 단결된 힘을 국내외에 파급시키는 성과를 이루기도 하였다. 이러한 일련의 여성운동들은 평등, 인격적인 인간, 자아의식을 갈망하는 여성들의 상호작용의 노력에 의해 이루어진 사회적 상부상조의 결정체라고 할 수 있다. 이는 동시에 다른 측면에서는 이러한 여성들의 행위와 남성행위인 인격체계[44]가 남성중심사회의 대표적인 가부장제를 와해시키는 직간접적인 작용을 했다고도 볼 수 있다.

사회문화적 변화로 후기 산업사회는 근본적으로 가부장제를 극복할 근거를 제공하고 있다. 우선 생산이 공적영역에서 이루어지고 임금 노동화 함에 따라 개인의 경제자립이 가능해 진 것이다. 이와 더불어 개인의 인격을 존중하는 이념이 대두되고 점차 평등원리가 사회적 상호작용의 원리로 뿌리를 내리게 된다. 궁극적으로 가부장제의 극복은 개인과 가정과 사회가 어떻게 연결되어야 하는가? 이것은 후기, 내지 조직적 자본주의 사회의 본질적 구조변혁의 문제와 연결되어 있다.

현대인은 한계상황에서 생산의 영역에서는 소외되더라도 사적인 영역에서는 참다운 인간적 의미를 찾을 수 있다는 주관주의적 신념

[44] 인간에게는 이 인격체계가 있기 때문에 자아의 상황판단 능력과 사회적 상황을 평가하는 능력도 갖추고 있다고 본다.

에 매달리게 된다. 이 주관주의적 자아의식의 성장은 개인을 억압하고 도구화 시켜온 '일터'의 원리에 정면도전하는 근원적인 움직임으로 발전하게 되는데 70-80년대에 일어난 많은 여성운동은 이러한 맥락에서 이해 될 수 있다. 생활세계에서 시작하는 운동은 경제적 측면이나 제도적 권력에 모든 책임을 전가시키기보다 우선 인간의 삶의 조건과 좀 더 의미 깊게 연결된 문제를 발굴함으로서 더 깊은 동의를 얻어내고 지지 기반을 확보해 가고자 한다. 여성자신의 자율성, 평등성, 인간성 회복을 강조해온 여성운동은 바로 이러한 새로운 사회운동의 중추적 역할을 담당해 왔고 또 할 것이다. 즉 근대사회의 모권에서 아내권으로 바뀐 여성 중심적 사회와, 부권(父權)에서 부권(夫權)으로 바뀐 남성 중심적 가부장제 극복의 중요한 관건은 결국 '개인'들이 자신의 삶을 장악하고 비대해진 사적영역 내지 공적영역에 매몰되지 않고 그 구조자체를 변혁시키는데 있다. 최소한의 공적영역을 축소시키고 공/가정 영역 간에 유기적 연결이 보장되는 새로운 공동체-조화지향 공동체적 생활양식을 창조 해 가는데 있는 것이다.

이를 위한 과제로서 다음 몇가지를 제시해본다. 첫 번째 과제는 새롭게 등장하고 있는 후기산업자본주의적 가부장제를 극복 하는 것이다. 즉 한편에서 강화되고 있는 일터의 조직화와 기술 관료적 통제 및 정부, 군부, 산업체 간의 연합체제 형성, 다른 한편의 전통적 가족주의와 현대적 가족주의의 결합에 대해 어떻게 대처할 것인가 하는 문제이다. 이를 위해 보다 심층적인 경제 및 국가기구 그리고 문화 심리적 통제기제 및 그들 간의 상관관계에 대한 연구와 이를 위한 보다 적절한 분석틀을 만들어갈 필요가 있을 것이다.

둘째, 여성과 남성이 한 성(性)이 아닌 인간으로서 조화를 이루어 바람직한 양성평등사회를 추구해나가야 한다. 이를 위해서는 우리 모두의 부단한 노력이 요구된다. 이를 위한 과제로서 남녀가 평등한 사회와 이상적인 관계에 대한 이론과 실천방안들이 제시되도록 연구되어야 하고, 오늘날 공동체의 중요한 속성인 사회문화적 차원의 '공동의 연대'를 통한 힘을 규합하여 실천하는 일이다.

찾아보기

하영애

건국대학교 정외과 졸업
건국대학교 대학원 정치학 석사
국립대만대학교(National Taiwan University) 정치학 박사
경희대학교 후마니타스칼리지(Humanitas College) 교수
북경대학(2010), 청화대학(2011) 방문교수
사단법인 한중여성교류협회 회장
사단법인 한중우호협회 부회장
민주평화통일 자문위원회 위원
고등 검찰청 항고 심사회 위원 (역임)
재중국 한국인회 자문위원 (역임)
한국여성단체협의회 이사, 국제 관계 위원장.(부회장 역임)
경희대학교 여교수회 회장

조영식과 평화운동, 2015.
한중사회속 여성리더, 2015.
韓中 사회의 이해, 2008.
臺灣省縣市長及縣市議員 選擧制度之硏究, 2005.
밝은사회운동과 여성, 2005.
지방자치와 여성의 정치참여, 2005.
중국현대화와 국방정책, 1997.
한국지방자치론(공저), 1996.
대만지방자치선거제도, 1991.

조영식과 이케다 다이사쿠의

교육사상과 실천

초판인쇄 2016년 9월 21일
초판발행 2016년 9월 21일

지은이 하영애
펴낸이 채종준
펴낸곳 한국학술정보㈜
주소 경기도 파주시 회동길 230(문발동)
전화 031) 908-3181(대표)
팩스 031) 908-3189
홈페이지 http://ebook.kstudy.com
전자우편 출판사업부 publish@kstudy.com
등록 제일산-115호(2000. 6. 19)

ISBN 978-89-268-7644-2 93340